철학이 있는 기업

45년 연속 흑자, 그 놀라운 성장의 비밀

철학이 있는 기업

WOMIT
ICH NIE
GERECHNET
HABE

매일
200만 명
방문

매출 13조
17년 연속
업계 NO.1

라츠 W. 빼르나 지음

센시오

최고의 기업을 만들어낸
수많은 갈림길의 순간들

"아이고, 말도 안 돼. 그게 될 리가 있겠어?"

내가 살면서 수도 없이 들은 말이다. 친구나 동료는 물론이고 친척들과 부모님도 수시로 그렇게 말했다. 물론 다들 좋은 뜻으로 한 말일 것이다. 자신들이 이미 겪어보았으니 굳이 힘든 경험 사서 하지 말라는 의미이리라.

흔히들 사람은 경험을 토대로 행동한다고 생각한다. 하지만 절반만 맞는 이야기다. 우리가 어떤 일을 실천하기로 결심을 굳힌 순간, 가까운 지인들이 말리고 나서는 경우가 종종 있다.

"그러다 큰일 난다. 잘 생각해봐."

대부분은 본인의 경험을 근거로 내세운다. 걱정이 가득한 얼굴로 "나도 전에 그런 적 있었는데……." 혹은 "내가 누구한테 들었는데……." 하며 직접 겪었거나 건너 들은 최악의 경우를 예로 들며 경고한다.

짐받이가 흔들리는 자전거는 절대로 타면 안 된다, 살아보니 마트가 먼 집은 얻는 게 아니더라, 연애할 때는 성향이나 조건이 어느 정도 비슷한 사람을 만나야지 서로 너무 다르면 피곤한 법이다. 다 맞는 말이다. 하지만 남들이 아무리 아니라고 해도 나는 '그럼에도 불구하고' 옳다고 느낄 수 있다. '그래, 맞아'라고 느끼는 순간이 저마다 있을 것이다.

이를테면 집을 구하는 상황이라고 생각해보자. 이미 여러 집을 구경했지만 딱히 느낌이 오는 곳은 없었다. 그런데 어떤 집에 발을 들여놓는 순간 '이거다!' 싶은 직감이 들 때가 있다. 이 집의 임자는 바로 나인 것만 같고, 여기 꼭 살고 싶다는 느낌이 든다. 새 자전거를 살 때도 마찬가지다. 여러 대의 자전거를 시승하다가 어느 하나에 앉자마자 갑자기 확신이 든다. '이 자전거로 사야겠어. 이게 나한테 딱 맞아!' 우연히 누군가를 만난 후 운 좋게도 이런 생각에 사로잡힌 적은 없는가? '이 사람과 내 남은 삶을 함께하고 싶어!'

나는 이런 상황을 '명증적 체험(evidenzerlebnis)'이라고 부른다. '명증적'이라는 것은 즉각적인 직관을 통한 확신이다. 사전 정보나 전문적 지식은 필요하지 않다. 까다롭게 검증하거나 치밀하게 분석할 필요도 없다.

사람들은 새 집을 구할 때 상세한 체크리스트를 만들곤 한다. 여기에는 집의 위치, 크기, 가격, 구조 등 저마다 중요하게 여기는 사항들이 모두 적힌다. 새 자전거를 알아보는 사람은 자전거의 종류나 모델, 기능 등 구체적인 사항들을 따져본다. 연애나 결혼을 꿈꾸는 사람도 마찬가지다. 이상형의 외모나 성격, 취향 등이 어떠했으면 좋겠다는 확실한 기준을 가지고 있을 것이다. 하지만 구체적인 상황에 처하면 미리 만들어둔 체크리스트의 첫 번째 항목을 따져보기도 전에 명증적 체험 속으로 뛰어들게 된다.

나중에서야 자신이 세운 기준들을 하나하나 다시 점검하고 따져보지만 어떤 부분은 기존에 정해놓은 이상적 조건과 어긋나는 경우가 허다하다. 그럴 때 사람들은 체크리스트를 고치기 시작한다. 몇 가지 기준에 비중을 덜 두는 것이다. 이를테면 '자전거에 안정적인 짐받이는 사실 그렇게 중요하지 않아. 나는 무거운 가방을 가지고 자전거를 오래 탈 일이 없으니까.' 하는 식이다.

또는 부정적 요인을 아예 긍정적 요인으로 바꾸어 생각하기도 한다. '물론 집에서 걸어갈 만한 마트가 있으면 편하기야 하겠지. 하지만 버스로 겨우 두 정거장 정도는 먼 것도 아니잖아? 자전거를 타고 다니면 운동도 되니까 건강에는 훨씬 더 좋지.' 혹은 결점을 보완하기 위해 더 많은 장점을 강조해본다. '그래, 내가 저 여자하고 축구 이야기는 하기 힘들 거야. 하지만 저렇게 예쁘고 똑똑하고 마음도 넓은 여자가 또 어디 있겠어.'

우리의 모든 행위에서 가장 중요한 것은 바로 '미래'다. 이미 경험한 과거를 연장하는 것은 중요하지 않다. 과거를 토대로 행동하는 사람은 관료주의자일 뿐이다. 기업가정신을 가진 사람은 늘 새롭게 시작한다. 이들은 과거가 아닌 현재를 토대로 행동하며, 미래로부터 무엇을 기대할 수 있는가를 기준 삼는다. 그리고 이러한 행동은 지금까지 키워온 능력을 바탕으로 힘을 얻는다. 다시 말해 경험으로는 과거를 파악하고, 직관으로는 미래를 극복하는 것이다. 우리는 세상을 살며 수많은 경험을 하고, 이 경험들에서 고유한 인식을 얻는다. 이렇게 얻은 인식에 스스로 근거를 마련하면서 확신을 가지고 계속 나아간다. 이러한 여정이 새로운 만남으로 이어지며, 그 과정에서 저마다의 관심 영역과 직관이 새롭게 정립된다. 직관은 우리에게 이렇게 말한다.

'계속 나아가야 해! 이것은 단순한 경험이 아니라 명증적 체험이야.'

사람들은 경험이 아니라 인식을 바탕으로 행동한다. 사랑에 빠진 적이

한 번도 없는 사람일지라도 누군가를 만나 이런 생각을 할 수 있다. '이 존재와 나 사이에는 뭔가 특별한 게 있는 것 같아.'

모두가 안 된다고 말해도 당신은 가능할 수 있다고 느낀다. 내면의 확신이란 곧 '내가 옳다고 생각하는 것'이다.

경험의 감옥에서 탈출하라

우리는 때로 주변의 조언에 현혹된다. 너도나도 추천하는 집을 등 떠밀려 사기도 하고, 장래성 있는 직업이라며 부모님이 권하는 공부를 별 관심도 없이 시작한다. 그렇게 많은 이들이 다른 사람들이 지어놓은 '경험의 감옥'에 갇힌다. 간혹 자신의 감옥을 스스로 짓는 경우도 있다. 경험이라는 창살 사이로 밖을 내다보는 법을 배우지 못한 것이다. 이들은 넓은 지평선 너머에 존재하는 새로운 기회를 발견하지 못한다. 수년의 세월이 흐른 다음에야 '경험'에 근거한 결정에 문제가 있음을 깨닫고 이를 수정하기도 한다. 그렇게 뒤늦게나마 명증적 체험을 시도하게 된다.

언젠가 기차에서 옆 좌석에 앉은 한 남자와 이야기를 나누게 되었다. 그는 40년 동안이나 내키지 않은 직업에 종사하고 이제야 은퇴했다고 털어놓았다. 사실 어릴 때부터 하고 싶었던 공부는 의학이었다. 하지만 전쟁 때문에 초등학교만 졸업한 후 일찍부터 생업 전선에 뛰어들어야 했다. 학업을 계속할 여력 없이 지금껏 달려오다가 은퇴 후에야 비로소 동종요법(homeopathy) 공부를 시작할 수 있었다. 그는 환하게 웃으며 말했다.

"40년 동안 포기했던 걸 이제야 시작하네요."

온전히 자신의 삶을 살기 위해서는 그 삶을 송두리째 흔들 각오가 필요하다. 다행히 그는 그렇게 할 용기와 힘이 있었다. 중요한 것은 그가 적어도 직관적 체험을 했다는 사실이다. 그가 '늘 옳다고 생각했던 한 가지'는 바로 의학이 자신의 일이라는 것이었다. 간혹 직관이라는 것을 잘 경험하지 못하는 사람들이 있다. 누구에게나 직관력은 잠재되어 있지만, 이를 얼마나 예민하게 느끼느냐는 저마다 다르기 때문이다. 그렇다면 어떻게 잠재된 직관력을 발휘할 수 있을까?

먼저 작은 일화를 하나 소개할까 한다. 나의 예전 상사가 들려준 이야기다. 훗날 내 첫 딸의 대부가 되어준 그분의 얘기를 들으며 큰 감명을 받은 기억이 난다. 그분은 딸이 하나 있는데 당시 사춘기에 접어들 때였고 남자친구를 처음 사귀게 되었다. 걱정 많은 아버지 입장에서는 그 청년이 영 마음에 들지 않았다. 딸의 헤어스타일이나 옷차림, 풋사랑 방식도 내심 못마땅했지만 아무런 질책을 하지 않았다. 대신에 당시로서는 상당히 놀라운 방식으로 이 문제에 접근했다. 딸의 새로운 경험을 함께 기뻐하며 축하해주었고, 가족 여행에 그 청년을 초대한 것이다. 딸은 여행하는 동안 남자친구가 어떤 유형인지 스스로 파악할 수 있었다. 결국 둘의 관계는 자연스럽게 끝이 났다. 아버지의 눈에는 청년의 나약한 성격이 분명히 보였고, 딸도 이 사실을 깨닫게 될 거라고 확신했다. 물론 여행 중에는 마음을 열어놓고 청년의 장점도 찾아보려 노력했다. 딸이 남자친구에게서 느낀 긍정적인 측면을 자신도 보고자 한 것이다. 그는 경험을 토대로 상황에 접근했고, 그후 직관에 따라 행동했다.

여기서 중요한 것은, 우리를 둘러싼 세상과 사람들을 우리 스스로 눈여겨보아야 한다는 사실이다. 그러기 위해서는 사람과 세상에 대한 관심이 필요하다. 그리고 우리가 마주하는 것에 따뜻한 마음을 품을 수 있어야 한다. 이러한 마음으로 세상과 사람들을 대하면 온기에 빛이 더해진다. 이것은 마음의 빛, 생각의 빛이다.

결단력은 언제나 온기, 즉 '마음'에서 시작된다. 냉정한 사람은 결코 결단력을 갖지 못한다. '잠깐만, 이 결정이 어떤 결과를 낳을지 잘 생각해보자. 이게 정말 맞는 길일까?' 하고 '머리'로만 계속 물을 뿐이다. 일단 불꽃이 튀어야, 다시 말해 열정이 일어야만 행동을 개시할 수 있다. 직관적 체험을 자유롭게 하기 위해서는 먼저 세상 속으로 들어가 호기심과 열린 마음을 갖고서 주변을 바라보아야 한다.

조화롭지 못한 배경음악에 마음을 열어놓기

우리가 세상 밖으로 나가면 삶은 우리에게 무수히 많은 공을 던진다. 그 중에서 나에게 꼭 맞는 공을 받는 것이 중요하다. 그 공들은 운명이 우리에게 제시하는 기회다. 기회를 포착하기 위해서는 결정적인 순간에 "그래, 지금이야!"라고 말할 수 있는 직관력과 침착함이 필요하다.

단 하나의 옳은 결정만이 존재하는 경우는 드물다. 내가 어떤 결정을 내리느냐에 따라 완전히 새로운 가능성이 열린다. 내 앞에 펼쳐진 모든 가능성을 보면서 직관을 토대로 새로운 결정을 내려야 한다. 직관력이 있다면 눈에 보이는 외적 증거가 없어도 내면적 확신이 생긴다. 다시 말해 자기만의 북극성이 하늘에 선명히 새겨지는 것이다. 이제부터는 앞으로 어떤 길을 가게 될지 명확히 알게 된다.

우리는 크리스토퍼 콜럼버스처럼 미지를 향해 나아가야 한다. 그 당시 사람들은 아직도 지구를 원판이라고 생각했고 연해 주변만을 항해했다. 그런데 지구가 원판이라는 생각을 하고 있었음에도 계속해서 더 넓은 바다로 항해를 감행하는 사람들이 있었다. 눈에서 육지가 사라지고 더 이상 아무것도 보이지 않는 순간에도 그들은 계속 나아가야 한다는 신념을 따랐다. 철학자 요한 고트리프 피히테(Johann Gottlieb Fichte)가 말했던 것처럼, 우리는 이러한 '이행 지점을 넘어섬으로써' 인식을 얻게 된다. 그리고 인식을 통해 미래의 삶을 한층 더 창조적이며 독자적으로, 더 추진력 있고 현명하게 꾸려나갈 수 있다.

나 또한 마찬가지였다. 바로 이 방식을 통해 내가 한 번도 생각하지 못했던(생각하려고 시도조차 하지 않던) 수많은 놀라운 일들이 나에게 벌어졌다.

내가 경험을 통해 깨달은 내용을, 그리고 직관을 붙들고서 나아간 길을 지금부터 소개하려 한다. 세상을 배워나갔던 현장에는 교실도, 학습 진도표도, 일일이 가르쳐주는 선생님도 없었다. 어떤 단원에서는 실수를 거듭하기도 했고, 어떤 단원은 소화하기 어려워 완전히 이해하기까지 오랜 시간이 걸리기도 했다. 내가 인생의 수업에서 어느 정도 진도를 나갔는지는 지금도 계속 알아가는 중이다.

지난 수십 년 동안 내가 걸어온 길을 돌이켜보면 뚜렷한 목표를 향해 전략적으로 일직선의 길을 걸어온 듯 보인다. 하지만 그 안에는 수많은 갈림길이 있었다. 과도기를 넘어설 때마다 조화로운 배경음악이 울리는 경우는 드물었다.

"아이고, 베르너 씨. 말도 안 돼. 그게 될 리가 있겠어?"

다들 알고 있을 후렴구가 어김없이 되풀이되었다.

어떤 전문가가 당신에게 이렇게 말한다면 절대 공감하지 말라.

"이보게, 내가 이미 20년 동안 그렇게 하고 있네."

우리는 어떤 일을 20년 동안이나 잘못하고 있을 수도 있다(독일 작가 쿠르트 투홀스키(Kurt Tucholsky)의 어록 중에서).

-괴츠 W. 베르너(Götz W. Werner)

1

**왜 사람들은 언제나
'나도 그렇게 할걸'이라고 말하는가?**

모든 사람은 자기 안에 다듬어지지 않고
구제되지 않은 어떤 것을 가지고 있다.
그 사람에게는 거기 매달리는 것이 가장 은밀한 삶의 과제다.

_크리스티안 모르겐슈테른(Christian Morgenstern)

드러그스토어의 시대가
열리다 ─── ⋯

1950년대 초, 신발을 만들어 파는 업체에서 세일즈맨 두 명을 아프리카로 보냈다. 회사는 3일간 시장조사를 한 뒤 전보로 보고를 하도록 지시했다. 3일 후 한 사람은 다음과 같은 평가를 담아 전보를 보냈다.

"시장 기회 제로. 모두 맨발로 다님."

반면 다른 한 사람은 다음과 같이 보고를 했다.

"시장 기회 무궁무진. 아직 한 명도 신발을 신고 다니지 않음."

업계에서 자주 인용되는 일화다. 나는 1981년 취리히의 고트리프 두트바일러 연구소(Gottlieb-Duttweiler-Institut)가 주최한 강연회에서 프랑스인 강사를 통해 이 이야기를 처음 들었다. 이는 물이 절반밖에 안 찬 컵과 절반이나 담긴 컵이라는 모티브를 사업에 적용한 사례라 할 수 있으며, 기업가적 사고란 어떤 것인지를 잘 보여준다. 기업가정신이 없는 사람의 눈에는 오로지 문제점이 보이고, 기업가정신을 가진 사람의 눈에는 가능성이 보인다.

당시 강연회에서 나는 깊은 감명을 받았다. 프랑스어를 몰랐기 때문에 동시통역을 거쳐 강연 내용을 따라가면서도 연신 고개를 끄덕였다. 그해 프랑스에서는 프랑수아 미테랑(François Mitterand)이 사회주의자 출신으로서는 최초로 대통령에 당선되었다. 이러한 정권 교체를 많은 기업들이 위협으로 느낀다고 강사는 이야기했다.

"하지만 똑같은 상황에서도 어떤 기업들은 위기를 문제로 바꾸고, 문제를 가능성으로 만드는 연습을 합니다."

그의 말을 들으면서 문득 이런 생각이 들었다.

'그래, 문제라는 것은 존재하지 않아. 도전만이 있을 뿐이지.'

중국어로 '위기'와 '기회'는 똑같은 '기(機)' 자를 사용한다는 사실 또한 이 강연에서 알게 되었다. 위기를 기회로 전환하는 발상을 삶의 기본 자세로 삼는다면 실패를 두려워하여 움츠러들 일은 결코 없을 것이다. 또한 계속해서 실수를 저지를지라도 스스로를 원망하지도 않을 것이다. 실수했다고 해서 궤도를 이탈하는 경우는 없다. 새롭게 배우고 또 다른 방식으로 계속해나가면 될 일이다.

내게는 1973년 여름이 바로 그랬다.

그날은 '독일 드러그스토어 상인연합회(Verband Deutscher Drogisten)'가 설립된 지 정확히 100년이 되던 날이었다. 1873년 4월 11일, 독일 드러그스토어 상인들은 대표단 회의가 열리는 베를린에 결집했다. 그들의 목적은 바로 '수많은 약사들과 구분되는 것'이었다. 19세기에는 담배와 알코올음료, 양념류, 수제 제과류가 '약국 제품'으로 지정되어 있었다. 약용식물은 일반적으로 약국에서만 판매가 허용되었다. 드러그스토어 상인연합회는 독일 제국의회에서 로비 활동을 펼친 끝에 법 개정을 끌어냈다. 얼마 후 분말 치약, 피부용 크림, 신발 관리 용품에서부터 약용식물과 베이킹파우더, 자동차 연료에 이르기까지 수많은 품목들이 드러그스토어 제품으로 분류되었다. 곧이어 최초의 건강식품 상점(reformhaus)들이 생겨났다.

한편으로 사람들은 산업화가 보건복지 분야에 미치는 결과에 맞서기 시작했다. 자연치유 운동의 대표적 인물인 크나이프(Kneipp) 목사나 채식주의의 선도자 에두아르트 발처(Eduard Baltzer)를 비롯한 많은 인물들은 인간과 동물을 존엄하게 다룰 것을 주장했다. 이러한 '생활개혁 운동가(Lebensreformer)'들은 통밀 빵, 식물성 대체 육류, 과일 주스, 약용식물 등을 위주로 하는 새로운 식단을 제안했다. 같은 시기, 사진기가 대중화되면서 사진 현상에 필요한 다양한 용품들 또한 드러그스토어에 비치되었다.

드러그스토어 상인연합회가 결성되기 3년 전인 1870년, 나의 증조부는 하이델베르크(Heidelberg)에 드러그스토어를 개업했고 1920년대에 젊은 나이였던 아버지가 그 가게를 넘겨받았다. 아버지는 나치즘과 제2차 세계대전이라는 혼란스러운 인플레이션 시대에 하이델베르크의 하우프트(Haupt)가에 있던 가게를 굳건히 지켜냈다. 관절염이 고질병이었던 아버지는 다행스럽게도 전쟁에 소집되지 않았다. 전쟁이 끝난 이후 아버지는 1950년에 첫 지점을 개업했고, 곧 시작된 경제 부흥기에 부응하여 계속 지점을 늘려나갔다.

어린 시절 나는 가게 안 여기저기를 늘 뛰어다니곤 했다. 여섯 살 무렵에는 나도 언젠가 흰 가운을 입고 싶다는 생각을 이미 품었던 기억이 난다. 물건을 대부분 포장하지 않고 개봉된 상태로 팔던 시절이라 가게 안을 가득 채우던 비누와 연고, 약초의 강렬한 향이 아직도 코끝에 생생하게 느껴진다.

뭔가 될 것 같은 아이디어

1973년이 들어서면서 시대가 변하기 시작했다. 20대 후반이었던 내 안에는 나만의 아이디어가 움트고 있었다. 나는 드러그스토어 업계의 구조를 본질적으로 바꾸어야 한다고 생각했다. 이 생각은 이미 몇 년 전부터 머릿속에 확고하게 자리 잡은 상태였다. 한마디로 '명증적 체험'이었다. 비록 당시에는 이 개념에 대해 알지 못했지만, 내 생각이 옳다는 것은 무엇보다 확실했다. 부족한 것은 자금뿐이었다.

나를 아는 모든 사람들은 나를 말렸다. 아버지는 이미 오랫동안 내게 말조차 걸지 않았고, 처갓집에서도 내 계획을 강력히 반대했다. 은행 또한 돈을 빌려주려 하지 않았다. 모두들 이렇게 말할 뿐이었다.

"아이고, 말도 안 되는 소리."

무척이나 참담했다. 하지만 나는 그들이 틀렸다는 것을 알고 있었다. 대부분의 사람들은 있는 그대로의 사실이 아닌, 자신의 선입견을 토대로 세상을 바라본다. 그리고 나중에서야 비로소 이렇게 말한다.

"나도 그렇게 할걸."

나는 내면의 확신 덕분에 내 계획을 굽히지 않고 밀고 나갔다. 그런데 나와 같은 생각을 하는 사람은 나 혼자만이 아니었다. 내가 첫 상점을 개업한 카를스루에(Karlsruhe)에서 북쪽으로 500킬로미터 떨어진 곳에서, 한 젊은 드러그스토어 주인도 비슷한 시기에 같은 생각을 하고 있었다. 내가 1973년 8월에 가게를 개업하려고 준비하고 있을 때, 1972년 3월에 이미 하노버(Hannover)에서 디르크 로스만(Dirk Roßmann)이라는 사람이 새로운 드러그스토어를 개업했다는 사실을 알게 되었다. 내가 가게를 연 지 6개월 후인 1975년에는 키르히하임 운터 텍(Kirchheim unter Teck)에서 안톤 슐레커(Anton Schlecker)라는 사람이 자신의 첫 드러그스토어 문을 열었다. 40년이 지난 지금 로스만과 데엠은 각자의 방식으로 아직까지도 굳건히 사업을 지속하고 있다. 하지만 슐레커는 2012년에 파산하면서 다른 역사를 걷게 되었다.

뭔가 될 것 같은 예감이 들었다. 소매업계 전체에 변혁이 일어나고 있었다. 오늘날 우리가 당연하게 생각하는 슈퍼마켓은 1950년대까지만 하더라도 독일에서 완전히 생소한 개념이었다. 당시 일반적인 식료품점의 공간은 지금에 비해 상당히 좁았고, 가게 주인이 계산대에서 손님들에게 물건을 일일이 건네주는 방식으로 장사를 했다. 경제가 호황기에 접어들면서 상품의 공급이 급격히 증가하자 비로소 슈퍼마켓의 시대가 시작되었다. 카이저스(Kaiser's), 힐(Hill), 볼레(Bolle), 텡겔만(Tengelmann)과 같은 슈퍼마켓 체인의 약진으로 전통적인 소매상들의 입지는 위태로워졌다.

여기에 대응하고자 카를 알브레히트(Karl Albrecht)와 테오 알브레히트(Theo Albrecht)라는 형제가 나섰다. 이 형제는 매장 공간을 늘리고 상품 종류를 확대하여 새로운 경쟁자들의 압박을 물리치고자 시도했지만 결과는 참담했다. 이후 두 사람은 한 가지 모험을 감행하기로 했다. 할인점이라는 아이디어를 고안한 것이다. 상품의 가짓수를 줄이고 셀프서비스를 도입했으며, 제품을 진열하는 데서도 효율을 극대화했다. 간소한 나무 선반이나 화물용 깔판을 사용하거나, 아예 박스째로 놓고 판매하기도 했다. 외상도, 할인 쿠폰도 없앴다. 대신에 되도록 저렴한 가격을 제시하는 데 집중했다.

그렇게 '알디(Aldi)'라는 이름의 새로운 슈퍼마켓이 등장했다. 알디 슈퍼마켓은 소매업계에서 그때까지 당연하게 여겨왔던 모든 것을 배제하고 품질과 가격에 초점을 맞춤으로써 막대한 비용을 절감했으며 그 혜택을 고객에게 돌려주었다. 소비자들은 저렴한 가격에 매우 만족했다. 알디는 1970년대에 소매업계에서 선구적인 기업으로 급부상했다. 이러한 할인점의 원칙은 식료품뿐만 아니라 다른 유통 분야에도 분명히 적용할 수 있었다. 나에게도 마찬가지였다.

나는 28세 무렵 대형 드러그스토어 체인에서 일하고 있었다. 독립적으로 내 사업을 해야겠다는 생각은 아직 전혀 하지 못할 때였다. 대신 상사들에게 나의 확고한 아이디어를 제안했다.

"우리 드러그스토어에도 할인점 원칙을 도입해야 합니다."

그들은 내 의견에 전혀 수긍하지 않았고 회의적인 목소리로 되물었다.

"할인점 원칙을 어떤 식으로 도입한다는 거지?"

나는 쉽고도 명확하게 답했다.

"1만 5,000개가 아닌 2,000가지 품목만 취급하는 겁니다. 그러면 매출을 1만 마르크에서 12만 마르크로 끌어올릴 수 있습니다!"

하지만 드러그스토어 운영에 베테랑이었던 상사들은 그저 웃기만 했다.

"젊은 친구가 계산이 엉터리구먼. 무슨 근거로 그런 수치를 말하는 건가?"

그들의 경험에 비추어볼 때 나는 상식에 완전히 어긋나는 이야기를 했던 셈이다. 그들은 이 분야에 정통했고 전문적인 지식도 탄탄했다. 대놓고 막말을 할 정도로 무례하지 못했을 뿐, 속으로는 분명히 이렇게 생각했을 것이다.

'이 미친 녀석 좀 보게. 머리에 아주 헛바람만 잔뜩 들었네.'

나의 제안은 당연히 경험으로 증명할 수 있는 것이 아니었다. 현실에서 직접 입증해 보일 기회를 얻어야만 증명이 가능했다. 나는 이 사실이 너무 안타까웠다. 알디 슈퍼마켓의 성공에 대해서 아무리 이야기를 해도 전혀 소용이 없었다. 오히려 이런 핀잔만 돌아왔을 뿐이다.

"알디 슈퍼마켓은 그저 일시적인 현상에 불과해."

"그런 원칙은 식료품 유통에서나 가능하겠지. 드러그스토어 시장에서는 절대로 성공할 수가 없어."

옛 방식의 종말에서 기회를 엿보다 ———— ···

논쟁은 쉽지 않았다. 게다가 개인적으로도 마냥 편안한 상황이 아니었다. 당시 나는 갓 결혼한 젊은 가장으로서 어깨가 무거웠다. 나와 아내 바바라는 1967년 하이델베르크에서 처음 만났다. 결혼 후 우리는 카를스루에에 신혼집을 마련했다. 1971년 5월에 첫딸 코르넬리아가 태어났고, 1972년 11월에는 아들 크리스토프가 태어났다. 드러그스토어 지배인이라는 내 직업으로 한 가족의 생계를 그럭저럭 꾸려나가기에는 부족함이 없었다. 하지만 내가 이 일을 당장 그만둔다면 어떻게 될지 장담할 수 없었다.

우리는 검소하게 생활했지만 이렇다 할 사업 자금을 모아둔 건 아니었다. 게다가 당시 서독의 경제 상황도 심상치 않았다. 내 사업을 하려면 적어도 14퍼센트, 혹은 그 이상의 대출 이자를 감당해야 했다. 장인어른은 인쇄용 잉크업체에서 영업부장으로 일하며 상당히 많은 소득을 올리고 있었다. 내 생각을 아주 위험하다고 여기고는, 섣부른 결정으로 온 가족이 궁지에 몰릴 수도 있음을 매일같이 경고했다. 하지만 나는 오히려 지금까지의 자리에 안주하면 망하게 될 거라고 반박했다.

내 생각에, 전통적인 드러그스토어의 구조는 진부하며 시대의 흐름에 맞지 않았다. 여기에 미래는 없었다. 나의 판단은 조금도 흔들림이 없었지만 주변에서 나와 생각을 같이하는 사람은 아무도 없었다. 누구든 내 이야기를 듣고서 고개를 내저었다. 나를 지지해준 사람은 단 한 명, 아내뿐이었다. 아내는 비록 드러그스토어 업계에 대해 잘 알지 못했지만, 내가 합리적인 결정을 내릴 것이라고 믿어주었다.

내 고민에 결정적인 실마리 역할을 한 것은 '가격 정책'의 변화였다. 이미 몇 년 전부터 독일에서는 이른바 '수직적 가격 고정제(Vertical Price-

Fixing)'의 폐지가 논의되던 터였다. 사람들은 더 많은 경쟁을 통해 시장 경제가 활성화되기를 바랐다. 하지만 '고정 가격'이라는 오랜 전통이 걸림돌이 되었다. 그때까지 수십 년간 제조업체들은 판매 가격을 결정하여 소매상 측에 통보할 수 있는 특권을 독점하고 있었다. 다시 말해 제조사가 제품 가격을 결정하면, 모든 상인은 정확히 그 가격에 판매를 해야만 했다.

때문에 상인들은 고객에게 다양한 가격을 제안할 수가 없었다. 경쟁력을 갖추기 위한 방법은 상품을 소개하는 방식이나 제공 속도, 부가 서비스 등으로 제한되었다. 소매상이 살아남기 위해서는 제조사와 개별적으로 매입 조건을 흥정해야만 했다. 가게 임대료나 직원들 임금을 제하고 최대한 많은 차익을 남기려면 다른 방법은 없었다. 예를 들어 제조사에 치약 500개를 주문한 사람은 열 개만 주문하는 경우보다 개당 가격을 더 저렴하게 치르거나, 대금 지급일을 뒤로 늦추는 등 특혜를 받을 수 있었다. 몇 가지 상품을 묶은 패키지를 할인 가격에 구매하는 방법도 가능했다. 특히 선호하는 방식은 정해진 개수 이상을 주문하면 추가로 덤을 받는 것이었다.

간단히 말해 소매상은 운신의 폭이 상당히 좁은 반면, 제조사의 힘은 막강했다. 여기에 불만을 품은 사람들은 '경쟁 제한 금지법'으로 이 상황을 개선하고자 했다. 이 법은 1965년 처음으로 효력을 발했으며 이후로 9차에 걸쳐 수정을 거듭했다. 2차 개정이 이루어진 1970년대 초, 그때까지 유명 브랜드 제품에 통상적으로 적용되던 가격 고정제를 근본적으로 금지하는 법안이 마련되었다. 이를 둘러싸고 치열한 논의가 오갔으며, 개

중에는 이 법이 시행될 가능성이 없다고 생각하는 사람들도 있었다. 때문에 한동안은 오래된 옛 방식이 끈질기게 명맥을 이어갔다.

하지만 나는 이 법이 결국 의결되고 시행될 것이라고 확신했다. 그렇게 되면 드러그스토어를 방문하는 손님들은 더 이상 카운터에서 비싼 브랜드 상품을 건네받기 위해 직원을 기다릴 필요가 없어진다. 대신에 현대식 셀프서비스 상점에서처럼 저렴한 제품을 자기 손으로 직접 골라서 살 수 있게 될 터였다.

나는 대출을 받기로 결심하고, 거래하던 은행을 방문했다. 당시 정기예금 이자가 15퍼센트였고, 대출이자는 약 17퍼센트였다. 나는 뭐든 감당할 각오가 되어 있었다. 하지만 슈파카세(Sparkasse) 은행과 폴크스방크(Volksbank) 은행은 곧바로 거절 신호를 보냈다.

"안 되겠습니다. 대출은 불가능합니다."

나를 문전박대하지 않은 유일한 은행은 도이체방크(Deutsche Bank) 뿐이었다. 하지만 나와 상담한 담당 직원은 자꾸만 교묘하게 시간을 끌었다. 나는 그에게 같은 질문을 수천 번 했다.

"도대체 언제쯤 대출을 받을 수 있나요?"

여러 주 동안 마음을 졸이며 기다린 끝에 들은 답은 이것이었다.

"그게, 고객님도 아시다시피 아직은 좀……. 여기 카를스루에 지점에서는 힘들고요, 일단 프랑크푸르트점으로 가서 승인을 받아야 해서요……."

연기 나는 계산대와
세상에서 가장 빠른 계산원

시간이 흘렀다. 나는 더 이상 기다릴 수 없었다. 1973년 여름, 나는 확실히 깨달았다.

"지금이야. 기회는 두 번 다시 오지 않아!"

로트(Roth)사의 본점이 있었던 카를스루에의 헤렌(Herren)가 26~28 번지는 로트가 이사를 나간 후 가게가 비어 있었다. 나는 주저하지 않고 임대계약서에 즉시 서명했다. 처음부터 가게를 두 곳 이상으로 늘릴 생각이 확고했기 때문에 동업자를 구해야 한다고 생각했다. 멀리 내다봤을 때, 내가 다른 지점을 확장하는 데 전념하려면 가게를 맡아서 운영해줄 누군가가 필요했다. 마침 적임자를 찾았다. 로트사에서 초창기부터 일했던 아르민 푈(Armin Föll)이라는 사람으로, 모험 정신이 뛰어날 뿐더러 나의 사업 구상을 정확히 이해해주었다. 그는 은퇴할 때까지 우리 사업을 성공적으로 이끌었다.

1973년 초, 드러그스토어 상인협합회와 업계 언론은 가격고정제가 지속되어야 한다고 완강하게 주장했다. 하지만 그들의 생각은 틀렸다. 1973년 7월, 내 예상대로 마침내 이 법이 폐지되었고, 그 후 6개월 만인 1974년 1월 1일부터 새로운 제도가 시행되었다. 그리고 그해 8월 28일 우리는 가게를 개업했다.

우리는 첫 가게에 '데엠 드러그스토어'라는 단순한 이름을 붙였다. 당시의 상점 면적이 평균 60제곱미터 정도였던 것에 비해 데엠 드러그스토어는 훨씬 넓은 190제곱미터에 달했다. 우리는 고객들이 물건을 직접 고르는 셀프서비스 방식을 과감하게 도입하고 모든 상품을 개방했다. 손님이 선반에서 물건을 직접 골라 장바구니나 카트에 담고 셀프서비스 계산대로 가는 방식이었다. 알디 슈퍼마켓의 방식을 도입해, 제품의 가짓수도 대폭 축소했다. 알브레히트 형제는 알디 슈퍼마켓을 운영하면서 통상 3,000개 정도인 제품 수를 약 250개로 줄였다. 우리 또한 일반적인 드러그스토어에서 평균 1만 개 수준으로 구비하던 상품의 가짓수를 2,000개 정도로 압축했다. 이러한 방식을 채택하면 제품 한 개당 더 많은 매출을 올려야 한다는 부담이 생긴다. 하지만 우리는 확신이 있었다. 고객들이 다른 가게와 우리의 가격 차이를 인지하기만 한다면 분명 우리 가게를 선택할 것이라 생각했다. 이렇게 되면 치약을 하루에 두 개가 아닌, 스무 개를 팔 수 있으리라.

초기에는 많은 대기업들이 우리를 상대로 법원에 가처분 신청을 했다. 우리가 아직 유효한 가격준수 의무를 지키지 않았다는 이유였다. 드랄(Drall), 닥터쉬퍼(Dr. Schiffer), 비오비탈(Biovital), 부어레시틴(Buers Lecithin), 클로스터프라우(Klosterfrau) 같은 덩치 큰 기업들이 여기에 참여했다. 하지만 나는 가처분 통지를 가볍게 무시했다. 법원이 더 이상 기존 제도를 옹호하지 않으리라 믿었기 때문이다. 어차피 새로운 법이 시행될 터였다. 하지만 제조사 측에서는 시효 마지막 날까지 가격고정 위반 행위를 경고하면서 낡은 전통을 끝까지 고수했다. 다행히도 나에게 불리한 사태는 벌어지지 않았다.

그러는 사이 가게는 큰 호응을 얻기 시작했다. 반응은 첫날부터 뜨거웠다. 간소한 품목, 완전한 셀프서비스, 저렴한 가격이라는 우리의 방식은 100퍼센트 적중했다. 당시 엘넷(Elnett) 헤어스프레이의 정가는 9.90마르크였는데, 우리는 이 헤어스프레이를 6.98마르크에 판매했다. 조금 저렴한 정도가 아니라 파격적으로 싼 가격이었다. 데엠이 말도 안 되는 가격에 물건을 판다는 소문은 곧바로 시내에 퍼져나갔고 사람들이 몰려오기 시작했다. 모두들 이렇게 수군거렸다.

"지금 빨리 가봐. 안 그러면 금방 다 팔릴지도 몰라!"

첫날부터 계산대에 연기가 났다. 은유적인 표현이 아니라, 문자 그대로 기계에서 연기가 피어올랐다. 당시의 금전등록기는 예전처럼 수동 핸들이 달린 모델은 아니었지만, 여전히 기계식으로 작동했다. 기계 한 대에 약 3,500마르크였으니 당시 물가에 비하면 상당한 고가였다. 다행히 나는 상점용 금전등록기 제조사인 엔씨알(NCR) 회사의 지역 담당자와 잘 아는 사이였다. 그에게 일찌감치 부탁을 했다.

"크람머 씨, 제가 지금 당장 새 금전등록기를 살 수가 없어요. 돈을 모아서 꼭 살 테니까, 그때까지만 기계를 임대할 수 있을까요?"

그렇게 확보한 중고 기계 두 대를 계산대에 놓고 영업을 시작했는데, 분주히 작동하던 기계 한 대에서 연기가 솟은 것이다. 보아하니 안쪽에 쌓인 먼지에 불이 붙은 것 같았다. 기계 한 대가 멈추자 소동이 벌어졌다. 가게는 사람들로 꽉 찼고, 양쪽 계산대 앞에 줄이 길게 늘어서 있었다. 눈앞이 캄캄한 상황이었다. 우물쭈물할 시간이 없었다. 나는 연기 나는 금전등록기를 덥석 집어 들고는 나의 낡은 르노4 자동차에 실었다. 기계 제조사 창고로 순식간에 내달린 후 이렇게 외쳤다.

"크람머 씨, 새 금전등록기가 필요해요. 당장이요!"

새 기계를 받아서 차에 싣고 가게로 돌아온 후 계산대를 다시 정상적으로 운영하기까지는 오랜 시간이 걸리지 않았다. 나중에 크람머 씨는 웃으면서 말했다.

"세상에서 가장 빠른 계산원은 아마 당신일 거예요."

불과 며칠 만에 금전등록기에 돈이 수북이 쌓였다. 나는 대출 승인을 망설이던 도이체방크 은행의 상담 직원을 다시 찾아갔다. 이번에는 예금을 위해서였다.

"정기예금을 들러 왔습니다. 5만 마르크짜리로요."

그는 적잖이 놀란 얼굴이었다. 이틀 후 내 우체통에는 대출 승인 서류가 놓여 있었다. 그토록 기다리던 대출 승인이 떨어진 것이다. 결코 우연이라고는 할 수 없는 일이었다.

2

왜 때로는 번쩍이는 벤츠 대신
중고차를 택해야 하는가?

사람들 대부분은 무엇을 먹고 살아야 하는지 충분히 알고 있다.
하지만 무엇을 위해 살아야 하는지는 모르는 경우가 허다하다.

_빅토르 프랑클(Viktor Frankl)

산산조각 난
창문에서 배운 것

나의 유년기와 청년기는 늘 비누와 허브 사탕, 애프터쉐이브 로션, 세이지 차의 향이 뒤섞인 전형적인 드러그스토어 냄새와 함께였다. 여기에 또 다른 냄새도 한 가지 추가되었다. 바로 물 냄새다.

나는 하이델베르크에서 다섯 남매 중 막내로 태어났다. 내가 또렷이 기억할 수 있는 나이였을 때, 누나 둘과 형은 이미 집을 떠나 있었다. 나보다 각각 13살, 8살이 많은 누나 둘, 12살 위의 형은 내 기억 속에 늘 훈계를 하던 존재였다. 나보다 4살 많은 바로 위의 형은 이른 나이에 기숙학교로 들어갔다. 부모님이 이혼하는 바람에 가족이 흩어졌고, 어머니가 형을 제대로 돌볼 수 없었기 때문이다. 아버지는 내가 열한 살 정도였을 때 집을 나가서 회사 경리와 새 가정을 꾸렸다. 나는 우리 가족 중 유일하게 아버지와 몇 년 동안 연락하며 지냈다.

우리는 네카어(Neckar) 강 바로 옆의 낡은 주택에 살았다. 프랑스 네오 바로크 건축 양식을 따른 웅장한 건물이었지만 너무 오래되어서 많이 낡아 있었다. 집주인 오스카 슐렙(Oskar Schlepp)은 화가였는데, 망사르드 다락(프랑스의 건축가 망사르(Mansart, F.)가 고안한 지붕. 경사가 완만하다가 급하게 꺾이는 것이 특징이며, 아래 지붕에 채광창을 내어 다락방으로 쓰게 되어 있다-옮긴이)으로 거처를 옮겼다. 우리는 소위 벨에타제(Beletage)라고 부르는 그 아래층에 살았다. 강 건너 하이델베르크 구시가지의 전망은 정말 환상적이었다. 나는 매일 아침, 건너편 언덕의 유명한 옛 성터를 보며 하루를 시작했다. 특히 좁다란 강변도로를 따라 학교에 가는 시간을 가장 좋아했다.

계절과 날씨에 따라 네카어 강은 미묘하게 다른 냄새를 풍겼다. 꼬마 시절 나는 네카어 강을 누비는 선장이 되고 싶었다. 초등학교에 입학해서 드러그스토어의 다채로운 냄새를 맡기 시작하면서 생각이 달라졌지만, 항해의 꿈은 늘 마음속에 간직하고 있었다. 나는 네카어 강가에서 배 타는 사람들을 방 창문 너머로 늘 바라보았다. 언젠가 학교 친구 울리와 함께 작은 뗏목을 만든 적이 있다. 울리는 나처럼 네카어 강 근처에 살던 친구였다. 1950년대 초였던 당시는 모든 것이 부족했던 전후 시대였기에, 우리는 뗏목 재료인 나무와 아마천을 간신히 구할 수 있었다. 우리가 완성한 뗏목에는 '수지&슈트롤흐'라는 영광스러운 이름을 붙여주었다. 작은 노를 계속 저어봤지만 바람이 거의 불지 않아서인지 배는 자꾸만 강 아래쪽으로 떠내려갔다. 그러다 어느 순간 노를 힘껏 저었더니 배가 강물을 거슬러 올라가기 시작했다. 그때의 장엄한 느낌은 아직도 잊을 수 없다.

우리가 14살 정도 되었을 무렵이다. 울리와 나는 강가에 앉아 지루한 시간을 보내다가 문득 이런 대화를 나누었다.

"우리 뭐할까?"

"보트 타러 갈까? 조정클럽에 가보자!"

마침 몇 미터 떨어지지 않은 곳에 '하이델베르크 조정클럽'이 있었고,

이곳을 찾은 후부터 우리 둘은 조정에 빠져들었다. 이 시기에 조정클럽에서 보냈던 시간은 내 기억 속에 지울 수 없는 인상을 남겼다. 길이가 22미터에 달하는 8인승 보트는 다루기가 무척이나 어려웠다. 이 보트를 트레일러에 연결하여 좁은 정박장 안으로 옮기려면 6~7명이 앞뒤로 달라붙어서 힘을 모아야 했다. 가장 큰 난관은 높이를 적절히 조절하는 일이었다. 트레일러의 앞쪽 연결봉을 아래쪽으로 충분히 내리지 않으면 갑판의 채광창과 너무 가까워져서 위험했다.

어느 날 정박장에 모여 있던 나이 지긋한 중년 신사들 중 한 명이 우리 쪽으로 다가왔다. 8인승 보트가 길을 막고 있어서 본인의 작은 보트를 꺼낼 수가 없으니 그 보트를 옮기도록 좀 도와달라는 것이었다. 혈기왕성했던 우리는 부탁대로 작업을 시작했다.

나는 맨 앞에 서서 몸을 구부리고 방향을 이리저리 가늠했고, 친구들은 계속해서 내게 주의를 주었다.

"천천히, 천천히!"

반면에 노신사는 큰소리로 지시를 내렸다.

"계속해, 계속!"

이런 과정이 두세 번 정도 반복되더니, '쾅' 하는 굉음이 들려왔다. 갑판의 채광창이 산산조각 난 것이다. 신사는 망연자실하여 "그럴 줄 알았어"라고 말했다. 나는 고개를 저으며 대답했다.

"아뇨, 전혀 예상 못하셨을걸요. 미리 아셨다면 왜 멈추라고 하지 않으셨어요?"

사소한 경험이었지만 나는 여기서 중요한 것을 깨달았다. 사람들은 어떤 상황이 닥쳤을 때 무얼 해야 할지, 어떻게 해야 할지 잘 알지 못한다. 하지만 상황이 끝난 후에는 자신이 지나온 길에 대해 분명히 알게 되며 한층 현명해진다. 그렇기에 우리는 '(과거에) 무엇을 더 잘했어야 했나?'라는 질문을 그만두고 '(앞으로) 무엇을 더 잘할 수 있을까?'라는 질문에 집중해야 한다. 이는 내 삶의 후반부를 이끈 질문이기도 하다.

열여섯, ——————— …
새로운 세상으로 뛰어들다

나는 학교에 별로 관심이 없었다. 성적은 하위권이었고, 오로지 역사와 지리에만 흥미를 느꼈다. 때때로 몇 시간 동안 지도를 탐구하거나 지구본을 이리저리 돌리기도 하면서 시간을 보냈다. 구스타프 슈바브(Gustav Schwab)의 《그리스로마 신화(Sagen des klassischen Alterums)》를 열심히 읽으며 역사에 관한 호기심을 채우기도 했다. 그렇게라도 하지 않으면 지루한 수업 시간을 버티기 힘들었다. 하지만 세계에 대한 관심, 인간에 대한 관심만큼은 확실히 가지고 있었다. 당시에는 학교에서 체벌을 하는 것이 흔한 일이었는데, 나는 학교에 남아 선생님에게 손바닥을 맞는 단골 손님이었다.

'아이는 엄하게 다뤄야 강해진다'는 양육 방식을 고수하던 어머니와 달리, 아버지는 인내심이 더 많았다. 어느 날 아버지가 나를 부르더니 진지한 목소리로 이야기를 꺼냈다.

"넌 뭔가 다른 걸 배우는 게 좋겠다. 공부는 너한테 맞지 않는 것 같구나. 꼭 대학을 갈 필요가 있겠니? 다른 곳에서 장사를 배워보는 건 어떨지 한번 생각해보렴."

나는 아버지의 제안을 정확히 따랐다. 내가 원하든 원치 않든, 언젠가 아버지의 드러그스토어를 물려받아야 하리라는 막연한 생각도 어느 정도 작용했다. 그렇게 16살이 되던 해에 콘스탄츠(Konstanz)로 떠났다. 그리고 그곳의 칸츨라이(Kanzlei)가 있는 코른벡 드러그스토어(Drogerie Kornbeck)에서 실습을 시작했다. 시내에 얻은 작은 방 한 칸에서 4년간의 독립생활이 시작되었다.

보덴(Bodensee) 호수와 맞닿은 도시 콘스탄츠는 내가 무엇보다 사랑하는 것들을 품고 있었다. 바로 물과 뛰어난 조정클럽이었다. 콘스탄츠 조정클럽 '넵튠(Neptun)'은 그 당시 이미 75년의 역사를 자랑했으며, 국내 및 해외의 각종 경기에서 많은 성과를 거두었다. 이 클럽에서 독일뿐만이 아니라 수많은 유럽 및 세계 챔피언, 올림픽 참가자와 금메달리스트가 탄생했다.

내가 클럽에 가입했을 때는 조정 역사에 이름을 남긴 전설적인 트레이너 두 명이 활동하고 있었다. 그중 한 명이 루트비히 마르크바르트(Ludwig Marquardt), 줄여서 '루디'라 불리던 인물이었는데 우리 청년들의 훈련을 담당했다. 1963년 4월에는 귄터 바우어(Günter Bauer)라는 오스트리아 출신 청년이 가담했다. 우리가 '페피(Pepi)'라 부르던 그는 키가 186센티미티인 나보다도 무려 12센티미터나 더 컸다.

천하무적
조정 듀오

──────── ...

페피는 원래 헤르티(Hertie) 백화점의 인사부 직원이었다. 백화점이 콘스탄츠에 새로운 지점을 내게 되면서 이곳으로 발령을 받은 상황이었다. 한편으로 그는 조정 더블스컬(Double Scull) 종목에서 두 번이나 오스트리아 청소년 챔피언 자리를 차지한 선수이기도 했다. 루디 코치는 장대 같이 긴 이 남자를 데리고 와서 내 배에 앉히고는 한 시간 반 동안이나 속도 훈련을 시켰다. 그러더니 이렇게 결정을 내렸다.

"너희 둘은 내일부터 더블스컬을 같이 하도록 해."

그때부터 우리는 매일같이 훈련을 했다. 둘 다 가게 문을 닫을 때까지는 꼼짝할 수 없었기에 훈련은 당연히 퇴근 후였다. 불과 한 달 만에 우리는 처음으로 조정 경기에 참가했고, 점점 실력이 늘어 다른 팀들을 제치고 우승을 거머쥘 수 있었다.

우리는 천하무적이었다. 독일 청소년선수권 대회뿐만 아니라 5개국(독일, 이탈리아, 프랑스, 스위스, 벨기에) 청소년 대회에서도 우승을 차지하자 언론에서는 우리를 가리켜 '기술적으로 완벽한 독일 조정 듀오'라며 환호했다.

루디 코치는 나에게 아버지와 같은 존재였다. 나는 그에게서 참 많은 영향을 받았으며, 특히 그의 훈련 원칙 중 하나는 내 인생의 모토가 되었다. B. B.라는 이니셜로 표현한 그 원칙은 '노력은 끈기 있게, 성공 앞에서는 겸손하게'였다(독일어로 'Beharrlich'는 인내라는 뜻이고 'Bescheiden' 은 겸손함을 의미한다-옮긴이). 1960년대 초였던 당시 젊은 남자라면 'B. B.'라는 이니셜을 듣고 당연히 육감적인 여배우 브리지트 바르도 (Brigitte Bardot)를 떠올렸을 것이다. 루디 코치는 그 점에 착안해서 일부러 이니셜을 강조한 것이다.

나는 이후에도 삶에서 어려운 상황에 처할 때마다 루디 코치와 그의 목소리를 떠올렸다.

"자세가 흐트러지면 안 돼. 그대로 버텨!"

결승선을 몇 미터 앞에 두고 있을 때는 무엇보다도 강철 같은 의지와 힘이 필요하다. 남은 힘을 모두 끌어모아야 한다. 동시에 노를 저을 때는 명철한 머리가 필요하다. 완전히 집중해서 가장 적절할 리듬을 파악해야만 한다. 그래야 결승선을 가장 먼저 통과할 수가 있다. 힘차게 노를 밀었다가 세심하게 당기는 동작을 교차하는 그 순간이 결정적인 차이를 만든다. 그리고 이 동작은 보트에 함께 오른 파트너와 완벽하게 일치해야만 가능하다.

건강한 기업에 필요한 두 가지 ———— …

숨을 들이쉬는 것과 내쉬는 것은 정반대의 동작이다. 하지만 이 두 가지 모두는 생명을 유지하는 데 반드시 필요하다. 숨을 들이쉬기만 해도, 혹은 숨을 내쉬기만 해도 사람은 살 수 없다. 올바른 호흡의 리듬을 찾아야만 계속해서 생존할 수 있다. 기업을 경영하는 것 또한 마찬가지다. 기업은 '일관성'과 '창의성' 사이에 일정한 리듬이 필요하다. 창의성, 다시 말해 혁신과 성장에만 치중하면 세포가 무분별하게 증식하여 암이 발생할 위험이 생긴다. 반대로 일관성에만 치중하면 어느 순간 경화증이 발병할 수 있다. 이 또한 치명적인 것은 마찬가지다. 그래서 건강한 기업이 되려면 리듬을 찾아야 한다. 일관성과 창의성이 교차하는 리듬 속에 곧 기업의 힘이 존재한다.

우리 조정 팀의 성공 신화는 오래지 않아 막을 내렸다. 1964년, 우리가 성인 선수권 대회에 참가했을 때 신체적 여건이 한계에 부딪혔다는 사실이 금방 드러났다. 파트너인 페피는 크게 낙담했지만 나는 우리가 지금껏 즐겁게 보트를 탔다는 사실에 만족하고 마음을 접었다. 어쨌든 우리는 멋진 삶을 살았으니 말이다. 여름에는 보덴 호수에서 자전거를 탔고, 겨울에는 산으로 스키를 타러 다녔으며, 봄과 가을에는 하이킹을 했다. 잊을 수 없는 시절이었다.

내가 1964년 가을 콘스탄츠를 떠나면서 우리의 더블스컬 팀은 어쩔 수 없이 해체되었다. 이후 나는 아버지의 드러그스토어를 물려받는다는 목표를 향해 앞만 보며 나아갔다. 아버지는 65세가 되는 1967년부터는 더 이상 일을 하지 않겠다고 선언한 터였다. 나는 콘스탄츠의 가게 외에도 세 곳의 다른 드러그스토어에서 견습생 신분으로 일했다. 처음에는 향수 판매점과 사진 도매상을 함께 운영하는 부퍼탈(Wuppertal)의 대형 드러그스토어에서, 그다음에는 자르브뤼켄(Saarbrücken)에 있는 사진 상점에서, 마지막에는 하노버(Hannover)의 슈멜츠(Schmelz) 체인점에서 근무했다. 슈멜츠는 내가 가장 많은 것을 배운 가게였다. 건강식품 판매점으로 체인점이 약 40개에 달하던 슈멜츠는 모든 지점이 전문적인 운영방식을 따르고 있었다. 그때는 가격고정제가 여전히 시행되던 시기라 현대적인 경영 방식이 업계에 아직 도입되지 않았지만 슈멜츠는 달랐다. 슈멜츠의 지점장 중 한 사람인 브란덴부르거는 한때 알디에서 매니저로 일한 적이 있었다. 그는 알디에서 배운 방식에 따라 재무관리 시스템을 개선하고 평당 매출액, 공간 효율성을 고려하여 매장을 운영했다. 나는 이 모든 것을 슈멜츠에서 알게 되었다.

어린아이의 눈에서 전문가의 시선으로

그 후 나는 바트 하르츠부르크(Bad Harzburg)에서 3개월간 경영관리 교육과정을 이수함으로써 떠돌이 생활에 마침표를 찍었다. 당시 바트 하르츠부르크는 경영을 꿈꾸는 이들이 한 번은 순례를 해야 하는 '성지'와도 같았다.

1962년에 라인하르트 횐(Reinhard Höhn)이라는 교수는 이곳에 '경제경영 아카데미'를 설립했다. 이른바 '하르츠부르크 모델'이라고 불린 그의 원칙은 그 당시와 이후 20년 동안 독일의 기업 이념에 큰 영향을 끼쳤다. 이 모델의 핵심은 피라미드 형태의 조직도와 상세한 직무기술서였다. 직무기술서는 모든 직원의 업무와 책임을 직위별로 명확하게 구분했다. 다시 말해 하르츠부르크 모델의 핵심 개념은 근무 지침과 성과 관리였다. 이를 통해 각 직원이 무슨 일을 해야 하는지, 무슨 일을 위임해야 하는지를 정확히 규정하고 다른 한편으로는 이렇게 규정된 업무 범위 내에서 책임도 함께 주어졌다. '책임의 위임'은 하르츠부르크 경영 아카데미에서 가장 중요한 슬로건이었다. 지금은 너무도 당연한 이야기로 들리겠지만 당시에는 그야말로 혁신적인 생각이었다.

"생각은 말에게 맡겨라. 말의 머리가 더 크니까."

이런 식의 경영 원칙이 흔하던 시절이었다. 나의 아버지 역시 '복종'을 강조하는 유형이었다. 일개 직원은 발언권이 거의 없었고, 가부장적인 지도자가 모든 결정권을 독차지했다. 직원이 뭔가 독단적인 판단을 내리고 행동하면 즉시 이런 말을 들었다.

"왜 나한테 묻지 않았지?"

직원들은 자율적으로 일할 수 없었고, 일단 상사에게 먼저 물어보거나 아니면 상사가 어떻게 생각할지를 미리 짐작해야 했다. 모든 판단 기준은 언제나 상사였다.

하지만 하르츠부르크 모델은 직원들에게 책임을 위임함으로써 독립적으로 책임져야 하는 영역을 부여했다. 이제는 더 이상 상사가 판단 기준이 아니었고, 무엇이 옳고 그른지 스스로에게 질문을 해야 했다. 이를 '목표에 의한 관리'라고 불렀다. '일정한 기한까지 제품을 일정한 양 판매해야 하며, 일정한 이윤을 올려야 한다'라는 기준이 제시되면 그 과정은 직원이 모두 맡아서 책임지는 것이다. 당시에 이런 원칙은 번개라도 친 듯 획기적으로 느껴졌다.

하지만 하르츠부르크 모델은 태생적으로 한계가 있었다. 지나치게 관료주의적이고 융통성이 없었으며, 군대식 사고방식을 밑바탕으로 하고 있었다. 이러한 경영 방식은 곧 비판을 받게 되었다. 특히 1980년대에 라인하르트 획 교수가 과거 군 참모였을 뿐만 아니라 히틀러 정권과도 깊숙이 연루되었다는 사실이 드러나면서 큰 타격을 입었다. 그가 나치 시절 국가보안본부의 본부장 및 상급 지도자였음이 밝혀진 후 하르츠부르크 모델은 경영 이론에서 서서히 자취를 감추었다.

하지만 1967년까지도 하르츠부르크 모델의 인기는 상당했다. 경영자들은 획 교수가 설립한 경제경영 아카데미에 참여하는 것이 당연한 관례라고 생각했다. 나 역시 데엠을 운영하던 초창기에는 이 이론을 신념으로 삼고 일했으나 이 모델로는 극복하기 어려운 한계에 곧 부딪혔다.

세 곳에서의 견습 생활과 세 달 동안의 경영과정을 마친 후, 1968년 11월 나는 24세의 나이에 마침내 하이델베르크에 있는 아버지의 드러그스토어에 들어섰다. 이제는 더 이상 매장에 뒤죽박죽 섞여 있는 다양한 물건들을 구경하면서 눈이 휘둥그레지던 어린아이가 아니었다. 하우프트 거리의 아버지 가게 앞에서 비눗방울 총을 쏘면서 지나가는 사람들의 관심을 끌던 아이는 이제 어른이 되었다. 나는 숙달된 전문가의 시선으로 아버지의 가게를 새롭게 바라보았다.

철저한 서비스 정신이
가게를 위협하다 ————— …

아버지는 기본적으로 모든 것을 직접 해야 안심하는 스타일이었다. 물론 가게 홍보도 마찬가지였다. 당시에는 가게에서 슬로건을 내세우는 일이 드물던 시절이었지만 아버지는 두 개의 슬로건을 만들었다. 그중 하나는 '베르너 드러그스토어는 다채롭고 친절하며 저렴하다'였다. 아버지의 가게는 이 슬로건과 함께 성장하여 1960년대에는 매장을 하나둘씩 늘려 나가기 시작했다. 아버지가 특히 자랑스럽게 여겼던 또 하나의 슬로건은 '베르너 드러그스토어는 모든 상품을 취급하며 빨리 구할 수 있다'였다. 하지만 한편으로 이 슬로건은 아버지의 가게를 망하게 만드는 독이었다. 그러한 약속을 지키려면 너무 많은 비용이 지속적으로 들기 때문이다.

대학 도시인 하이델베르크에는 수많은 외국인과 학생, 객원 교수들이 살고 있었다. 그들에게 아버지의 가게는 원하는 것은 뭐든 살 수 있는 보물 창고와도 같았다. 크게 만족한 손님들은 나중에 고향으로 돌아간 뒤에도 그 서비스를 계속 이용하고 싶어 했다. 이들의 기대에 부응하고자 아버지는 '다채롭고 친절하며 저렴하게' 모든 물건들을 마련해서 작은 소포 상자에 꼼꼼하게 포장한 후 주소를 기입하고 우표를 붙였다. 그리고 저녁마다 우체국으로 가서 무수한 소포들을 세계 각지로 보냈다. 인도네시아의 자카르타나 수라바야까지도 아버지의 드러그스토어 제품들이 배달되었다. 아버지는 구매자가 원하는 것을 모두 충족시켜야 한다는 철저한 서비스 정신을 고집했다. 때로는 물건 값을 제대로 받지 못하는 경우도 생겼다. 아버지는 그런 비용은 계산에 넣지 않았다. '베르너 드러그스토어는 모든 상품을 취급하며 빨리 구할 수 있다'는 슬로건이 아버지에게는 언제나 먼저였다.

1968년에 내가 하이델베르크로 돌아왔을 때 아버지는 약 20개의 매장에 200여 명의 직원을 거느리고 있었다. 매장마다 서로 다른 주력 상품이 배치되었다. 이를테면 이 매장은 생활건강 용품이, 저 매장에는 의약품이 주된 품목이었다. 시간이 지나면서 사진 관련 제품과 다양한 건강식품도 취급했다. 하지만 그중 어떤 것도 제대로 체계화되지는 않았다. 나는 12월 한 달 내내 모든 매장을 정밀하게 조사했다. 직원들 한 명 한 명과 이야기하면서 관찰하고 분석하는 작업을 마친 후 아버지에게 말했다.

"아버지, 우리 얘기 좀 나눠야겠어요."

분석 결과는 명백했다. 나는 가게 전체를 정리해야 한다고 생각했다. 그것도 되도록 빨리. 하지만 아버지는 경영학을 초월한 세상에 살고 있었다. 비용을 산출한 흔적은 어디에서도 찾을 수 없었다. 회계 정리 역시 걱정스러울 정도로 소홀했다. '현 매출액' 같은 단순한 수치조차도 확인하기가 힘들었다.

하지만 아버지는 이런 문제를 전혀 걱정거리로 여기지 않았다. 아버지는 늘 이렇게 말했다.

"그런 건 전부 다 내 머릿속에 있어. 너나 더 열심히 하도록 해!"

아버지는 오랫동안 아주 성공적으로 가게를 운영해왔다. 그리고 여기에 큰 자부심을 느꼈다. 가게 사정이 예전 같지 않다는 사실은 물론 알고 있었다. 하지만 2년 전부터 회계 결산을 제대로 하지 않았기 때문에 재정 상황이 얼마나 악화되었는지 구체적으로 알 수 없었다.

공급업체들은 청구서의 대금이 지급될 때만 납품을 해주었다. 아버지는 공급업체의 신용을 이미 잃은 상태였다. 슈파카세 은행장은 나를 이미 여러 번 불러서 이렇게 조언했다.

"언제쯤 아버지 가게를 인수할 겁니까? 계속 이런 식이라면 곤란해요. 그저 옛정 때문에 이렇게 봐드리는 거예요."

내가 아버지에게 손익계산서를 작성해두었는지 묻자 아버지는 투덜거리면서 대답했다.

"그런 거 할 시간이 어디 있어? 그러려면 1967년도 장부부터 정리해야 할 게다."

짙은 안개 속에서 비행하듯 모든 것이 불명확했다. 하지만 아버지는 침착했다.

"일단 차분하게 일을 익히도록 해라. 그러면 우리 가게가 어떻게 운영되는지 너도 차차 알게 될 거다."

분명 무슨 일이 벌어질 것 같았다. 나는 계속해서 아버지와 대화를 나누려 했다. 처음에는 조심스럽게 시작했지만, 언제부터인가 점점 더 격렬한 말이 오가기 시작했다. 1월 중순쯤이었다. 나는 사무실에서 아버지와 30분 동안 언쟁을 벌이면서 가게의 재정 상황을 아주 명확하고 단순하게 설명했다.

"아버지, 계속 이렇게 하시다가는 망하게 될 거예요. 가게가 100주년 기념일을 맞지 못할 수도 있어요."

가게는 정확히 열두 달 후인 1970년에 100주년을 앞두고 있었다. 24

살의 아들이 66세의 아버지에게 1년 안에 망할 거라고 하니, 곱게 들릴 리가 없었다. 아버지는 몹시 화가 났고, 결국 두 시간 후 나는 일자리를 잃고 말았다.

번쩍이는 벤츠를 포기한 이유

나는 아버지의 가게를 이어받기 위해 몇 년에 걸쳐 콘스탄츠, 부퍼탈, 자르브뤼켄, 하노버, 하이델베르크까지 독일 곳곳을 돌아다녔다. 그런데 불과 두 시간 만에 내 평생의 꿈이 연기처럼 '펑' 사라지고 말았다.

이 상황을, 혹은 나 자신을 원망할 겨를은 없었다. 내가 아버지와 대화를 할 때 좀 더 현명하고 신중했어야 한다고 후회하지는 않았다. 어떤 상황에서든 만족하지 않고 늘 질문을 던지는 것이 나의 성격이었다.

'우리가 정말로 그렇게 해야 하는가? 다른 방법은 없을까?'

이런 반항적인 성격 때문에 권위적인 교사나 상사의 눈 밖에 나는 일도 흔했다. 학창 시절, 어머니가 콘스탄츠 학교의 교장을 찾아가 나에 대해 물은 적이 있다.

"저희 아이는 좀 어떻습니까?"

교장은 한숨을 쉬며 이렇게 대답했다.

"그 녀석은 모든 질문에 질문으로 대답해요."

어머니가 고개를 끄덕이며 "네, 저도 잘 알죠"라고 답하자 교장은 이렇게 덧붙였다.

"그래서 저는 녀석을 늘 '불편한 부하'라고 부르죠."

나는 이제 어디로 가야 할까? 내가 잘할 수 있는 유일한 분야는 드러그스토어였다. 분명한 사실은 이제 다른 드러그스토어를 찾아야 한다는 것이었다. 새 직장의 상사는 '불편한 부하'를 잘 견디며, 내 지식과 아이디어에 귀 기울여줄 수 있는 사람이어야 했다. 문득 카를스루에에 있던 로트 드러그스토어가 떠올랐다. 로트 드러그스토어의 사장 카를 로트와 아버지는 오랜 기간 동안 협력해온 사이였다. 로트는 열두 곳의 점포에다가 화학약품 매장도 하나 운영하고 있었다. 그곳 아들은 나보다 스무 살가량 나이가 많았다. 자연과학을 전공하여 박사학위를 취득했고, 작은 화학약품 공장을 설립해 운영하고 있었다. 어느덧 여든 살이 가까워진 로트 사장은 마땅한 후계자를 찾는 중이었다. 원래 계획은 '베르너 2세'인 내가 아버지 가게를 이어받으면 하이델베르크의 베르너 매장과 카를스루에의 로트 매장을 통합한다는 것이었다. 그런데 내가 갑작스럽게 쫓겨나는 사태가 벌어졌다. 나는 즉시 카를스루에로 가서 로트 사장에게 내 상황을 설명했다. 그리고 2주 후인 2월 1일, 나는 로트 드러그스토어에서 이전의 아버지 가게에서는 금지되었던 일을 시작했다. 바로 가게를 재정비하는 것이었다.

나는 하노버에서 배운 모든 내용을 열심히 적용하고 투입했다. 나에게 주어진 가능성의 틀 안에서 끈기 있게 노력하되, 성공에 대해서는 마음을 비우고자 했다. 그것이 조정 선수 시절, 루디 코치의 가르침이기도 했다.

아버지의 가게는 예상보다 조금 더 오래 버티기는 했지만, 안타깝게도 100주년을 앞두고 내가 말한 어려움에 봉착했다. 어느 날 투자자 헬무트 니스너가 나를 불쑥 찾아왔다. 내가 아버지 회사의 유한책임 조합원이라는 게 이유였다. 그는 능청스러운 성격에 풍채가 당당한 사람이었다. 이미 프랑크푸르트에서 몇몇 드러그스토어 매장을 매입했으며, 현재 다른 매물을 찾는 중이라고 했다. 아버지는 1970년이 되면 자신의 드러그스토어를 슈투트가르트의 고델 드러그스토어(Drogerie Godel)에 매각하기로 이미 합의한 터라, 헬무트는 아버지와 군이 자리를 마련하지 않았다. 대신에 나를 통해서 로트 2세와 접촉했고, 로트 2세는 드러그스토어를 매각할 기회를 잡을 수 있었다. 로트의 아들은 자신의 화학약품 공장에 전적으로 집중하기 위해 1971년 말 로트 드러그스토어를 매각했다.

어떤 의미에서 보면 나도 로트 드러그스토어와 함께 매각되었다고 할 수 있었다. 헬무트는 개별 드러그스토어들을 무서운 기세로 사들여 '이드로(Idro)'라는 이름을 붙였다. 그렇게 태어난 이드로 매장만 벌써 100여 개에 달했다. 지배인의 직책을 맡은 나의 업무는 그 매장들을 어떤 방식으로든 체계화시켜 하나의 네트워크를 구축하는 것이었다. 하지만 이드로 드러그스토어의 경영 모델은 구체적인 실체가 없는 상태였다. '자동차 바퀴를 되도록 많이 모으자. 그러다 보면 최고 속력을 자랑하는 슈퍼카를 완성할 수 있을 것이다'라는 지극히 단순하고 허술한 사고방식에 지나지 않았다.

나의 업무를 간단하게 설명하자면 다음과 같았다. 월요일 오전, 베를린의 드러그스토어 주인에게서 전화가 한 통 걸려온다.

"헬무트 니스너 씨가 주말에 우리 가게를 매입했어요. 재고 조사를 위해 당신과 일정을 잡으라고 하던데요."

그러면 나는 그날 오후에 멋진 회사 차(6기통 엔진이 달린 250마력의 메르세데스 벤츠)를 타고 베를린으로 달려간다. 그리고 며칠 내로 새로운 매장의 밑그림을 구축한다. 겉으로는 아주 그럴듯해 보였을 것이다. 실제로 그렇게 큰 회사의 지배인이라는 사실은 상당히 기분 좋은 일이었다. 사람들은 나를 대단한 인물처럼 바라보았고, 가까운 지인들도 내 성공에 크게 놀랐다. 드디어 내가 소원을 이루었다고 모두들 생각했을 것이다.

하지만 나는 이 화려한 외양이 오래가지 못하리라는 것을 알았다. 불과 몇 달 후면 이드로의 자금은 바닥을 드러낼 터였다. 이 드러그스토어가 지속적으로 재정비에 투자할 만큼 수익을 내지 못했기 때문이었다.

말도 안 되는, 그러나 끈질긴 꿈

─────···

나는 '이대로 가다가는 안 되겠다'는 결론을 내렸다. 합리적이고도 새로운 구상이 필요한 시점이었다. 퇴근 후 나는 책상에 앉아서 내가 그리는 미래의 드러그스토어 점포를 종이 위에 옮겼다. 지금까지 습득하고 배운 모든 것을 담아 구체적으로 적어 내려갔다. 오늘날에는 이런 것을 사업계획서라 부르지만, 당시만 해도 마땅한 이름이 없었다. 그 안에는 단계적인 발전 구상과 각종 수치가 망라되었고, 세세한 진행 계획안도 포함되었다. 현대적인 관점에서 보아도 그리 나쁘지 않은 계획서였지만, 나의 직관적 체험에 동조하는 사람은 이번에도 아무도 없었다.

1973년 2월, 이드로 기업 고문단 앞에서 이 사업계획서를 발표했지만 결과는 마찬가지였다. 하나같이 이런 반응이었다.

"꿈이 지나치네요. 말도 안 되는 이야기입니다."

정확히 4년 전 아버지의 사무실에 들어갔던 그날처럼 나는 헬무트 니스너의 사무실을 찾았다. 그리고 이렇게 말했다.

"이 회사는 곧 망할 겁니다. 변화가 없다면 저는 회사를 그만두겠습니다."

이드로는 결국 아무것도 변하지 않았고 나는 회사를 나왔다. 번쩍이는 벤츠는 중고 르노 자동차로 바뀌었고, 나는 네 식구의 생계를 위해 '테피히란트 홀츠바흐탈(Teppichland Holzbachtal)'이라는 카펫 가게에 취직했다. 이 회사는 카펫과 직조 타일 분야를 이끄는 선구적인 업체로 약 20개의 매장을 가지고 있었다. 이렇게 완전히 다른 업종을 선택하면서 베를린으로 이사하는 것도 함께 고민했다. 하지만 마음 한 켠에는 나의 가게 '데엠 드러그스토어'라는 꿈이 잠들어 있었다. 나는 그 꿈이 깨어나 현실이 되기를 기다렸다.

3

기업이 직원을 위해 존재하는가?
직원이 기업을 위해 존재하는가?

●

진보는 불만의 작품이다.

_장 폴 사르트르(Jean-Paul Sartre)

●

'성공할 수가 없는 사업'으로 성공하다

장사의 가장 좋은 점은 성공인지 아닌지를 즉각 체감할 수 있다는 것이다. '매상'은 고객이 보내는 박수갈채와 같다. 사람들이 몰려와 가게의 상품을 모두 쓸어 간다면 뜨거운 기립 박수를 받은 셈이다. 카를스루에에서의 '데엠 드러그스토어' 첫출발은 강력한 성공의 신호와 다름없었으며 내게 또 다른 길을 열어주었다. 불과 몇 주 만에 두 번째 매장을 열 수 있을 정도의 돈이 계좌에 쌓였다. 첫 번째 매장의 성공이 우연인지 아닌지를 알아보려면 두 번째 매장을 열어야겠다는 생각이 들었다.

그렇게 1974년, 만하임(Mannheim)에 두 번째 매장을 오픈했다. 이곳은 첫 번째 매장보다도 훨씬 더 반응이 좋았다. 그리고 마침내 가격고정제가 폐지되었다.

내 구상이 들어맞은 것은 일시적 현상이 아니라는 경험적 증거를 이제 확보했다. 명확한 성공이었다. 두 달 후, 나는 이렇게 말했다.

"이제는 원칙을 확장해서 적용할 때입니다!"

하지만 나의 견해에 모두가 공감한 것은 아니었다. 대부분은 나의 사업 구상이 그처럼 큰 성공을 거두었다는 사실을 인정하려 들지 않았다. 나중에 제조업체 사장들이 각 지역을 돌아다니면서 들은 소문을 전해주기를,

사람들은 다들 내가 실패할 거라고 확신했다고 한다.

"성공할 수가 없는 사업이야. 아니, 그렇게 싼 가격에 그렇게 적은 품목으로 어떻게 이익을 낼 수가 있겠어?"

드러그스토어 주인들은 자신들의 부정적인 진단을 굳게 믿었다. 그런데도 데엠이 큰 성공을 거두자 다음 세 가지 경우의 수로 그 결과를 합리화하려 했다.

첫째, 계산 착오 때문이다. 1967년 독일에 처음으로 부가가치세가 도입된 후 드러그스토어 주인들은 상당한 어려움을 겪었다. 그런데 가격고정제가 폐지되면서 또 다른 혼란에 빠졌다. 상품을 세전 금액으로 구입해서 세후 금액으로 팔아야 하는 상황이 된 것이다. 순식간에 적지 않은 혼란이 일어났다. 사람들은 데엠 또한 그런 혼란 때문에 실수를 했으리라 예상했다. '저 가게 물건이 저렇게 싼 이유는 부가가치세 계산하는 것을 잊어버렸기 때문일 거야.'

둘째, 조작이다. 당시 80세가 훌쩍 넘었던 나의 할머니가 신봉하던 이론이다. 할머니와 어머니는 융통성이라고는 전혀 찾아볼 수 없는 전형적인 프로이센 사람이었다. 언젠가 어머니와 커피를 마시러 카페에 갔을 때 어머니는 내 쪽으로 몸을 굽히더니 이렇게 속삭였다. "괴츠, 네가 성공했다고 생각해봐. 그럼 넌 저 사람들 중에 누구를 속여서 이용해 먹을래?"

셋째, 후원 덕택이다. 사람들은 나의 사업 모델이 실현 가능성이 없다고 생각했기 때문에 누군가 재정적으로 후원하는 사람이 분명 있으리라 추측했다. 그들은 이렇게 수군거렸다. "저 사람한테 연줄이 있는데, 바로 알디 사장이래!"

물론 세 가지 가설 모두 전혀 사실이 아니었다. 당시 우리는 연 15퍼센트 이상의 수익률을 올렸다. 수익률이 1퍼센트 이상만 되어도 기뻐하는 요즘과 비교해보면 정말 놀랄 만한 수치다. 지금까지도 나는 이 첫 두 매장에서처럼 많은 돈을 벌어본 적이 없다.

최고의 듀오, 다시 뭉치다 ————···

모두의 우려와는 달리, 나는 두 번째 매장도 내 예상이 적중하리라 확신했다. 본격적으로 가속도를 내기 위해 파트너를 물색했다. 내가 선택한 사람은 독일 남부의 유명한 식료품 매장 '판쿠흐(Pfannkuch)'의 사업주 2세, 귄터 레만(Günter Lehmann)이었다. 나는 그에게 사업 지분 50퍼센트를 양도했고 적극적인 '공동 사업자'로 함께 일하게 되리라 기대했다. 하지만 시간이 흐르면서 그는 점차 소극적인 모습으로 변해갔다.

1974년 11월에는 데엠의 세 번째 매장이 오픈했다. 이곳 매장의 위치는 뵈블링엔(Böblingen)으로, 폐점한 판쿠흐 슈퍼마켓이 있던 자리였다. 이듬해 1월 데엠은 루르(Ruhrgebiet) 지역으로 진출했다. 그 뒤로 마치 시리즈를 출시하듯 약 4주마다 새로운 매장이 문을 열었다. 먼저 헤르네(Herne), 그다음에는 에센(Essen)이었다. 이런 식으로 매장을 확장하여 1975년 중반에는 이미 20곳을 넘었다.

데엠의 규모가 점차 커지면서 나는 생각이 많아졌다. 그 전까지는 모든 시스템이 단순했다. 무엇을 어떤 방식으로 팔 것인지만 확실하면 직원 몇 명만으로도 충분히 가게를 운영할 수 있었다. 직원들에게 무엇을 해야 하는지만 말해주면 그만이었으니 말이다.

하지만 이제는 더 포괄적인 시스템이 필요했다. 나는 예전의 조정 팀 파트너 페피를 떠올렸다. 그 무렵 이 친구는 오스트리아의 슈퍼마켓 체인 '호퍼'에서 일하고 있었다. 1968년 알디가 인수한 업체였다. 당시 우리는 연락이 뜸해서 가끔씩 안부만 묻는 정도였다. 하지만 나는 페피를 신뢰했다. 그는 몸 깊이 알디의 사고방식이 스며 있는 친구였다. 더구나 50군데가 넘는 매장을 책임지는 자리에 있었으니, 데엠을 함께 이끌어나가기에는 최고의 적임자라는 생각이 들었다. 1975년 8월, 그에게 바로 전화를 했다.

"페피, 카를스루에로 한번 와봐. 내가 여기서 뭘 하고 있는지 보여줄게."

그가 찾아오자 나는 가장 먼저 카를스루에 지점으로 안내했다. 토요일 오전이었는데 매장 가득 카트의 행렬이 이어졌고 모든 계산대는 손님들로 북적거렸다. 다음으로 뵈블링엔 매장으로 향했다. 그곳 또한 마찬가지 광경이 펼쳐졌다. 옛 친구를 보니, 눈앞의 놀라운 장면에 혹한 것이 분명했다. 실제로 페피는 그 이상이었다.

차를 타고 가면서 나는 지난 몇 주 동안 올린 매상에 대해 슬쩍 이야기를 했다. 그는 데엠과 알디의 수치를 비교하더니 "세상에!" 하고 감탄했다. 자신이 방금 들은 내용이 믿기지 않는 눈치였다.

"우리 호퍼도 이 정도 수준에 도달하려면 분발해야겠는걸."

몇 주 후 나는 공동대표 귄터 레만과 함께 페피를 만나러 오스트리아로 향했다. 3일을 그곳에 머물면서 수도 빈(Vienna)을 돌아다녔다. 페피는 곳곳의 호퍼 매장을 보여주면서, 우리가 연대해 무엇을 함께 이룰 수 있을지 아이디어를 들려주었다.

페피는 말하기를, 4~6주 정도면 데엠의 모든 것을 익힐 수 있다고 했다. 그 후 우리가 합작하여 잘츠부르크(Salzburg)나 린츠(Linz)에 첫 매장을 즉시 오픈할 수 있다는 이야기였다. 그는 말을 마치기 무섭게 실행에 옮겼다. 1976년 1월 중순 우리는 계약서를 마무리 지었다. 오스트리아에 데엠 회사가 설립되었고, 페피는 호퍼사를 나왔다. 감격스러운 순간이었다. 페피가 지난 8년 동안 호퍼에서 얼마나 많은 것을 익혔는지 알면 알수록 경탄이 절로 나왔다. 우리는 그 지식을 독일 데엠사에 훌륭히 이식했다. 또 다시 몇 주가 흐르고 나는 결심을 굳혔다. 그리고 페피에게 독일 데엠의 운영에 참여해달라고 제안했다. 공동대표에 준하는 직위를 권한 것이다. 페피는 상당히 놀랐고, 생각할 시간을 좀 달라고 부탁했다.

훗날 알게 된 이야기지만, 사실 그는 결정을 내리는 데 시간이 더 필요한 것이 아니었다. 이미 결심한 내용을 아내에게 조심스럽게 전하고 동의를 구할 필요가 있었다. 페피와 아내는 그라츠(Graz) 인근에 집을 지어서 이제 막 완공한 상황이었다. 지난 2년 동안 두 사람은 이 집을 건축하는 데 남는 시간 모두를 투자한 터였다. 게다가 작년에 부부의 첫 아이가 태어났고, 지금은 둘째를 임신 중이었다. 그가 데엠에 들어온다는 것은 그라츠의 새 집을 떠나 카를스루에서 새로운 거처를 마련해야 한다는 의미했다. 하지만 그는 열정적으로 아내를 설득했고 마침내 허락을 얻어냈다. 8주 후 페피 가족은 카를스루에의 새 집으로 이사했다. 140제곱미터

남짓한 독일의 이 집에서 3년 동안 머물다가 오스트리아 데엠이 충분히 성장하면 다시 고향으로 돌아간다는 것이 그의 계획이었다.

산더미처럼 쌓인 입사지원서

우리는 이 시점부터 두 영역에서 최대한 능률을 발휘했다. 첫 번째 관건은 기존의 데엠 매장에 체계적인 시스템을 도입하는 것이었고, 또 다른 과제는 오스트리아 데엠 매장을 구축하는 것이었다. 시스템을 구축한다는 것은 현재의 데엠에 새로운 수준의 위계질서를 세운다는 의미였다. 나혼자서 40~50개의 매장을 관리하는 것은 이제 불가능했다. 더구나 우리는 더 큰 성장을 향해 나아가는 중이었다. 나는 이 매장 저 매장 돌아다니는 데 시간을 쏟는 대신, 더 핵심적인 업무를 처리해야 했다.

페피가 알디에서 쌓은 경험 덕분에 오랜 논의는 필요치 않았다.

"내가 늘 했던 방식대로 하자."

오스트리아 호퍼사에서 8년 동안 높은 직책에 몸담은 사람. 게다가 키 195센티미터, 몸무게 150킬로그램의 거구가 그런 말을 한다면 의심할 여지가 없을 것이다. 페피가 말하는 방식이란 분명했다. 바로 하르츠부르크 모델을 도입하는 것이었다. 우리는 매장을 구역별로 나누었다. 그리고 구역담당자 한 명이 6~7개의 매장을 맡아서 관리하는 것으로 결정했다. 처음에는 구역담당자 대여섯 명 정도로 충분할 테지만, 어느 시점에 이르면 스무 명은 필요할 것으로 예상되었다. 이제 할 일은 적임자를 찾는 것이었다. 직원을 채용하는 일 또한 알디의 절차와 방식을 그대로 따랐다.

지원자가 많지 않을지도 모른다는 생각에 서너 군데 신문에 구인광고를 실었다. "소매점에서 경영을 해보십시오"라는 문구는 알디사의 구인광고에서 따온 것이었다. 데엠에 맞추어 살짝 변화를 주기는 했지만 사실상 표절이었다. 그렇게 한 것은 수고를 덜기 위해서이기도 했지만, 더 중요한 이유는 알디와 뭔가 관련이 있다는 인상을 줌으로써 신뢰도를 높이려는 것이었다. 데엠은 아직 잘 알려지지 않은 회사이니 그편이 더 유리하리라는 생각이었다.

구인광고가 나간 후 지원서가 도착하기 시작했다. 그것도 우편함이 넘치도록. 마침내 850개가량의 서류가 책상 위에 쌓였다. 우리는 우왕좌왕하느라 정신이 없었다. 850명 가운데 누구를 어떻게 뽑아야 할 것인가? 면접을 진행할 서른 명을 추리기 위해서는 어떤 식으로든 정량적 평가 기준을 찾아야 했다. 그래서 조금은 가혹하고 어찌 보면 객관적이지 못한, 나름의 기준을 세웠다. 일단 서명이 빠진 서류는 가려냈다. 서명을 하지 않은 지원자는 생각보다도 훨씬 많았다. 우표를 똑바르지 않게 비스듬히 붙인 지원자도 배제했고, 수염을 기른 사람도 마찬가지였다. 이렇게 형식적인 부분을 기준으로 삼은 데는 이유가 있었다. 기본적인 단계에서 격식을 지키지 못하는 사람은 업무에서도 마찬가지이리라 생각한 것이다. 그렇게 45명의 지원자가 남게 되었고, 2차 심사를 거쳐 마지막 열두 명을 면접 대상자로 선정했다. 최종적으로 데엠의 직원이 된 지원자는 모두 여섯 명이었다.

'과거의 성공'은
더 이상 성공이 아니다

—— ...

경영 원칙은 알디의 경영 편람을 토대로 삼았다. 단, 알디사의 엄격한 원칙 가운데 몇 가지 세부 사항들을 우리에게 맞추어 완화했다. 예를 들어 특정 수준의 교육 과정을 이수한 경우에만 특정 직급 이상으로 승진할 수 있다는 원칙은 폐기했다. 내 인생에서 학교 졸업장은 중요하지 않았고, 페피 역시 호퍼에서 근무하며 비슷한 것을 느꼈다. 능력이 뛰어난 지점장들이 안타깝게도 학력 때문에 승진하지 못했던 것이다. 그래서 경영진의 50퍼센트는 실무자, 50퍼센트는 학위 소지자로 구성하는 것을 기본으로 한다는 내용을 데엠 경영 편람의 첫머리에 실었다. 더불어 여성의 위치도 확보하도록 했다. 오랜 기간 동안 남성만 경영진에 오를 수 있었던 호퍼사와 대비되는 대목이었다.

한편으로 우리는 오스트리아의 회사를 확장하는 데 주력했다. 1976년 11월, 린츠에 첫 매장을 오픈한 후 이듬해에는 매장이 열 군데로 늘어났다. 1978년 여름까지는 적어도 14개의 매장을 오픈할 예정이었다. 그런데 그 계획이 실현되기 직전 페피가 내 사무실로 찾아왔다.

"괴츠, 할 얘기가 있어. 때가 된 것 같아. 이제 막바지 단계로 접어들었잖아. 나는 오스트리아로 돌아갈게. 지금 당장."

애초의 계획보다 1년 빠른 시점이기는 했지만 문제될 것은 없었다. 오히려 페피가 오스트리아로 돌아가면 그 지역을 더 집중적으로 관리해서 빠른 성장을 이끌어낼 수도 있었다.

실제로 오스트리아 데엠 매장은 순식간에 80개로 늘어났다. 1981년에는 짧은 협상 끝에 비타마르크트(Vita-Markt)를 인수했다. 비타마르크트는 오스트리아에 약 60개, 독일에도 약 70개의 매장을 확보한 대형 업체였다. 어떤 지점들은 너무 인접해 있어서 폐점을 해야 했다. 이후 우리 매장은 오스트리아에 130개, 독일에는 250개 이상으로 폭발적으로 증가했다.

매장의 숫자가 늘어남에 따라 회사는 이전과 비교할 수 없을 만큼 복잡해졌다. 우리가 미리 체계적인 준비를 한 듯 보이지만, 그때그때 상황을 헤쳐나가는 방식은 오히려 직관적이었다.

성공적으로 출발한 많은 기업들이 이 단계를 소홀히 해서 몰락하곤 한다. 수많은 개척자들은 지금까지 발휘한 자신의 능력으로 성공을 영원히 유지할 수 있을 거라 믿는다. 다시 말해 경험을 토대로 행동한다. 과거에 성공적이었으니, 앞으로도 그럴 것이라는 이야기다. 이들은 과거의 성공을 보면서 불확실한 미래로 나아간다. 하지만 자신이 어디로 가는지 알지 못하기 때문에 결국 파멸하고 만다. 경험을 토대로 한 행동은 그처럼 어리석다. 상황이 변하면 새로운 능력이 필요한 법이다. 새로운 상황, 새로운 도전이 생겨나기 때문이다. 과거의 거울로 새로운 날을 비춰볼 수는 없다. 아인슈타인(Albert Einstein)이 말했듯이, 어제의 생각은 곧 오늘의 문제로 이어질 수 있다. 그래서 나는 스스로를 향해 늘 이렇게 말했다.

"너는 좀 더 배워야 해!"

거인 '두티'를
떠올리다

아버지의 가게에서 쫓겨나 이드로 드러그스토어에서 일하던 시절, 한 세미나에 참석한 적이 있다. 취리히의 뤼슐리콘(Rüschlikon)에 있는 고트리프 두트바일러 연구소(GDI)에서 열린 세미나였는데 상당히 인상적이었다.

고트리프 두트바일러는 스위스의 식료품 체인점, 미그로(Migros)의 성공 신화를 이룬 사람이다. 그는 1920년대에 중개 거래라는 우회적인 방법을 통해 상품을 더 저렴하게 공급함으로써 식료품 업계를 발칵 뒤집어놓았다. 1948년에 두트바일러는 첫 번째 셀프서비스 가게를 열었고, 1957년에는 공익을 위한 문화 사업을 시작했다.

'좋은 목적을 가지고 위층 창문 밖으로 돈을 던지면, 아래층 가게 문으로 돈이 다시 들어온다'는 것이 그의 신조였다. 1940년 그는 1,000만 프랑(약 112억 7,000만 원)으로 추정되던 미그로 주식회사를 제조공장과 함께 협동조합으로 전환하고 출자지분을 고객에게 분배함으로써 12만 명의 고객과 나누었다. 또한 개인 저택과 인근의 넓은 대지를 일반 대중이 공원으로 이용할 수 있도록 기부했으며, 52세였던 당시 막대한 전 재산 가운데 100만 프랑(약 11억 3,000만 원)만을 자신을 위해 남겼다.

두트바일러는 세상을 떠나기 직전, 경제 및 사회복지 정책의 중심지인 뤼슐리콘(Rüschliko)에 고트리프 두트바일러 연구소의 초석을 세웠다. 그는 '사회적 자본'이라는 개념을 신봉했고, 이 연구소는 '자본이 아니라 인간이 중심이다'라는 두트바일러의 신념을 바탕으로 오늘날까지 상업과 소비를 둘러싼 경제 및 사회 당면 주제들을 연구하고 있다.

나는 이드로에서 나온 이후 이 연구소를 잊고 지냈다. 사실 세미나에 참석할 시간적 여유도, 의지도 없었다. 처음에는 내가 업계의 선구자라는 생각에 뭔가를 배울 필요를 느끼지 못했다. 하지만 회사가 점점 성장하는 과정에서 뭔가 불안한 마음이 들기 시작했다. 회사가 어려움이나 위기에 빠질까 봐 염려했다기보다는, 내가 균형을 유지해야 한다는 생각이었다. 조정이라는 스포츠를 통해 배운 것 한 가지는, 규칙적으로 훈련을 하지 않으면 경기에서 결코 이길 수 없다는 사실이다. 과거에 아무리 많은 우승컵을 모았다 하더라도 마찬가지다.

그래서 나는 1977년 여름 긴 휴가를 떠나기 직전, 3일 일정으로 열리는 어느 세미나에 참석했다. 세미나의 주제는 '조직 개발'이었다. 당시의 데엠에 꼭 필요한 주제라고 생각했다.

인생을 변화시킨 ——— …
짧은 만남

세미나 자체는 정확히 기억이 나지 않는다. 다양한 업계에서 35명가량이 참석했고, 일반적인 세미나처럼 그룹별로 프로그램이 진행되었다. 세미나 자체도 상당히 유익했지만, 내 인생의 가장 결정적인 순간은 중간의 휴식 시간에 찾아왔다.

아마도 세미나 2일차, 혹은 3일차 되던 날이었을 것이다. 혼자 앉아 있는 데, 세미나의 진행자였던 헬무트 J. 텐 지트호프(Hellmuth J. ten Siethoff)가 다가왔다. 그는 대뜸 이렇게 물었다.

"인지학과 관련 있는 분이죠?"

나는 깜짝 놀랐다. 누구한테도 들어본 적 없는 질문이었다. 그런데 신기하게도 내가 인지학과 관련이 있는 것은 사실이었다. 나는 일반적인 학교에 상당히 회의적이었기 때문에 아내와 상의한 끝에, 우리 아이들은 다른 형태의 학교를 경험하도록 해야겠다는 결정을 내렸다. 그래서 뜻이 맞는 다른 부모들과 힘을 합쳐 카를스루에 첫 발도르프 슐레(Wahdorf-Schule, 독일의 대안학교-옮긴이)를 설립했다. 이 과정에서 루돌프 슈타이너(Rudolf Steiner)의 이념을 처음 접하게 되었고 인지학에 관한 글을 읽기 시작했다.

"왜 그렇게 생각하시는 건지요?"

나는 그에게 물었다.

"세미나에서 말씀하신 내용이나 방식이 루돌프 슈터이너의 사상과 일치하더군요."

그는 자신의 모든 직업적 활동이 인지학을 토대로 한다며 간단히 설명했다. 휴식 시간이 끝나갈 무렵 그는 83쪽 분량의 얄팍하고 작은 책 한 권을 내 손에 건네주었다. 그의 스승인 베르나르드 리베고드(Bernard Lievegoed) 교수의 강연을 담은 책이었다. 베르나르드 리베고드는 네덜란드의 정통 인지학자로, 1950년대에 유럽에서 조직 개발이라는 개념을 창안한 사람이다. 그가 설립한 네덜란드 조직개발 교육연구소(NPI)는 국제 기업자문 기관으로서 여러 대기업의 자문을 맡고 있기도 하다.《치유교육학에서의 사회적 형성(Soziale Gestaltung in der Heilpädagogik)》이라는 책의 제목만 보아도 전형적인 경영서는 아니라는 걸 알 수 있었다. 하지만 나는 휴가 때 이 책을 가지고 갔고 깊이 몰두하여 읽었다. 책을 덮은 후 나는 기업의 '사회적 의미'에 대해 스스로 질문하기 시작했다. 인간은 자신의 행동과 태도에 대해 어떻게 사회적 의미를 확보할 것인가?

무엇보다도 헬무트가 내게 제시한 세 가지 핵심 질문에 몰두했다.

첫째, 기업이 당신을 위해 존재하는가, 아니면 당신이 기업을 위해 존재하는가?

둘째, 직원이 기업을 위해 존재하는가, 아니면 기업이 직원을 위해 존재하는가?

셋째, 고객이 기업을 위해 존재하는가, 아니면 기업이 고객을 위해 존재하는가?

세 가지 질문이 세상을 바꾼다 ————…

사실 성공에 도취되어 있던 당시, 나는 이러한 질문을 스스로 제기할 생각을 하지 못했다. 그런데 세미나에서의 짧은 만남 이후, 갑자기 세상을 다른 시선으로 바라보게 되었다.

어느 모임에선가, 한 경영자가 잔뜩 화가 나서는 목소리를 높였다.

"직원이 나를 속였어요! 나한테 물어보지도 않고 새 수레를 샀다니까요. 한마디로 회사의 수익을 축낸 거죠. 그 돈은 제 돈이에요. 그런 직원은 절도죄로 해고해도 할 말 없을걸요!"

예전 같았으면 나도 그저 어깨를 으쓱하고 말았을 것이다. 물론 데엠에서는 직원이 고장 난 작업 도구를 새 것으로 교체했다고 해서 해고하는 일은 없지만, 다른 회사 일에까지 굳이 참견할 필요 없다고 생각했을 것이다. 그런데 이제는 그런 이야기를 그냥 넘기게 되지가 않았다. 그 말 속에 담긴 태도가 거슬리고 불편했다. 헬무트는 세 가지 질문을 제시하면서 이렇게 이야기했다.

"당신이 의식적으로 어떤 태도를 의식적으로 취하느냐에 따라 세상을 보는 당신의 눈이 달라집니다. 그 시각에 따라 세 가지 질문에 대한 답은 달라지죠."

고객과 직원과 기업. 누가 누구를 위해 존재하는가? 사람은 수단인가 목적인가?

그 질문들은 나를 계속 따라다녔다. 그리고 시간이 흐를수록 한 가지 사실이 점점 더 뚜렷해졌다. 세상의 그 어떤 일이든 목적은 인간이어야 한다는 것이다. 인간은 결코 수단이 아니라 목적이다! 오늘날 우리 사회가 혼란을 겪는 이유는 그것이 거꾸로 되었기 때문이다.

나는 단호하게 방향을 전환하기로 마음먹었다.

모든 경영자들이 이 세 가지 질문에서 시작한다면 세상은 어떻게 달라질 것인가? 이 질문을 진지하게 받아들이고 이해할 뿐 아니라 진심으로 공감한다면 세상을 바라보는 시각이 달라질 것이다. 그렇게 세상을 달리 보게 되면 새로운 것을 발견할 것이고 차이를 만들어낼 것이다. 그리고 저마다 기업을 다른 방향으로 이끌기 시작할 것이다.

'누가 누구를 위해 존재하는가?'

이 질문은 자동적으로 다음의 질문으로 이어진다.

'기업은 이익을 위해 존재하는가, 아니면 이익이 기업을 위해 존재하는가?'

나는 여러분에게 이 책을 잠시 옆으로 밀쳐두고 곰곰이 생각해보기를 권한다. 기업이 스스로의 이익을 위해 존재하는가, 아니면 소비자의 이익이 있기에 기업이 존재할 수 있는 것인가?

나의 대답은 다음과 같다. 기업의 근본적인 과제는, 상반된 양 극단 사이에서 균형을 조성하는 일이다. 한쪽 끝에서는 '이익을 창출하라'고 말하며, 다른 끝에서는 '되도록 저렴한 가격을 제공하라'고 말한다. 이 양극은 서로 모순된다. 대부분의 사람은 이 양극 사이의 움직임을 조화로운 리듬으로 이끌지 못하고 양자택일의 갈등 속에 놓인다. 그러다 '더 많은 이익을 창출하려면 가격을 높여야 해'라는 결론을 내리는 경우가 허다하다. 문제는 이렇게 되면 고객들이 떠난다는 것이다.

고객은 높은 가격만큼 보상도 클 때만 그 가격을 수용한다. 물론 가장 선호하는 것은 '가격은 저렴하고 품질은 좋은 제품'이다. 그래서 많은 기업들은 제품의 성능을 개선하는 동시에 적절한 가격을 유지하려 노력한다. 그런 점에서 가격을 낮추는 것은 이윤을 높이기 위한 하나의 방법이 된다. 가격이 저렴해야 더 많은 고객이 찾아오고 기업은 더 많은 이익을 창출할 수 있다. 이렇듯 고객 지향(좋은 품질, 저렴한 가격)과 기업 지향(높은 이익, 장기적인 혁신 보장) 사이에서 이리저리 움직이면서 균형 잡힌 리듬을 찾는 것이 중요하다.

진부하게 들릴지 모르는 이야기지만, 이는 결코 쉬운 일이 아니다.

한눈팔지 않는 사람은
새로운 길을 갈 수 없다

나는 다양한 인지학 서적들을 본격적으로 파고들기 시작했다. 시간이 흐르면서 정신적으로 활기가 도는 것을 느꼈다. 사고는 한층 견고해졌고 온종일 생각이 꼬리를 물고 이어졌다. 언제부턴가는 운전할 때 나오는 라디오 소리가 거슬리기 시작했다. 당시 내가 타던 차는 시동을 켜면 라디오가 저절로 나오도록 설정되어 있었다. 그런데 그 소리가 깊은 생각을 하는 데 방해가 되어, 이후로는 운전할 때마다 라디오를 껐다. 지금도 나는 이따금 택시를 탈 일이 있으면 음악을 꺼달라고 부탁하곤 한다.

올바른 균형을 찾는 일은 무엇보다 중요하다. '비타 악티바(Vita activa)'와 '비타 콘템플라티바(Vita contemplativa)', 즉 묵상하는 삶과 행동하는 삶은 서로 짝을 이룬다. 행동에는 성찰이 동반되어야 한다.

'먼저 생각하고 행동하라. 행동하면서도 끊임없이 생각하라.'

플랑드르의 시인 귀도 게젤레(Guido Gezelle)의 말이자, 데엠이 사내에 장려하는 격언이다. 오늘날, 사람들이 성찰하는 시간은 너무도 짧다.

사람들은 늘 무언가로 분주하며 멈출 줄을 모른다. '한눈팔지 않고 행동하는 것'만이 목적인 듯하다. 하지만 새로운 것을 시도하는 열린 마음과 에너지는 오로지 성찰에서 생겨난다.

나는 인지학에 몰두하면서 섣불리 행동하는 대신, 모든 일의 배경에 대해 되묻기 시작했다. 일상적인 문제뿐만이 아니라 장기적인 계획을 성찰하는 데도 인지학은 든든한 밑천이 되었으며, 세상과 사람들을 더 잘 이해하도록 돕는 안내서가 되어주었다. 그럼으로써 내 안에서 세상을 더 좋게 변화시키려는 의지, 사람들에게 더 좋은 것을 제공하고자 하는 욕구가 생겨났다. 인지학은 문제 자체보다 해결책을 바라볼 수 있도록 나를 이끌어주었다.

전에는 책을 전혀 읽지 않던 내가 이제는 책벌레가 되었다. 특히 인식론에서 많은 것을 배웠는데, 루돌프 슈타이너의 《자유의 철학(Philosophie der Freiheit)》 같은 책은 열두 번이나 반복해서 읽었다. 인식론은 세상을 어떻게 인식하느냐의 문제를 다룬다. 실제로 자신이 세상을 어떻게 인식하는지, 다른 사람들은 왜 세상을 다르게 인식하는지를 진지하게 고찰하는 사람은 드물다. 하지만 서로가 세상을 다르게 인식한다는 사실 때문에 수많은 문제들이 생겨난다. 그렇기에 우리가 어떻게, 그리고 왜 지금처럼 세상을 인식하는가를 묻는 것은 중요하다. 인식론은 바로 이 질문을 다루고 있다.

수천 가지 질문 가운데
무엇을 택할 것인가? ———— …

나는 헬무트와 자주 만나 오랜 시간 토론했다. 그가 던진 세 가지 질문의 다양한 측면과, 그것이 기업 경영에 미치는 효과를 주요 논제로 삼았다. 현재 데엠이 실천하는 사회적 유기체로서 기업의 역할, 인지적 경영, 특히 데엠의 고유 문화인 '대화의 경영'은 바로 그 질문들을 바탕으로 한다.

세상과 사람들을 사랑하지 않는 경영자는 결코 성공하지 못할 것이라고 나는 믿는다. 직원은 탐욕적인 존재이며, 회사의 자산을 축낸다고 생각하는 경영자도 있다. 그런 기업은 일시적으로 흥할지 몰라도 언젠가는 실패하고 파멸한다. 이미 여러 차례나 내 두 눈으로 확인한 사실이다.

나는 대학을 졸업하지는 못했지만, 인생이라는 대학에서 헬무트라는 스승을 만나 핵심적인 공부를 했다. 본질적인 것과 그렇지 않은 것을 구분하는 법을 배웠으며 뚜렷한 관점, 다시 말해 목표지향적인 시각을 얻었다. 우리 앞에는 항상 수천 가지 질문이 놓인다. 그중 어떤 질문이 중요한가? 나에게는 무엇이 중요한가? 다른 사람에게는, 그리고 조직에는 무엇이 필요한가?

종종 '데엠의 모든 것은 인지학을 기반으로 한다'는 신문 기사를 접한다. 심지어 우리 회사에 지원하는 사람들 중에는 '데엠에서 일하려면 인지학을 잘 알아야 하느냐'고 묻는 경우도 있다. 이는 지나친 과장이라고 생각한다. 내 사상 전체를 인지학이 독차지하는 것은 아니다. 인지학은 내가 속도를 내도록 돕는 박차 역할을 했을 뿐이다.

인지학은 교리를 제시하는 종교가 아니다. 우리는 인지학에서 제안하는 인식의 방법들을 수단 삼아 필요한 규칙을 마련하고, 그것으로 인류와 공동체의 발전을 도모할 수 있다. 그러나 이러한 인식을 어떻게 실행에 옮길지는 인지학이 알려주지 않는다. 저마다의 직관과 섬세한 능력을 발휘해야 하는 부분이다.

경영자인 나에게 인지학이란 마치 건축가에게 정역학(물체에 작용하는 힘의 평형에 관한 역학-옮긴이)과 같은 것이다. 건축가는 재료를 절감하는 동시에 다른 누구보다 돋보이는 건물을 짓는 것을 목표로 한다. 그래서 정역학의 원리를 잘 숙지하고 응용한다. 이와 마찬가지로 내가 기업가로서 인지학을 도구로 삼을 때 지속가능하고 안정적인 기업 구조를 창출할 가능성은 한층 커진다.

이보다 더 좋을 수 없다? —————…
이보다 더 좋을 수 있다!

그 전까지 나는 사내에서 공식적으로 목표를 표명하지 않았다. 그저 모든 것을 직관적으로 판단하고 결정했기에 나의 판단 기준을 다른 이들에게 설명하고 장려하기가 어려웠다. 누군가에게 나의 방식을 권하려면 '무엇이 중요한지'가 명확해야만 한다.

헬무트가 내게 제기한 질문은 데엠을 움직이는 본질적인 동인이 되었다. 나는 이제 직원들 앞에 서서 이렇게 말할 수 있게 되었다.

"데엠은 무엇을 위해 존재합니까? 직원들이 발전할 수 있는 기본적 조건을 마련하기 위해서입니다. 친애하는 직원 여러분, 제가 만약 타이어 장사를 하는 사람이었다면 우리는 지금 타이어를 팔고 있을 겁니다. 하지만 저는 드러그스토어를 운영하는 사람입니다. 그래서 우리는 지금 치약을 팔고 있습니다. 하지만 이 회사의 근본이념은 무엇을 파는가와는 상관없습니다. 언제나 변함없는 그 이념은 바로, 우리가 인간으로서 발전할 수 있다는 겁니다."

나는 이 이야기를 하면서 괴테의 파우스트를 자주 인용한다.

"항상 노력하며 애쓰는 자, 우리는 그를 구원할 수 있습니다."

말 그대로, 우리가 더 낫게 만들 수 없는 것은 없다. 인간은 결코 완벽하지 않지만 누구나 더 나은 상황을 만들기 위해 끈기 있게 노력할 수 있다.

헬무트는 이후 몇 년 동안 데엠의 중요한 조언자 역할을 맡았다. 그와 함께 조직 개발에 도움이 되는 세미나를 수차례 진행하면서 데엠의 철학도 형태를 갖추었다.

1982년에는 독일과 오스트리아 전 지역의 데엠 경영진 약 30명이 일주일 동안 첼암제(Zell am See)에 있는 한 호텔에 모였다. 아침 일찍 만나서 저녁까지, 우리는 기업 이념이라는 주제에 몰두했다. 강연을 듣고 토론하는 것 외에도, 하루에 두 시간씩 조각용 동석(凍石)을 깎아서 작품을 만들었다. 추상적인 형상에서부터 발 모양, 아주 큰 재떨이에 이르기까지 다양한 작품이 나왔다.

저녁 식사 후에는 헬무트가 글을 낭독해주었다. 사실 거기 모인 판매업 종사자들 가운데 고전이나 문학에 관심 있는 사람은 거의 없었을 것이다.

《파르치팔(Parzival)》(독일 중세 시대의 시인 볼프람 폰 에셴바흐가 쓴 대서사시-옮긴이)보다는 제임스 본드 영화에 훨씬 친숙했으리라. 어떤 사람은 헬무트가 낭독하는 동안 깜빡 졸기도 했다. 하지만 이러한 예술 작업과 문학 작품은 우리 마음속에 무언가를 불러일으켰다. 그 주가 끝나갈 무렵 우리는 기업 철학의 기본 원칙을 완성했고, 그 근본적인 이념은 현재까지도 효력을 발휘하고 있다.

그곳에서 만들어진 기본 원칙은 값비싼 광고 에이전시의 펜대에서 나온 것이 아니다. 우리는 회사의 기본 강령을 마지막 구두점까지 직접 완성했다. 그리고 이후 어떤 문제에 부딪힐 때마다 우리가 직접 세운 그 기본 원칙에 입각해 상황을 해결했다.

일례로 직원에 관한, 아래와 같은 원칙이 있다.

"우리는 모든 직원이 우리 기업의 규모와 구조를 인식할 수 있도록 도울 것이며, 자신의 업무를 객관적으로 명료하게 인지할 수 있도록 할 것이다."

직원 수가 100명 혹은 500명 정도일 경우에는 이 원칙을 간단히 적용할 수 있다. 하지만 이제는 4만 6,000명 이상이 데엠에서 근무하고 있다. 어떻게 하면 직원 각자가 자신의 업무를 객관적으로 명료하게 인지하도록 할 것인가? 이 목표는 지금까지도 우리가 끊임없이 도전해야 할 과제로 남아 있다.

다음의 또 다른 원칙도 결코 단순하지 않다.

"우리는 모든 직원이 함께 배우고, 서로를 인간으로서 대하며, 타인의 개성을 인정할 수 있는 토대를 마련할 것이다. 그럼으로써 자기 자신을 인식하고 발전해나가며, 나아가 제시된 업무를 훌륭히 수행할 수 있는 전제 조건을 마련할 것이다."

이 쉽지 않은 원칙을 실현하기 위해, 우리는 해결책을 찾고 또 찾을 것이다. 그리고 그 과정은 끊임없이 계속될 것이다.

미키마우스 반창고와 오돌 구강세정제의 차이

지난 30년 동안 우리는 특히 고객에 대한 기본 원칙을 완성하는 데 공을 들였다. 그 원칙은 다음과 같다.

"우리의 도전 과제는 우리가 경제공동체로서, 고객의 소비 욕구를 가치 있게 만드는 기업이 되는 것이다."

소비 욕구를 가치 있게 만든다는 것은 무슨 의미일까? 풀어서 이야기하자면 고객들의 욕구를 가볍게 자극하지 않고, 고객의 진정한 필요를 채운다는 것이다. 수많은 기업들이 잡동사니 같은 물건을 비싼 값에 눈속임하여 팔고자 한다. 이를 위해 물건을 가지고 싶은 욕구를 단순히 자극하는 것이다. 그런 측면에서 나는 공격적인 광고에 반대한다. 우리는 물건을 속여 팔기 원하지 않는다. 우리의 이런 사상은 '국수 대신 행복을, 잡동사니 대신 사랑을 사도록 한다'는 원칙 안에 담겨 있다.

또한 우리는 보험 상품처럼 고객을 예속하고 싶지 않다. 거꾸로 고객들이 언제 무엇이 필요한지 그렇지 않은지를 직접 결정하는 자유를 누리길 원한다.

이렇게 기업 철학에 대해 고민하고, 무엇이 중요한가를 우리 스스로 고민한 결과 '고객의 소비 욕구를 가치 있게 만든다'는 원칙에 도달했다. 이는 상당히 까다로운 주문이다. 하지만 기업이 공동체 안에서 긍정적인 영향력을 끼치는 것이 마땅한 역할이라 생각했기에, 그저 듣기 좋고 실행하기 쉬운 원칙에 안주하려 하지 않았다.

고객에 대한 이런 기본 원칙은 실무적으로 늘 도전 과제를 안겨준다. 예를 들어 미키마우스 반창고를 생각해보라. 그것이 과연 소비 욕구를 가치 있게 만들까? 아이들이 상처가 나지 않았는데도 반창고를 사고 싶게끔 해야 할까? 기호상품이 소비 욕구를 가치 있게 만들 수 있을까? 술이나 담배를 팔아도 괜찮을까? 우리가 지속가능한 상품이나 공정무역 상품에 배제하고도 소비 욕구를 가치 있게 만들 수 있을까?

물론 상품을 파는 회사라면 자신의 사업 모델을 현실적으로 발전시켜 사회의 욕구를 충족시킬 줄 알아야 한다. 소비 욕구를 채울수록 시장 잠재력도 커진다. 만약 인구가 1만 5,000명인 도시에 가게를 열고 그 인구의 1퍼센트만을 충족시키는 사업 모델을 전개한다면 어떨까? 장기적으로 볼 때 수익을 거의 얻지 못할 것이다. 그런 사업 모델은 수백만 명이 사는 런던 혹은 파리에서나 통할 것이다. 대도시에서는 이렇게 말하는 사람들이 수천 명은 될 테니 말이다.

"세상에, 나한테 딱 필요하던 게 바로 저런 거야!"

또한 모든 회사는 사람들의 잠재된 욕구를 예측하고, 그에 맞는 품목을 제공함으로써 욕구를 확산하도록 해야 한다. 그것이 아마도 가장 이상적인 '판매'의 형태일 것이다. 그렇기 때문에 우리는 이런 질문을 해보아야 한다. 진정한 사회적 목표를 어떻게 설정해야 할까? 인간이 나아가려는 방향은 어디인가?

이러한 생각을 할 때마다 늘 모범 사례로 떠오르는 기업가가 있었다. 카를 아우구스트 링그너(Karl August Lingner)라는 경영자로, '오돌(Odol)'이라는 최초의 브랜드 구강세정제를 시장에 내놓은 사람이다. 그는 예술적으로 표현한 광고 포스터를 통해 사람들의 욕구를 일깨웠다. 새로운 가상의 욕구를 유발한 것이 아니라 잠재적으로 존재하던, 하지만 그때까지 전혀 충족되지 못한 욕구를 건드린 것이다. 그때까지는 아무도 입 냄새를 불쾌하게 생각하지 않았다. 하지만 링그너는 입 냄새가 '사람들이 원하지 않는 어떤 것'임을 인식했다. 다시 말해 잠재적인 욕구를 예견한 것이다. 그래서 입 냄새를 제거하는 동시에 구강을 청결하게 하여 각종 구강 질환을 예방할 수 있는 상품을 시장에 내놓았다. 만약 상쾌한 호흡에 대한 욕구 자체가 잠재적으로 존재하지 않았다면 오돌 구강세정제는 그렇게 오랜 세월 성공하지 못했을 것이다.

링그너는 무엇보다 사람에 관심이 있었다. 또한 대중이 질병의 생성과 확산에 대해 대부분 잘 모른다는 사실을 일찌감치 인식했다. 그는 결핵과 피부병, 성병 등이 대도시에서 퍼져나가는 현상을 우려했고 자신의 재산 대부분을 공익 활동에 투자하여 일종의 '국민 위생교육'을 전개했다. 1911년, 그의 주최로 드레스덴(Dresden)에서 열린 최초의 국제 위생전시회에는 500만 명 이상의 방문객이 참석했다. 링그너는 또한 1912년 드레스덴에 독일 위생박물관을 설립하기도 했다.

오늘날 수많은 나라에서는 매일같이 양치를 하고 정기적으로 치과 진료를 받는 것이 일상적인 문화가 되었다. 독일의 경우 전체 국민이 치아 및 구강 위생에 해마다 지출하는 비용은 약 14억 유로(약 1조 8,000억 원)에 달한다. 나의 증조부가 1870년에 드러그스토어를 열었을 때 이 정도 규모의 시장은 당연히 존재하지 않았다.

링그너의 사례에서 볼 수 있듯이 우리는 발명가, 연구자의 정신을 가지고서 사람들의 욕구가 어디에 존재하는가를 끊임없이 주시하고 인지해야 한다. 루돌프 슈타이너식으로 표현한다면 '세상에 대한 관심, 사람에 대한 관심을' 놓지 않아야 한다.

욕구를 가치 있게 만들려면 내가 찾는 것이 어떤 양상의 욕구인지를 먼저 인식해야 한다. 사람을 목적이 아닌 오로지 수단으로만 여긴다면 우리는 결국 사람이 아닌, 지갑을 섬기게 될 것이다.

실러는 말하기를 "인간은 오로지 유희하는 한에서 온전한 인간이다"라고 했다. 여기서 말하는 '유희'란 어린아이 같은 놀이를 의미하는 것이 아니다. 실러가 생각하는 유희는 '발전 가능성이 충분한 이상적인 인간의 활동'이다. 다시 말해 인간의 두 가지 서로 다른 충동인, 감각적 충동과 관념적 충동 사이를 중재하고 이 양극을 즐겁게 다루는 법을 배우는 인간의 활동을 뜻한다.

인간은 '의식적인 존재'로서 인정받을 때 스스로의 가치를 높이 평가받는다고 느낀다. 반면 '충동적 존재'로서 이용될 때 수치를 느낀다. 그 차이를 인간은 분명히 감지한다. 괴테의 《파우스트》 서문에는 이런 장면이 나온다. 메피스토가 신에게 내기를 제안하는 순간이다. 그가 인간이 얼마나 타락한 피조물인지를 증명하겠다고 하자, 마침내 신은 천진한 파우스트 박사를 유혹해도 좋다고 동의한다.

"그럼 좋다. 네 마음대로 해보아라. 네가 이 사람의 정신을 그의 근원에서 끌어내어 붙잡을 수 있다면 너의 길로 끌어내려 보아라."

동시에 신은 이러한 악마의 유혹이 조금의 가망도 없음을 강조한다.

"그러나 너는 부끄러워하며 인정하게 될 것이다. 선한 인간은 어두운 충동 속에서도 올바른 길을 잘 알고 있음을."

대부분의 기업은 마치 메피스토처럼 인간의 어두운 충동에 호소해야 한다고 생각한다. 그래서 속이 텅 비어 있거나 성적인 광고, 우둔한 광고를 내세우는 경우가 흔하며 본연의 인간다움에 호소하지 않는다. 기업들은 이렇게 생각한다.

"고객이 왕이라면 우리는 황제다."

진정한 소통은 고객의 눈높이에 맞추어 끈기 있고 겸손하게 다가간다는 목표를 설정할 때 실현된다. 그럴 때 고객을 탐욕의 대상이 아닌, 노력의 대상으로서 경험하게 된다.

데엠이 고객의 욕구를 연구하는 것은 바로 이러한 차이를 찾으려는 시도다. 고객의 욕구는 그저 어두운 충동이기만 할까? 아니면 고객은 스스로 올바른 길을 잘 알고 있을까? 기업이 이런 질문을 제기할 때, 제품을 통해 고객의 욕구를 가치 있게 만들 수 있다. 그래서 인간이 기꺼이 되고자 하는 존재, 인간 본연의 존재로서 인간에게 다가가려고 기업은 늘 노력해야 한다. 이로써 기업은 인간에 내재하는 한 차원 높은 측면이 작동하도록 도울 수 있을 것이다.

4

오늘의 유토피아를
어떻게 내일의 현실로 만들 것인가?

●

이 세상의 문제는

그 문제를 야기한 사고방식으로는 해결할 수 없다.

_알베르트 아인슈타인

●

꿈을 현실로 만드는
몽상가

———— …

기업가는 현실적 몽상가다. 기업가에게 꿈은 현실과 다르지 않다. 다른 사람들에게는 이룰 수 없는 공중누각이겠지만, 기업가들은 이미 완성한 공중누각 안을 구석구석 돌아다닌다. 보통 사람들은 어느 정도 가늠이 될 때만 무언가를 계획하고 실행에 옮긴다. 그러나 꿈이 크지 않다면 얻는 것도 얼마 되지 않을 것이다. 현실에 갇힌 사람과, 꿈을 현실로 만드는 사람은 어떻게 다를까?

현실에 사로잡힌 사람은 자신의 생각에 갇힌 채 세상을 인지하며, 그래서 새로운 무언가를 발견하지 못한다. 반면 기업가정신을 가진 사람은 마음을 열고서 세상 속으로 뚫고 나아간다. 끊임없이 새로운 것을 인지하고 이로부터 새로운 통찰력을 얻는다. 우리는 사유할 수 있을 때 그 대상을 원할 수도 있다. 그리고 원하는 것이어야 행동할 수도 있다.

모든 것은 항상 유토피아에서 시작한다. 오늘의 유토피아는 내일의 현실이다. 또한 오늘의 현실은 어제의 유토피아다. 과거에는 개인적인 이동 수단이 하나의 유토피아였다. 그래서 누군가 자동차를 발명했고, 지금은 도로마다 차들이 넘쳐난다. 185개의 전화번호가 등재된 최초의 베를린 전화번호부는 1881년에 간행되었는데, 베를린 사람들은 이 전화번호부를 '바보들의 책(Buch der Narren)'이라고 불렀다. 전화기 같은 쓸데없는 물건은 정신 나간 사람들이나 살 거라고 생각했기 때문이다. 하지만 7년 후 베를린에는 미국의 어떤 도시보다도 많은 전화가 개통되었다.

이런 측면에서 볼 때 기업가들은 정신 나간 사람이라고도 할 수 있을 것이다. 주류의 시각에서 보면 '미친' 행동일지 모르지만, 아이디어를 구현하려는 사람들에게는 이 모든 것이 지극히 정상일 뿐이다. 내면의 통찰력과 지속적인 관심, 필연성으로부터 나온 생각이기 때문이다. 나중에 시간이 흐르면 모든 것이 밝혀진다. 철학자 피히테의 말을 인용하자면 "지나온 길에 대한 명확한 통찰은 뒤늦게 오며, 이것이 비로소 자유로운 예술가를 만든다".

모든 경영자의 가장 고귀한 임무는 다른 사람보다 더 멀리 내다보는 것이다. 어떤 새로운 질문들이 태어나고 있는가? 여기에서부터 무엇이 발전되어 새로운 현실을 만들 것인가? '어떻게 하면 하늘을 날 수 있을까?'라고 아무도 묻지 않았다면 비행기는 결코 발명되지 않았을 것이다.

이런 과정이 되풀이되면서 사회적으로 다음과 같은 의식이 움튼다. 곧 사람은 상품의 단순한 '구매자'가 아니라 적극적인 '주문자'라는 것이다. 이 개념은 시간이 흘러도 전혀 퇴색하지 않으며, 지금도 생생히 작동하고 있다. 그렇기에 사람들은 자신이 소비하는 방식과 형태에 대해 공동의 책임을 져야 한다.

해가 거듭될수록 이 개념은 더 뚜렷한 진실로서 자리매김하고 있다. 자연친화, 지속가능성, 공정, 공익 등 새로운 소비의식이 시대의 흐름과 함께 점차 늘어났기 때문이다. 1980년대 중반까지도 이러한 의식은 사람들과 동떨어져 있었다. 하지만 나는 그 무렵 우연히 만난 누군가 덕분에 새로운 소비의식에 동참하는 상품들을 출시할 수 있었다.

철학을 논하는 ──── ···
기업가들

스위스의 도르나흐(Dornach) 지역을 여행할 때였다. 갑자기 콧물이 줄줄 흘러서 증상을 초반에 잡아야 한다는 생각에 약국을 찾았다. 그렇게 점심시간에 산책도 할 겸 나섰다가 한 저택 앞을 지나게 되었다. 그 집 앞에 세워둔 게시판에는 마침 그날 '사회유기적 기업 조성'이라는 난해한 제목의 세미나가 열린다고 적혀 있었다. 알고 보니 그 집은 '자유로운 청년 활동, 예술, 사회유기체'와 관련된 다양한 세미나를 제공하던 장소였다. 그날 세미나의 진행자인 괴츠 렌(Götz Rehn) 박사의 이름은 나도 여러 번 들은 적이 있었다. 몇 달 전 고트리프 두트바일러 연구소에서 개최된 한 세미나에서 그가 쓴 책자를 본 기억이 났다. 조직의 도전 과제를 주제로 한 책이었다.

　나는 괴츠 렌 박사에게 물어볼 것이 있어 건물 안으로 들어갔고, 세미나 관련자들이 나를 안쪽으로 안내했다. 한때 이 저택의 거실이었던 공간은 이제 세미나 하우스의 식당으로 사용하고 있었다. 괴츠 렌 박사는 다른 사람들과 함께 창가 쪽 식탁 앞에 앉아 있었다. 나는 호기심이 가득한 얼굴로 그를 향해 다가갔다. 다른 이들을 오래 방해하고 싶지 않았기에 최대한 신속하고도 직접적으로 용건을 밝혔다. 그의 활동에 아주 큰 관심이 있고 더 많은 것을 알고 싶다고.

경제학을 전공하고 조직개발과 관련하여 경영학 박사 학위를 취득한 괴츠 렌 박사는 당시 네슬레(Nestlé)사에서 일하고 있었다. 하지만 이미 21세부터 인지학에 몰두했고 기업가로서 독자적인 사업을 하기 원했다. 그는 기업의 기본 이념이 어떤 내용을 담고 있어야 하는지, 경영진을 어떻게 조직해야 하며 자본을 어떻게 다루어야 하는지에 대해 아주 정확한 그림을 그리고 있었다. 하지만 자신이 '무엇'을 하면 좋을지는 아직 알 수 없었다. 그래서 사업 대상을 탐색했다. 유아복, 식료품, 요식업 등 다양한 사업 아이디어를 열린 마음으로 검토했다. 그에게 중요한 것은 '뭔가 의미 있는 일'을 하고 싶다는 이상이었다.

그는 나보다 여섯 살이 적었지만 배울 것이 많은 사람이었다. 특히 내가 사업가로서 어떻게 사고하고 행동해야 하는가에 중요한 질문을 제기하고 흥미로운 자극을 줄 수 있으리라 생각했다. 거꾸로 나는 그의 사업을 실현하는 데 실질적인 도움을 줄 수 있을 터였다. 문득 우리 두 사람의 정신적 교류에 제3자가 포함되면 좋겠다는 생각이 들었다. 딱 적당한 인물이 있었는데, 풀다(Fulda) 지역에 있는 슈퍼마켓 체인 테굿(Tegut)의 사장, 볼프강 구트베를레트(Wolfgang Gutberlet)였다. 그와 나는 같은 구매조직의 회원이었고 동갑이었다. 아이들도 비슷한 또래였는데 두 집 아이들 모두 발도르프 슐레를 다녔다. 무엇보다 그 역시 인지학에 관심이 커서 루돌프 슈타이너의 저서를 읽었다. 이렇게 공통점이 많았기 때문에 그와 쉽게 친해질 수 있었다.

세 사람은 함께 자리를 마련했고 이후 해마다 서너 차례 만나서 '사회적 유기체로서의 기업'이라는 주제로 의견을 교환했다. 우리는 먼저 괴츠 렌이 어떤 방식으로 사업을 시작하는 게 좋을 것인가를 의논했다. 대략적인 아이디어가 구체적인 형태를 갖추기까지는 오랜 시간이 걸리지 않았다. 목표는 유기농 식품을 개발하고, 나아가 유기농 슈퍼마켓을 설립하는 것이었다.

조롱받던 유기농 제품이 ————···
열풍을 일으키다

지금은 흔해졌지만 당시 유기농 제품이라고 하면 완전한 망상으로 취급을 받았다. 괴츠 렌의 가까운 지인과 친척들도 '유기농 슈퍼마켓'은 가능성이 전혀 없는 환상에 불과하다며 괜히 시간 낭비하지 말라고 충고했다. 함께 아이디어를 모은 나와 볼프강, 그리고 그의 어머니만이 그의 편에 섰다. 훗날 그는 당시를 회고하며 어느 기자에게 이렇게 말했다.

"내가 미쳤다고 생각하지 않는 한두 사람이 있다는 사실이 정말 고마웠습니다."

1980년대 초반에는 순수한 유기농 제품이 극히 소수에 불과했다. '호이슈렉케(Heuschrecke)'나 '게르스텐코른(Gerstenkorn)'이라는 이름의 작은 유기농 상점들이 영업을 하긴 했지만, 그곳에서 파는 제품들은 100퍼센트 유기농 제품이 결코 아니었다. 그저 겉으로만 유기농 건강식품처럼 보일 뿐이었다. 당시에는 유기농 제품에 대한 법적 규정이 아직 없었다. 데메터(Demeter)나 비오란트(Bioland) 같은 유기농업 생산자조직에 속한 농가와 식료품 생산업체에서 직접 방침을 만든 것이 전부였다. 1992년이 되어서야 비로소 '유기농' 혹은 '에코'와 같은 표시에 대한 최초의 법적 규정이 마련되었고, 이 규정은 오늘날까지도 논란의 대상이 되고 있다.

1980년대 초만 해도 '유기농'이라는 분야는 무법천지였다. 기존의 일반 차 제품도 종이 봉지에 담아서 친환경 제품으로 팔았고, 일반 곡물을 그냥 뒤섞기만 한 후 유기농 제품이라고 표기했다. 가장 큰 문제는 유기농 상점을 채울 만한 유기농 제품들이 거의 없다는 사실이었다.

유기농 상점에서만큼은 100퍼센트 유기농 방식으로 생산된 제품을 보장해야 하며, 그럼으로써 소비자들의 신뢰를 얻어야 한다는 것이 우리의 신념이었다. 우리가 제기한 첫 번째 질문은 다음과 같았다. 사람들이 상점에서 살 수 있는 유기농 제품들은 어디에서 나오는가?

답은 아주 간단했지만 이를 실행하기 위해서는 상당한 부담을 감당해야 했다. 먼저 유기농 제품을 개발해야 하고, 그 제품을 정해진 규정과 지침에 따라 생산하는 농가와 회사를 찾아야 했다. 차, 주스, 뮤즐리(통귀리와 기타 곡류, 생과일이나 말린 과일, 견과류를 혼합해 만든 아침 식사용 스위스 시리얼-옮긴이), 밀가루, 꿀, 마멀레이드 등을 대상 품목으로 꼽을 수 있었다. 처음에는 건조식품부터 시작하기로 했다. 별도의 가게를 열지 않고, 기존의 데엠과 테굿 매장에 제공하여 시험해볼 수 있기 때문이었다. 슈퍼마켓인 테굿에서 건조식품을 판매하는 것은 아주 자연스러웠고, 데엠과 협력하는 것도 그리 이상한 일은 아니었다. 드러그스토어에서 치약만 파는 것은 아니니 말이다. 실제로 건강식품은 드러그스토어의 흔한 취급 품목이었다.

처음에는 적은 품목을 공급하다가 점차 가짓수를 늘려나갔다. 그동안 괴츠 렌은 언젠가 자신의 회사, 즉 유기농 슈퍼마켓 체인을 설립하리라는 목표를 잊지 않았다. 마침내 1984년, 괴츠 렌은 네슬레사를 그만두고 자신의 회사 '렌 박사의 자연식품 구상과 마케팅'을 설립했다. 이 회사는 1985년 '알나투라 생산 및 유통판매 유한회사(Alnatura Produktions-handels GmbH)'로 사명을 바꿨다. 그의 회사는 자연친화적 방식으로 가공된 식품, 그리고 완전한 유기농 방식으로 재배한 식품들을 판매했다. 알나투라사의 모토는 바로 '인간과 지구의 가치를 소중히'다. 본래의 성질을 변성시키지 않은 건강한 식품을 생산한다는 점에서 이 회사의 제품은 인간의 가치를 소중히 여긴다. 또한 재배 과정에서 농약이나 독성 물질을 전혀 사용하지 않기에 토양을 오염시키지 않으며, 그런 측면에서 지구의 가치를 소중히 여긴다고 말할 수 있다.

물론 갈 길이 멀었다. 하지만 우리는 확고한 원칙을 지키며 끈기 있고 겸손하게 앞으로 나아갔다. 초기에는 데엠 매장에 진열된 알나투라사의 제품 수가 몇 개 되지 않았다. 1미터가량의 선반을 간신히 채울 정도였다. 테굿에서도 알나투라의 신제품이 자리를 잡기까지는 많은 시간이 필요했다. 하지만 우리의 생각은 결국 틀리지 않았다. 곧 유기농 열풍이 불었고, 데엠과 테굿에서는 알나투라 제품 수가 점점 더 많은 자리를 차지하기 시작했다.

마침내 1987년, 만하임에 첫 번째 알나투라 매장이 문을 열었다. 그런데 데엠 매장을 처음 오픈했을 때 계산대가 인파로 북적거렸던 것과는 분위기가 사뭇 달랐다. 손님들의 발걸음도 뜸했고, 물건을 구입하더라도 소량에 그쳤다. 고객들 입장에서는 알나투라사의 제품이 정말 신뢰할 수 있는 것인지 회의적이었기 때문이다.

그렇게 괴츠 렌에게는 힘겨운 몇 년이 흘렀다. 그는 엄청난 끈기로 그 시간을 버텼다. 데엠에서는 괴츠 렌에게 의뢰하여 직원 세미나를 진행했는데, 이때 알나투라의 제품을 직접 접한 우리 직원들은 아주 긍정적인 반응을 보였다. 이후 데엠 직원들은 한층 강한 책임감과 열정을 가지고서 손님들에게 알나투라 제품을 권장했다. 괴츠 렌으로서는 이런 반응이 어려운 시기를 견디게끔 하는 힘이 되었을 것이다. 사람들이 일단 충분한 시간 동안 알나투라 제품을 사용한 후에는 어김없이 높은 만족도를 보인다는 점에 그는 주목했다. 고객이 알나투라 제품을 접하고 직접 판단을 내릴 수 있는 환경이 정착되면 분명 돌파구가 보일 것이라고 그는 믿었다. '이 사업은 이제 그만 접으라'고 말하는 사람들도 많았지만, 나는 흔들리지 말고 소신을 시키라고 그를 격려했다. 사람들은 비웃을지 몰라도 그는 분명히 이 분야의 선구자였다. 심지어 오스트리아의 데엠 직원들조차 독일에 있는 우리를 가리켜 '곡식을 먹는 새(독일에서는 이 말이 건강에 지나치게 신경 쓰는 사람을 비꼬는 표현으로도 쓰인다-옮긴이)'라며 조롱했다. 하지만 세월이 흐른 지금, 데엠의 모든 직원들은 알나투라 제품에 강한 자부심을 느끼고 있다.

돌이켜 보면 괴츠 렌이 이룬 업적은 다른 어떤 기업과도 비길 수 없을 만큼 엄청난 것이었다. 전 세계적으로 유기농 제품 분야에서 알나투라의 명성을 따라올 만한 업체는 아직까지 없다. 현재 알나투라 매장은 80개 이상으로 늘어났으며 특히 남독일, 함부르크와 베를린에 집중되어 있다. 품목도 지난 25년 동안 크게 변했다. 초반에는 천연 소재 직물, 장난감, 비식품군 제품의 비중이 컸던 반면, 현재는 유기농 식료품에 주력하고 있다. 30년 전에는 꿈도 꾸지 못했던 유기농 제품들이 이제는 알나투라 매장을 채우고 있다. 예를 들어 친환경 방식으로 생산된 마카다미아 크림이나 사과 잼으로 속을 채운 도미노슈타인(독일과 오스트리아의 초콜릿 과자 종류-옮긴이)을 이전에는 상상하지 못했을 것이다.

데엠에서도 알나투라 제품군이 상당히 큰 비중을 차지하고 있다. 현재 알나투라는 데엠의 파트너 가운데서도 핵심적인 위치에 있으며, 규모 면에서는 세 번째 큰 업체다. 요즘에는 오직 알나투라 제품 때문에 데엠을 찾는 고객들도 상당수다.

단순한 가게가 아닌 ──────···
브랜드에 도전하다

알나투라가 자리를 잡아가던 시기, 판매유통 업체들 사이에 이른바 '자체 브랜드'를 만드는 추세가 확산됐다. 즉, 다른 업체의 상표가 아닌 자사의 상표를 붙인 제품을 파는 것이다. 다른 한편으로는 '제너릭 브랜드', 그러니까 브랜드가 따로 없는 저렴한 제품을 취급하는 곳들도 상당수였지만,

알디를 시작으로 점점 더 많은 업체들이 자체 브랜드 개발에 뛰어들었다. 1970년대에 미국에서 시작하여 1980년대에는 독일 전역을 강타한 이러한 추세를 데엠도 받아들여야 하는지, 그렇다면 어떤 방식으로 따라야 하는지 논의가 이어졌다.

자체 브랜드가 필요한 이유는 무엇인가? 데엠에는 어디에서나 구할 수 있는 흔한 제품들도 물론 있다. 데엠 드러그스토어에 가지 않아도 사람들은 문명인으로 살아갈 수 있다. 치약은 다른 곳에서도 얼마든지 살 수 있으니 말이다. 사람들이 의도적으로 데엠을 찾게 만들기 위해서는 데엠에서만 구할 수 있는 제품을 시장에 내놓아야 한다. 이는 오로지 자체 브랜드를 통해서만 가능하다.

데엠은 할인점으로 시작했고 '저렴한 가격'은 '훌륭한 브랜드, 저렴한 가격'이라는 데엠의 모토에서 중요한 하나의 축이었다. 무엇보다 드러그스토어라는 업계에서 저렴한 제너릭 브랜드에 주력하는 것은 지극이 당연한 일이었다.

하지만 다른 한편으로 데엠에는 '고객의 욕구를 가치 있게 만든다'는 원칙이 존재했다. 우리는 오랜 논의 끝에 자체적인 '품질보증 제품'을 구축한다는 결론에 도달했다. 다시 말해 지금까지 존재하지 않았던 양질의 제품, 혹은 유명 상표 제품과 동등한 품질에 가격은 훨씬 저렴한 제품을 판다는 이야기였다. 그럼으로써 '품질이 뛰어나면서도 저렴한 제품'을 원하는 고객의 욕구를 만족시킬 뿐 아니라, 드러그스토어 제품도 충분히 경쟁력을 갖출 수 있다는 사실을 입증하고자 했다.

괴츠 렌은 관련 분야의 경험자로서 훌륭한 자문관 역할을 맡아주었다.

우리는 아이디어를 활발히 나눈 후 신중하게 전개했고, 차근차근 실행에 옮겼다. 일단 모든 제품군 각각에 고유 상표가 필요하다는 결론을 내렸다. 가장 처음 출시한 브랜드는 '뎅크밋(Denk-mit)' 세제였다. 동료 미하엘 콜로지에(Michael Kolodziej), 라이너 클뢰터스(Rainer Klöters)와 함께 벨기에 전역을 돌아다니며 친환경 방식의 비누 제조업체를 찾아다닌 끝에 만들어낸 상품이었다.

이후 1989년에는 '알베르데(Alverde)' 화장품 브랜드를 시장에 내놓았다. 100퍼센트 천연 기초화장품으로 뛰어난 품질을 자랑하는 알베르데 제품은 〈외코 테스트(Öko-Test)〉 같은 소비자 잡지와 상품시험재단(Stiftung Warentest)의 테스트 결과 최고 점수를 받기도 했다. 화장품 원료는 인증된 유기농 재배를 통해 추출하며, 미네랄오일 성분이 일체 들어가지 않는다. 합성 방향 물질과 합성 색소, 방부제 등도 물론 함유되지 않는다. 또한 알베르데 전 제품은 동물 실험을 하지 않는 것을 원칙으로 한다. 제품 대부분에는 '비건(Vegan)' 마크가 표기되어 있는데, 동물성 성분을 일절 함유하지 않는다는 뜻이다. 알베르데 제품은 이 부분에서 소비자들의 높은 평가를 받았다. 독일 소비연구협회(GfK, GesellSchaft für Konsumforschung)에 따르면 알베르데 화장품은 오늘날 독일에서 판매량이 가장 높은, 공인된 천연 화장품 브랜드다.

알라나(Alana) 유아복도 반응이 상당히 좋은 제품군 중 하나다. 인증된 유기농 재배 방식으로 얻은, 내구성과 통기성이 뛰어난 면을 주원료로 한다. 데엠의 알라나 유아복은 2009년 9월, 국제오가닉섬유기준(GOTS, Global Organic Texile Standard) 인증마크를 획득했다. 이는 환경적, 사회적 기준에 부합하는 공정한 방식으로 생산된 제품임을 보증받았다는 뜻이다.

소비자들의 요구에 부합하고자 꾸준히 노력한 결과 데엠은 현재까지 바디용품, 화장품, 위생용품, 건강용품, 가정용품, 유아용품, 직물류, 사진 관련 제품, 반려동물 용품을 포괄하는 23개의 상표와 약 2,700개의 품목을 확보하게 되었다. 현재 데엠 매출의 약 5분의 1은 자체 브랜드 제품이 차지하고 있다. 키친타월의 경우 100퍼센트, 화장지의 경우 약 90퍼센트가 자체 브랜드 제품으로 판매된다. 실제로 '독일에서 가장 많이 팔리는 제품'에 이름을 올린 데엠의 자체 브랜드 상품만 10개에 달한다. 독일에서 가장 많은 자외선 차단제를 판매한 업체가 데엠이며, 팸퍼스(Pampers)를 제외하고 가장 많은 기저귀를 판매한 업체도 우리 데엠이다.

독일의 통일과 함께 ───── ⋯
거대한 시장이 열리다

삶에서 기회는 수시로 다가온다. 내게 다가온 모든 기회를 신속하게 포착했다고는 말할 수 없으리라. 하지만 내 주변에서 어떤 일이 일어나는지 끊임없이 인지하려 노력했고, 앞으로 어떤 일이 발생할지 예측하려 애썼다고는 자신할 수 있다.

예를 들어 베를린 장벽이 붕괴했던 사건이 그랬다. 나는 역사와 지리에 관심이 많던 마흔다섯의 남자였다. 나를 비롯한 우리 세대는 살면서 통일을 경험하는 건 불가능하리라고 막연히, 그러나 확실하게 생각했다. 1989년 11월 9일 늦은 저녁, 텔레비전에서 베를린 장벽이 무너졌다는 첫 보도가 나왔을 때 아쉽게도 나는 이미 침대에서 잠이 든 후였다. 다음 날 아침이 되어서야 뉴스를 들었고, 브란덴부르크 문(Brandenburg Gate) 옆의 장벽에 올라선 시민들의 사진을 보았다.

그 후에 잘난 척하는 몇몇 사람들은 통일이 이런저런 논리의 결과였다고 해석했다. 물론 말도 안 되는 소리다. 11월 9일 초저녁, 몇 시간 후면 장벽이 무너질 거라고 누가 예측할 수 있었겠는가? 심지어 뉴스 진행자였던 한스 요아힘 프리드리히스(Hanns Joachim Friedrichs)조차 지극히 조심스럽게 말문을 열었다.

"안녕하십니까, 시청자 여러분. 극찬을 할 때는 매우 신중해야 합니다. 그렇지 않으면 그 의미가 쉽게 퇴색하니 말입니다. 하지만 오늘 저녁에는 위험을 무릅써야 할 것 같습니다. 오늘 11월 9일은 역사적인 날입니다. 동독 측에서 지금 이 순간부터 모두에게 경계선을 개방한다고 전했습니다. 장벽의 문이 활짝 열렸습니다."

하지만 인발리덴(invaliden) 거리의 국경초소 지역에서 진행되던 라이브 방송에서는 여전히 굳게 닫힌 문을 비추고 있었다. 발전이 불연속적이며 돌발적으로 진행된다는 것을 이보다 더 잘 보여주는 사건은 없을 것이다. 큰 사건은 차근차근 단계적으로 일어나는 것이 아니라 급격하고 돌발적으로 일어난다.

이 사건은 주변의 모든 국가들이 동의한, 독일의 첫 번째 정치적 변화였다. 또한 나를 비롯한 수많은 개인들을 깊이 감동시킨 새로운 경험이기도 했다. 나는 그 후로 몇 달, 아니 몇 년 동안 가깝고도 낯선 이 나라, 동독만을 여행했다.

기업가인 나에게 이 새로운 역사적 상황은 거대한 기회이자 도전이었다. 수백만 명 규모의 새로운 시장이 나타났다. 그곳의 소비자들은 지금껏 필요한 물건과 서비스를 제대로 공급받지 못한 상태이며, 게다가 경쟁력을 갖춘 경쟁 업체조차 없다. 모든 업계가 하룻밤 사이에 동독 지역으로 돌진을 시작했다.

당시 서독은 다른 경제적 타격을 입지 않고도 짧은 시간 안에 동독의 1,800만 명 인구를 추가로 부양할 능력이 있었다. 이는 서독에서 필요한 정도를 훨씬 넘어서는 재화와 서비스를 배출할 수 있다는 의미였다.

우리의 첫 동독 매장은 할레(Halle an der Saale)라는 도시에서 작은 규모로 문을 열었다. 아직도 그때가 생생히 기억난다. 1990년 가을, 그러니까 단일 통화가 도입된 직후였다. 나는 아침부터 저녁까지 계산대에 서서 모든 세세한 업무를 직접 처리했다. 고객과 이야기를 나누고, 상품을 포장하고, 카트를 함께 밀기도 했다. 매출은 엄청났다. 이때는 우리가 카를스루에에서 첫 출발을 했던 초창기와도 비슷한 개척의 시기였다. 동독에 매장을 열었다는 사실 자체로 모두의 주목을 끌었다.

그러다 어느 순간 체코와 슬로베니아, 헝가리에도 매장을 열어야겠다는 생각이 들었다. 세상이 완전히 달라졌으니 새로운 시도가 필요했다.

데엠은 독일과 오스트리아에서만 적극적으로 활동하다가 처음으로 프랑스에 진출한 적이 있었다. 하지만 얼마 지나지 않아 가게 문을 닫아야 했다. 그 과정에서 우리는 나라마다 물건을 구매하는 문화가 다르다는 중요한 사실을 체감했다. 독일에서는 누구나 당연하게 여기는 드러그스토어가 프랑스에는 지금까지도 존재하지 않는다. 이탈리아도 마찬가지여서 데엠과 비슷한 드러그스토어가 아예 없다. 그런 점에서 소매상은 일종의 문화 현상이다. 미국의 '거인' 슈퍼마켓 월마트가 독일로 진출하기 위해 베르트카우프(Wertkauf) 슈퍼마켓 체인을 인수했을 때, 그들 역시 몇 년 만에 쓴잔을 마셔야 했다. 독일 사람들이 미국의 구매 문화에 결국 익숙해지지 못했기 때문이다.

이제 우리는 동쪽에서 거대한 시장의 기회를 보았다. 이곳 고객들은 드러그스토어 할인점이라는 것을 서독의 방송을 통해서만 알고 있을 터였다. 그들이 과연 우리의 드러그스토어에 열광할 것인가? 우리는 오스트리아에서 이미 큰 성공을 거두었고, 많은 동유럽 국가들이 역사적으로 오스트리아와 우호적인 동맹 관계에 있기 때문에 동쪽에서 새로운 시장을 개척하는 데 문제는 없을 것으로 보였다.

초창기부터 데엠 오스트리아는(비록 법적으로 독자적이기는 하지만) 데엠 독일과 궤도를 같이하면서 발전해나갔다. 1982년에 기업 철학을 공동으로 완성했고, 2년 후에는 데엠 독일의 시도에 발맞추어 유통업계 최초로 스캐너 계산대를 도입했다. 1986년에는 알나투라 유기농 제품을 판매 목록에 올렸다. 그러다 1980년대 말이 되면서 데엠 오스트리아는 독일에 없는 이례적인 서비스 사업을 확대해나가기 시작했다.

나와 함께 데엠 오스트리아의 공동 경영자로 있던 귄터 바우어의 계획에 따라, 인스부르크(Innsbruck) 광장에 '건강한 휴식(Gesunde Pause)' 이라는 스낵바가 문을 열었다. 이 스낵바에서는 신선한 샐러드나 따뜻한 식사, 뮤즐리, 버터나 잼을 바른 유기농 빵, 갓 짜낸 주스 등의 신선식품을 제공했다. 제철 재료, 유기농 식품을 지향하는 '건강한 휴식'은 속도가 조금 느리기는 했지만 아주 성공적으로 시장에 안착했다. 빠르면서도 건강한 식사를 원하는 고소득층 젊은 고객들을 주요 공략 대상으로 삼아, 현재 30여 곳에서 영업을 하고 있다. 오스트리아의 성공에 힘입어 독일에서도 시험 삼아 서비스를 해보았지만 큰 반응을 얻지 못했기 때문에 사업을 지속하지는 않았다.

데엠 오스트리아는 철저한 준비 끝에 1993년부터 체코와 헝가리, 슬로베니아, 슬로바키아, 크로아티아에 첫 매장을 열었다. 그리고 얼마 후에는 세르비아, 보스니아 헤르체코비나, 루마니아, 불가리아, 마케도니아에도 연달아 매장을 열었다. 이곳 동유럽 10개국의 데엠 매장은 모두 오스트리아에서 상품을 공급받는다.

25년짜리 '용감한' 임대 계약서에 ─────··· 서명하는 이유

사람들은 내게 종종 이렇게 묻는다. 만약 과거로 돌아가도 똑같은 선택을 하겠느냐고. 나는 아마 그렇지 않을 거라고 답한다. 현명한 사람들은 항상 새로운 실수를 하지만, 어리석은 사람은 늘 똑같은 실수를 하는 법이다. 우리가 하는 모든 일은 완벽에 미치지 못한다. 하지만 어떤 과제를 끝마쳤을 때, 다음번에는 그 과제를 더 잘해 낼 수 있으리라는 사실을 어김없이 깨닫는다.

실수는 피할 수 없으며, 어떤 면에서는 꼭 필요하다. 진로를 수정해주고 올바른 방향을 제시하기 때문이다. 길을 걷다 장애물에 몸을 부딪히는 것과도 같은 이치다. 어딘가에 부딪힐 때마다 우리는 몸을 올바른 방향으로 되돌린다.

사람들은 또 묻는다. 당신은 미래를 위해 어떤 시나리오를 가지고 있느냐고. 나에게 이 질문은 의미가 없다. 나는 언제나 현재, 즉 여기와 지금을 바라보려 하기 때문이다. 그래서 나는 이런 질문이 더 중요하다고 생각한다. '새로운 상황이 벌어졌을 때 우리는 잘 적응할 수 있는가?', '우리 조직은 학습 능력이 있는가?'

미래는 대부분 뜻밖에 다가온다. 독일 통일과 같은 국가 전체의 미래뿐 아니라 작은 회사의 미래도, 개인의 미래도 마찬가지다. 그렇기 때문에 올바른 질문은 '적절한 시나리오가 있는가?'가 아니라 '어떤 일에든 적절하게 반응할 수 있는가?'다. 나는 이것이 곧 경영이라고 믿는다.

데엠은 임대 계약을 할 때 보통 10년을 기본적인 계약 기간으로 하고, 이후 5년씩 세 번 연장할 수 있도록 한다. 그러니까 총 25년까지 한 공간을 임대할 수 있는 셈이다. 이 이야기를 들은 다른 업체들은 놀란 눈을 하고 묻는다.

"세상에, 25년이나요? 어떻게 그런 임대계약서에 서명을 할 수 있나요?"

내 대답은 분명하다. 물론 2020년, 2030년, 2040년에 무슨 일이 일어날지 우리는 알 수 없다. 하지만 확실한 한 가지는, 아무도 모르는 그 상황에 적절히 대응할 능력을 우리는 이미 갖추고 있다는 사실이다. 이는 '혁신의 훈련'에서 오는 자신감이다. 25년이라는 계약 기간은 일종의 담보다. 마지막 25년째에 우리는 분명 기대에 어긋나지 않는 무언가를 할 수 있으리라 보증하는 것이다. 그때가 되면 그때에 걸맞은 좋은 생각이 우리에게 있을 것이다.

통일이 되고 나서 가장 좋았던 점은 "데엠은 5년 후 어떤 계획이 있습니까?"라고 묻는 사람들에게 이렇게 속 시원히 답할 수 있다는 것이었다.

"신문을 잘 안 읽으시나 보네요."

인간은 확실함을 추구하려고 노력한다. 통일이 되기 1년 전인 1988년에 우리가 이렇게 말했다고 상상해보라.

"3년 후 우리는 라이프치히(Leipzig)와 드레스덴, 로스토크(Rostock)에 매장을 열 것입니다."

아마 모두들 우리 보고 미쳤다고 했을 것이다. 아니면 통일 몇 달 전인 1989년 여름에, 향후 2년 동안의 계획을 탄탄히 세웠다고 상상해보라. 아마 그 계획서는 그해 연말에 곧바로 휴지 조각이 되었을 것이다. 그도 아니면 현실을 무시한 채, 그냥 가던 길을 갈 수도 있다. 실제로 2년 후 동독에 진출하지 않은 기업들도 많았다. 그 기업들의 사업계획서에는 동독이 존재하지 않았다.

우리는 전혀 지향하지 않은 목표에 도달하는 경우가 종종 있다. 콜럼버스는 인도를 향해 출발했다가 아메리카를 발견했다. 때때로 목적지보다가는 길이 더 흥미진진하다는 사실을 깨달을 때도 있다. 파리를 향해 가던 중에 다른 시골 마을을 지나치며 '여기에 한번 살아봐도 참 좋겠다'는 생각을 하기도 한다. 나는 내 삶에서 '막 이정표를 지나쳐왔다'고 느낀 적이 없다. 항상 그 시기가 지나고 돌이켜봐야만 거기에 교차로가 있었음을 인식한다. 그렇다면 내가 그 시기에 정말 다른 길로 갈 수 있었을까? 알 수 없는 일이다. 분명한 것은, 지금 우리가 택하는 길은 단 하나이며 그것이 유일한 현재라는 점이다.

5

**왜 가장 평범한 일을 하는 직원이
가장 가치 있는 직원인가?**

●

최고의 탐험은 다른 눈으로 세상을 바라보는 것이다.

_마르셀 프루스트(Marcel Proust)

●

직원들이 아침마다 일어날 이유를 ———— ...
제공하라

어느 날 저녁이었다. 데엠 매장은 6시 반에 문을 닫는데, 그날은 겨울이라 가게 마감을 하기 전부터 이미 하늘이 어둑어둑했다. 나는 차를 타고 팔츠(Pfälze) 숲을 지나서 집으로 가고 있었다. 당시 나의 개인적인 원칙 중 하나는, 문 열린 데엠 매장 옆에 차를 대지 않는다는 것이었다. 그런데 그날 저녁은 예외였다. 도로가 한산해서 피르마젠스(Pirmasens) 매장에 잠시 들르기로 마음먹었다. 이미 인적이 거의 끊겨서 거리는 텅 비어 있었다. 나는 너무 늦지 않은 시간에 매장 안으로 들어섰다. 여직원이 보이기에 다가가서 말을 건넸다.

"안녕하세요? 베르너라고 합니다."

직원은 내가 누구인지 몰랐지만 아주 친절하게 대답했다.

"네, 안녕하세요? 제가 뭘 도와드릴까요?"

나는 신분을 밝힌 후, 몇 가지 일반적인 질문을 하면서 분위기를 살폈다.

"데엠에서 일한 지 얼마나 되었나요?", "어떤 업무를 맡고 있죠?", "고객들의 만족도는 어느 정도인가요?"

오랫동안 생각하지 않아도 금방 대답할 수 있는, 그렇게 특별하지 않은 질문들이었다. 하지만 머뭇거리던 직원은 갑자기 지점장을 가리키면서 겸손하게 말했다.

"그게…… 저는 그냥 미니잡 직원이라서요(독일의 미니잡은 월 급여 450 유로(약 57만원) 미만을 받고 주 15시간 미만 일하는 비정규직 근로 형태를 뜻한다. 2003년 도입되어 독일의 고용률을 크게 높였으나 질 낮은 일자리를 양산한다는 비판도 받고 있다-옮긴이)."

그 대답을 듣는 순간 '이 매장은 뭔가 잘못 운영되고 있구나.' 하는 분명한 생각이 머리를 스쳤다. 우리가 돈을 들여 만든 우리 매장에서 일하는 누군가가, 근로법상의 까다로운 규정에 얽매여 자신의 업무조차 제대로 표현하지 못한다는 사실이 모순으로 다가왔다. 그 직원은 내 질문에 그냥 편안히 답할 수도 있었다. 하지만 머릿속에 맴도는 어떤 생각 때문에 입이 잘 떨어지지 않았으리라.

'내 위로는 상사도 있고, 구역담당자도 있고, 지점장도 있잖아. 그 중요한 사람들이 해야 할 말을 내가 뭐라고 가로채겠어. 나는 그냥 아르바이트생인데, 뭐.'

카를스루에로 가면서 많은 생각이 들었다. 사람들이 일자리로 미니잡을 택하는 이유는 많다. 이를테면 아이를 돌보거나 집에서 가족을 부양해야 할 경우 일주일에 일할 수 있는 시간이 얼마 되지 않는다. 하지만 근로소득세 도표상의 분류만으로 근로의 가치를 규정해서는 안 된다. 바로 이 지점에서 뭔가가 분명 잘못되었다. 그렇다면 이를 어떻게 바로잡아야 할까?

이 상황을 놓고 오랫동안 곰곰이 생각할수록 한 가지 사실이 명확해졌다. 바로 시스템을 거꾸로 거슬러 생각해야 한다는 것이었다. 직원이 고객과 대화하는 순간에는 그 직원이 가장 중요한 존재다. 다른 모든 사람들은 그저 뒷배경에 있는 서비스 제공자일 뿐이다. 기업을 위에서 아래로 내려오는 구조가 아닌, 밖에서부터 안으로 들어오는 구조로 생각해야 한다는 사실을 나는 문득 깨달았다. 데엠에서 일주일에 불과 몇 시간만 일하는 직원일지라도, 회사가 그들 개개인을 모두 중요하게 여긴다고 느끼게끔 해야만 했다.

많은 경영자들은 이런 생각이 불러올 파장 때문에 이를 외면할 것이다. 직원이 상사의 뜻을 거역하고 더 많은 돈을 요구할 수도 있기 때문이다. 당당하게 나서서 이렇게 말하는 직원들도 생길지 모른다.

"제가 여기서 가장 중요한 사람이에요. 고객과 이야기하는 사람은 저니까요. 사장님은 그냥 뒤에 서 있는 역할만 하는 거라고요. 그러니까 더 많은 돈을 받아야겠어요."

직원이 이렇게 나온다면 뭐라고 대답을 해야 한단 말인가. 자신이 지금까지 고수해온 가치관이 송두리째 흔들릴 수도 있는 문제다.

하지만 '근로'와 '소득'이란 서로 연관 지을 수 없는 개념이다. 많은 경영자들처럼 이 두 가지를 억지로 짝짓는 것은 이치에 어긋나는 일이다. 데엠에서 사람을 고용하는 이유는 우리에게 반드시 필요하기 때문이다. 그들이 데엠에서 일하는 것 또한 일자리가 필요하기 때문이다. 그래서 우리는 그들에게 매달 확실한 소득을 보장해주며, 한 조직의 구성원으로서 돌본다. 물론 임금 수준은 시장이 규제한다. 만약 이제부터 미니잡 직원들의 임금을 세 배로 올린다면 당장 파산하는 기업들이 속출할 것이다. 중요한 것은, 적은 시간 일하고 그 대가로 적은 임금을 받는 사람들의 가치를 폄하하고 경시해서는 안 된다는 사실이다.

아침에 눈을 뜨면 사람들은 저마다 침대에서 일어나고 싶지 않은 이유가 최소한 두 개쯤은 있다. 회사는 직원들이 몸을 기꺼이 일으킬 수 있는 또 다른 이유를 제공해야 한다.

"그래도 일어나야지. 나를 필요로 하고 중요하게 생각하는 사람들이 있으니까."

하지만 회사가 직원을 존중하지 않는다면 사람들은 아침마다 이런 생각을 할 것이다.

"나는 어차피 작은 톱니바퀴 같은 존재잖아. 오늘 하루 이렇게 누워 있는다고 뭐 큰일이라도 나겠어."

우리는 사람들이 다음과 같이 말할 수 있도록 의미를 전달해야 한다.

"그건 나만 할 수 있는 일이잖아. 동료들을 실망시켜서는 안 되지. 자, 이제 일어나자."

이는 하나의 공동체가 모든 구성원에게, 그리고 기업이 모든 직원에게 지는 중요한 의무다.

가장 평범한 일을 하는 직원이 ————…
가장 존중받는 회사

'존중'은 가장 중요한 개념이다. 하지만 안타깝게도 오늘날 우리 사회에서 사람들은 존중보다 무시를 더 자주 경험한다. 모든 기업가, 모든 경영인이 반드시 기억해야 하는 공식이 하나 있다. 업무에 내제된 가치가 적을수록 그 사람을 더욱 존중해야 한다는 것이다.

어떤 일에 대해 오로지 자기만이 알고 있으며 자기가 없으면 그 일이 마비된다고 여기는 경우가 있다. 그런 사람이 자기 일에 자부심을 갖는 것은 지극히 자연스러운 일이다. 반면에 다른 누구라도 해낼 수 있는 평범한 일을 수행하는 사람들도 있다. 이들에게 그 일이 얼마나 가치 있고 훌륭한 것인지 납득시키기란 어렵다. 집안일과 비유하면 명확히 이해가 될 것이다. 1년에 한 번, 크리스마스트리를 장식할 때는 누구나 거들고 싶어 한다. 하지만 음식물 쓰레기를 버릴 때는 아무도 "내가 할게요!"라고 신나서 외치지 않는다.

모든 일이 서로 다른 가치를 가질 수 있음을 전달하는 것은 그래서 더욱 중요하다. 어떤 일이든지 그 일을 하면서 자신을 알게 되고 자신을 계속하여 계발할 수 있기 때문이다. 그럴 때 개인으로서도, 공동체의 일원으로서도 한 사람이 가치를 지니게 된다.

피르마젠스의 데엠 매장에서 겪었던 일은 내 경영 철학에 결정적인 영향을 미쳤다. 그렇다고 개인적인 깨달음을 앞세워 기존의 체계에 맞설 수는 없었다. 하지만 권위에 따른 가치 체계는 불합리하며 결국 실패할 수밖에 없다는 생각은 확고했다.

만약 사람들이 생각을 바꾼다면 예전과 똑같은 행동을 하면서도 전혀 다른 시각을 가지게 될 것이고, 책임감의 무게 또한 완전히 달라질 것이다. 나는 끊임없이 질문을 제기하기 시작했다. 나에게도, 다른 사람들에게도. 나의 깨달음에 부합하는 행동을 따랐고, 다른 이들도 내가 품은 질문을 마주함으로써 나의 인식에 공감할 수 있도록 노력했다.

미니잡 직원과의 짧은 만남 이후로 세상을 보는 눈은 달라졌다. 나는 단순하지만 너무도 중요한 한 가지 사실을 깨달았다. 예전이나 지금이나, 나의 하루는 다른 모든 사람들의 하루와 마찬가지로 24시간이라는 것이다. 매장 수가 계속해서 늘어났고 직원들도 점점 많아졌다. 직원들은 사장인 베르너에게 이것저것 질문하는 것을 당연히 여겼다. 그러다 보니 내가 답해야 할 질문도 점점 더 많아졌다.

물론 내가 그 모든 질문에 언제나 신속하게 답을 줄 수 있다는 사실은 자랑스러웠다. '책임을 진다는 것은 질문에 답할 수 있다는 것'이라는 신념에 따라 살아왔기 때문이다. 하지만 질문이 점차 쏟아져 들어오면서 어느 순간 한계에 부딪히고 말았다.

당시는 다행히도 휴대폰이 없던 시절이었다. 만약 지금처럼 휴대폰이 일상화되었더라면 자동응답기 역할을 훨씬 더 오랫동안 견뎌야 했을 것이다. 어느 매장에 가더라도 내가 회신해야 하는 전화 목록들이 나를 기다리고 있었다. 처음에는 꽤 근사하다고 느꼈다. 잘빠진 메르세데스 벤츠 500 차량에서 내려 매장 안으로 들어서면 지점장이 곧바로 다가온다.

"베르너 사장님, 답신하셔야 할 전화가 모두 다섯 건 대기하고 있습니다."

그럴 때면 내가 아주 중요한 사람이라는 느낌, 모든 것을 다 알고 있는 전능한 존재라도 되는 것 같은 느낌이 상당히 매혹적이었다. 간혹 어떤 매장에 갔는데 나를 기다리는 전화가 한 통도 없을 때면 갑자기 초라해진 기분이 들기도 했다. 조금 과장해서 표현하자면 내가 더 이상 쓸모없는 존재라는 두려움이 피어올랐다.

그때부터 나는 사람들이 언제 나에게 질문을 하는지 자세히 관찰하기 시작했다. 그리고 한 가지 사실을 깨달았는데 질문을 하는 사람들은 대부분 이미 답을 생각하고 있거나, 최소한 대략적인 아이디어라도 가지고 있다는 것이었다. 어떤 대답도 준비되어 있지 않은 경우에는 질문조차 하지 않았다. 아마도 바보 같은 꼴을 당할지도 모른다고 걱정해서일 것이다. 사람들이 질문을 하는 것은 답을 몰라서가 아니다. 뭔가 다른 이유가 분명히 있다. 이를테면 관계를 유지하기 위해서, 책임을 지기 싫어서, 대답을 기다리는 동안 일을 잠시 쉴 수 있어서, 아니면 상대방에게 자신이 중요한 존재임을 부각하고 싶어서. 단순히 답을 듣기 위해서 질문을 하는 경우는 많지 않다.

전통적으로 수공업 분야에서 이런 경향이 두드러진다. 한 분야의 장인은 누구보다 잘 알고, 솜씨도 월등히 뛰어나다. 우리 회사도 규모가 작았을 때는 수공업 공방과 크게 다르지 않았다. 나는 장인의 위치에서 일일이 지시를 내렸다. 하지만 이제 회사는 예전과 비교할 수 없을 만큼 커졌다. 전문성을 갖춘 대규모 기업에서 모든 사안을 빠짐없이 파악하는 사람은 더 이상 없다. 현장에서 일하는 사람들은 자신이 할 일을 스스로 알고 있어야 하며, 실제로도 그렇다. 현장에 관해서라면 본부에 있는 사장보다도 더 훤히 꿰뚫고 있는 것이 보통이다. 물론 직관에 따른 올바른 답은 분명히 존재하며, 사장은 과거에도 현재에도, 또 미래에도 답을 담당하는 사람이다.

그래서 나는 사람들의 질문하는 습관을 고치기로 마음먹었다. 아주 좋은 방법이 있는데, 바로 누가 질문을 할 때마다 또 다른 질문으로 되받아치는 것이다. 그것도 질문 하나당 여러 개의 질문으로 응수하고, 상당히 수고스러운 질문도 하나 정도는 섞는다. 예를 들어 "베르너 사장님, 이건 어떻게 처리할까요?"라는 질문을 받으면 늘 하던 것처럼 반사적으로 척척 대답하는 대신에 이렇게 묻는다.

"어떻게 처리해야 할지 한번 조사해봤어요? 그게 아직도 문제가 되고 있군요. 다른 회사도 비슷한 문제를 겪었다고 들었는데 그 회사는 어떻게 해결했는지 알아보는 게 어때요?"

질문하기, 스스로 답하고 책임지게 만드는 법

이런 생각의 배경은 아주 단순하다. 내가 상사로서 즉각적인 답을 줄 때마다 직원들은 이렇게 반응한다.

"네, 알겠습니다. 말씀하신 대로 시행하겠습니다."

나는 사람들을 무비판적인 바보로 만들고 있었던 것이다. 이는 마치 내비게이션을 따르는 것과도 같다. 늘 내비게이션 안내에 따라 운전을 하면 혼자 길 찾는 법은 굳이 알려 하지 않게 된다. 그저 누군가가 '회전교차로에서 오른쪽 두 번째 출구', '100미터 직진해서 왼쪽 길로' 같은 지시를 내려줄 거라고만 믿을 뿐이다.

하지만 내가 직원에게 거꾸로 질문을 하면 "아, 이제 나도 이 문제에 대해서 고민을 해봐야겠구나"라고 생각할 것이다. 질문은 고무하고 자극하는 역할을 한다. 질문을 받으면 대답을 찾기 위해 자기만의 생각을 해야한다.

이 새로운 방법은 놀라울 정도로 효과적이었다. 나에게 질문을 제기하는 사람은 어김없이 질문을 몇 배로 되돌려 받았다. 직원들은 즉시 다음의 사실을 알아차렸다. '내가 해결책을 알면서도 사장님께 가서 질문하면 문제만 더 크게 만드는 꼴이 되는구나.'

권한과 책임을 본능적으로 본인에게로 되돌리는 이 방식은 아주 훌륭하게 작용했다. 큰 문제를 제외하고는 나에게 질문하는 사람이 더 이상 아무도 없었다. 이제 직원들은 이미 알고 있던 답을 자기 것으로 습득하고 그에 대한 책임감도 가졌다.

나는 상사들에게 이렇게 조언한다. 부하직원이 상사를 생각하는 것보다 고객을 더 많이 생각할 수 있도록 만들라고. 직원이 고객의 욕구를 자기 힘으로 인식하는 법을 배울수록 그 기업의 '기업가정신'은 한층 강해진다.

데엠에서 이 시도는 아주 중요한 전환점이 되었다. 사장인 나뿐만이 아니라 점점 성장해가는 데엠 체인스토어 전체의 경영 논리로 자리 잡았기 때문이다. 수천 개의 매장을 어떻게 한 사람이 운영할 수 있을까? 매장이 스무 개 정도라면 힘들지 않게 해낼 수 있다. 속도가 빠른 자동차가 있다면 50개 매장까지는 어떻게든 해낼 수 있을 것이다. 더 빠른 교통수단과 휴대폰이 있다면 75개까지도 가능하리라. 하지만 언젠가는 양적으로 한계에 도달하고 만다. 수프에 물을 자꾸 부을수록 점점 묽어지는 것과도 같은 이치다. 그렇게 되면 결국 데엠 기업은 더 이상 운영이 불가능해질 것이다.

언젠가 헬무트 제이 텐 지트호프는 광범위한 내용이 담긴 조직 안내서 대신 몇 가지 핵심적인 질문을 내게 제시했다. 나는 대답을 스스로 찾기 위해 여러 가지 개념에 몰두했고, 그렇게 전문적인 지식과 용어를 접하게 되었다. 인식이란 '인지'와 '개념'의 상호작용이다. 인지는 외부에서 오고, 개념은 내 삶의 경험으로부터 나온다. 한 사람이 인지와 개념을 결합할 때 인식이 생겨난다.

여기서 한 가지 기억해야 할 분명한 사실이 있다. 규모가 있는 기업은 '개념'을 통해 이끌어야 한다는 것이다.

지시자(director) 역할을 맡는 경영자는 직원들을 마리오네트 인형처럼 조종함으로써 조직을 운영한다. 하지만 우리는 마리오네트 인형이 아니라 현장에서 스스로 결정하고 책임지는 직원이 필요했다. 그런 직원들만이 고객과 적극적으로 접촉하고, 고객이 무엇을 원하는지를 누구보다 섬세하고 정확하게 파악하기 때문이다. 한마디로 말해, 지시자는 경영자의 올바른 모습이 아니다.

현재와 미래의 경영진은 좋은 대답을 하는 사람이 아니라 올바르고 흥미로운 질문을 제기하는 사람들이어야 한다. 과거에는 좋은 대답이 중요했을지 몰라도, 이제는 흥미로운 질문이 무엇보다 중요하다. 미래지향적인 질문이 우리를 올바른 방향으로 인도할 수 있기 때문이다. 그래서 기업을 이끄는 사람은 질문하는 사람이 되어야 한다. 사장이 제시하는 대답은 의심의 여지가 없는 결과다. 반면에 질문은 의식을 열어준다. 질문을 받은 사람은 무언가를 찾기 시작한다. 개인이든 집단이든 마찬가지다. "이제 이 문제를 해결해야 해. 어떻게 접근해야 할까?" 생각을 모으고 정보를 수집하기 시작한다.

한편으로는 '그 질문이 정말로 중요한가'에 대한 질문을 제기해야 한다. 만약 중요한 질문이라면 열의가 생겨난다. 그런 열의 없이 질문을 제기하는 것은 아무런 의미가 없으며 서로에게 부담만 줄 뿐이다. 차라리 다른 임무를 제대로 수행하는 편이 낫다.

이러한 새로운 사고의 과정에서 사장은 더 이상 '지시자'가 아니라 무언가를 불러일으키고 환기시키는 '환기자(evoker)'가 되어야 한다. 그럴 때 모든 관계자는 참여자가 된다. 수동적인 관계자를 열의 있는 참여자로 만드는 데 성공한다면 역동적인 조직, 기업가정신이 살아 있는 기업이 될 수 있다.

시간이 흐르면서 데엠의 이러한 근본 사상은 안정적으로 뿌리를 내렸고, 회사의 모든 간행물에도 표현되었다. 직원들은 기업에서 중요한 것이 무엇인지 확인할 수 있으며, 지금 무엇이 필요한지도 분명히 인식할 수 있다. 직원들이 스스로 인식하여 무엇이 중요한지 결정해나가는 것이 바로 핵심이다.

이 모든 새로운 흐름은, 어느 미니잡 직원과의 짧은 만남에서 비롯되었다. 그렇다고 해서 내가 그 다음 날 사내 연설을 통해 이 새로운 문화를 당장 설파한 것은 아니다. 모든 과정은 몇 년에 걸쳐 한 단계 한 단계씩 차례로 이루어졌으며, 그 길은 아직도 끝나지 않았다.

'균등한 발전'의
부작용

발전은 불연속적인 과정이다. 또한 단계를 역행하여 진행되지 않는다. 이것은 현대 발달심리학의 기본으로, 다음의 내용을 핵심으로 한다.

첫째, 인간은 지속적으로 배우는 것이 아니라 돌발적으로 배운다. 배움에 오랜 시간이 걸릴 수도 있고 빨리 진행될 수도 있으며, 독일의 통일처럼 갑작스럽게 이루어질 수도 있다. 다시 말해 배움이란 아무도 예측할 수 없는 것이어서 어느 순간 갑자기 우리는 배움의 한가운데 서 있게 된다.

둘째, 발전 단계를 역행할 수 없다. 달리기나 수영, 자전거를 한번 배운 사람은 이를 잊지 않고 평생 동안 할 수 있다. 연습을 소홀히 할 수는 있지만, 어떻게 하는지는 항상 알고 있다.

나의 경우, 결정적인 배움의 단계가 정확히 언제 시작되었는지를 말하기는 어렵다. 하지만 어느 날 경영자로서 나의 생각과 행동을 근본적으로 변화시킨 어떤 중요한 사실을 분명히 깨달았다.

대부분의 경영자들은 배나 자동차를 조종하듯이 조직의 발전도 조종할 수 있으리라 생각한다. 모든 것을 통제할 수 있다고 믿는 것이다. 나 역시 데엠 초창기에는 내가 회사의 성장 과정을 제어할 수 있을 거라 여겼다. 모든 매장을 어느 정도 획일화시켜서 같은 수준의 성장에 이르도록 하는 것이 내 목표였다. 하지만 그렇게 하기 위해서는 어느 정도의 가혹함이 필요했다. 고대 신화에 나오는 '프로크루스테스의 침대' 이야기처럼 말이다. 잔인한 악당 프로크루스테스는 밤길을 지나는 나그네들에게 자기 집에서 묵고 갈 것을 권했다. 그러고는 딱딱 쇠 침대에 사람들을 붙잡아 묶고서 키가 침대보다 길면 다리를 잘라냈고, 침대보다 작으면 억지로 잡아 늘렸다. 이러한 방식으로 수많은 경영자들이 직원을 원래부터 맞지 않는 도식에 억지로 밀어 넣으려 한다. 데엠 역시 초창기에는 모두가 끼워 맞춰야 하는 형식과 틀을 만들어놓고 조직의 세세한 부분까지 전부 제어하고자 했다.

하지만 우리는 성찰의 시기를 거치며 모든 것에 근본적으로 의문을 제기했고 '절대적인 요구'를 포기하는 법을 배웠다. 다시 말해 모든 데엠 매장을 형식적으로 균등하게 운영하려는 방식을 그만두었고 군대식 사고, 획일화, 열 맞춘 행진을 포기했다. 하르츠부르크 모델은 데엠에서 완전히 사라졌다.

살아 있는 것에 집중할 때 이런 과정은 필연적으로 일어난다. 식물이나 동물, 인간, 사회적 유기체 등 살아 있는 모든 것의 발전에는 그 누구도 직접적인 영향을 끼칠 수 없다. 그저 간접적인 도움만 줄 수 있을 뿐이다. 자신의 아이에게 목줄을 채워 끌고 다니는 사람은 없을 것이다. 그렇게 한다면 아이는 어떤 발전도 이뤄낼 수 없다. 누군가가 나서서 전반적인 여건과 토대를 조성할 수는 있다. 하지만 언제 어떻게 발전이 이루어지는지, 어떤 방향으로 나아가는지는 아무도 알 수 없다. 그렇기에 모든 경우의 수를 감수하며 견뎌야 한다.

대부분의 총수들은 직원이 위의 지시를 그대로 따르는 편이 더 편하다고 느낀다. '왼쪽으로'라고 하면 왼쪽으로 가고 '오른쪽으로'라고 하면 오른쪽으로 간다. 또 '차렷!'이라고 말하면 금세 차렷 자세를 취한다. 어떻게 보면 직원들 입장에서도 이 방식이 더 편할 수 있다. 만약 상사가 전지전능한 신이라면 이는 아주 훌륭한 방식일 것이다. 아무런 걱정을 할 필요가 없다. 하지만 상사도 약점을 가진 똑같은 사람인 경우에는 문제가 곧 생긴다. 머지않아 다른 생각, 혹은 더 나은 생각을 가진 사람들이 나타난다. 그리고 최선의 해결책을 찾으려면 서로서로 이야기해야 한다는 사실을 배우는 순간이 곧 찾아온다.

언젠가 오래 알고 지내던 인사 분야의 컨설턴트가 데엠에 사람을 한 명 추천했다.

"베르너 사장님, 데엠이 외부에서 인력을 고용하지 않는다는 건 잘 압니다만 아주 훌륭한 인재가 있어서요. 리들(Lidl)사에서 인정받던 분인데 지금은 영국에 거주하고 있습니다. 아들이 이제 취학할 나이가 되어서 다시 독일로 돌아오려 한답니다. 그 지원자가 꼭 데엠에서 일하기를 원한다고 하네요. 실력 하나는 확실한 사람이에요."

나는 그 컨설턴트를 신뢰했기 때문에 추천해준 사람에게 면접 기회를 주었다. 만나본 결과, 정말 뛰어난 사람이라는 인상을 받았다. 그는 일단 영업 부문에서 일을 시작하기로 했고, 이후 회사와 협력해나갈 방향을 계속 모색해보자고 이야기를 마무리했다.

그런데 얼마 지나지 않아 그 사람이 사직서를 제출했다는 소식이 들렸다. 곧바로 그에게 전화를 걸어 무슨 일인지 물었다. 그는 다음과 같은 이유를 들었다.

"사장님, 상황이 이렇게 되어서 정말 유감입니다. 솔직히 말씀드리자면, 데엠은 리들과 정말 다른 회사 같네요. 리들에서는 매장 직원들에게 뭔가 얘기를 하면 그대로 실행이 되었습니다. 그런데 데엠에서는 항상 지점장과 먼저 논의를 해야 해요. 여기서는 제 의견이 그리 중요하지 않다는 느낌을 받았습니다. 제가 늘 해명을 해야 하고, 납득시켜야 하고, 정확히 설명해야 해요. 그렇지 않으면 사람들이 제 말을 따르지 않습니다. 일을 갑자기 그만두게 되어 매우 죄송하지만, 이런 분위기는 더 이상 견디기가 어렵습니다."

그는 다시 리들사로 돌아갔다.

인센티브가 직원을 무력하게 만드는 이유

위의 이야기가 말해주듯이, 직원이 상사를 신뢰하는 것보다도 상사가 직원을 신뢰하는 일이 때로는 더 어렵다. 아마도 이는 상사가 머릿속에 잘못된 그림을 그리고 있기 때문일 것이다. 그들은 기업이 위계질서를 통해 세워진다고 생각한다. 경영자에게 자신의 회사를 그림으로 표현해보라고 하면 95퍼센트는 종이 위에 피라미드를 그린다. 그런데 나는 그러한 피라미드를 어느 기업에서도 본 적이 없다. 생각에서만 존재할 뿐, 그런 피라미드 구조라는 것이 실체하는 게 아니다. 위계질서란 호모 에코노미쿠스(Homo Economicus)처럼 하나의 관념이기 때문이다. 호모 에코노미쿠스를 실제로 본 사람도 아무도 없다.

기업은 위계질서가 아니라 과정이다. 눈을 뜨고 관찰해보면 회사의 어딘가에는 납품업체들이 드나드는 입구가 있다. 이는 일종의 '인풋 (input)'이라 할 수 있다. 한편에서는 열심히 일하는 직원들이 보인다. 이 직원들의 손을 거쳐, 앞서 납품되어 들어온 물건이 아주 신비로운 방식으로 탈바꿈한다. 또 다른 성실한 직원들, 또 다른 탈바꿈이 일어나는 제2, 제3의 생산 단계도 있을 것이다. 그리고 어느 순간이 되면 마지막 단계에서 최종 생산물이 태어난다. 바로 '아웃풋(output)'이다. 이 모든 일은 위에서 아래로 이루어지는 것이 아니라, 뒤에서부터 앞으로 이루어진다. 이 것은 하나의 과정이지 위계질서가 아니다.

그렇기에 우리는 '위계의식'을 '과정의식'으로 바꾸는 법을 배워야 한다. 위계의식이 지배하는 조직에서는 직원들의 시선이 항상 아래에서 위로 이동한다. '상사가 어떻게 생각할까? 어떻게 해야 상사가 마음에 들어할까?' 하는 생각만 가득하다.

반면에 '과정의식' 따르면 시선이 앞에서 뒤로, 뒤에서 앞으로 이동한다. 직원들은 이렇게 생각한다. '나는 어떤 인풋을 받는가? 이 인풋으로부터 무엇을 만들 수 있으며, 그것이 고객에게 어떤 도움을 줄 수 있을까?' 직원들이 수직적 관점이 아니라 이런 수평적인 관점을 유지할 때 고객의식이 생겨난다. 직원의 척도는 더 이상 상사가 아니라 고객이다. 어떻게 하면 고객의 욕구를 인지하고, 새로우면서도 만족스러운 답을 줄 수 있을 것인가에 집중한다.

기업의 규모가 어느 수준 이상으로 커지면 개별 직원이 더 이상 고객과 접촉할 일이 없어지는 경우도 많다. 하지만 고객은 회사의 외부만이 아니라 내부에도 존재한다. 바로 동료들이다. 우리의 동료는 변함없는 고객이

자 거래처다. 우리는 분업화된 세계 속에 살고 있으며, 경제란 서로를 위해 작용하는 것이다. 내가 내 일을 하는 이유는 언제나 누군가를 위해서다. 일을 완수하려면 그 대상에게서 시선을 뗄 수 없다. '동료는 최고의 고객이자 최고의 거래처'라는 모토는 그래서 중요하다.

그런데 직원이 고객으로부터 등을 돌리는 순간, 시선은 상사가 있는 위쪽으로 향한다. 상사는 나의 업무 평가나 성과급, 승진에 직접적으로 관여하는 존재이며 나를 계속 이끌어주는 사람이기 때문이다. 이런 분위기가 만연한 기업은 장기적으로 볼 때 성공하지 못한다. 그런 측면에서, 인센티브 제도는 아무런 효용이 없다고 나는 확신한다.

스위스의 경제학자 브루노 프라이(Bruno S. Frey)는 사람들이 더 많은 돈을 받을수록 일을 더 많이, 더 잘한다는 통념을 자신의 연구를 통해 반박했다. 이 연구에서 그는 금전적 보상이 일에 대한 내적 동기를 오히려 약화시킴으로써 역효과를 낳는다는 사실을 밝혔다. 연구에 따르면, S&P500(미국의 대표적인 주가 지수-옮긴이)에 포함된 기업의 경영진들은 일반 직원들과 비교할 때 지난 40년간 연봉이 엄청난 수준으로 인상되었다. 1970년에 경영자는 다른 직원들에 비해 평균 약 40배의 연봉을 받았으며, 2010년에는 그 격차가 약 325배로 급격히 늘어났다. 하지만 같은 시기, 기업의 '실적'에는 큰 변화가 없었다는 사실이 밝혀졌다.

프라이는 두 가지 이유를 들어 성과급에 반대한다. 먼저, 오늘날처럼 경제가 급변하는 시대에 성공을 이끄는 결정적 요인을 정확히 가려내기란 거의 불가능하다는 것이다. 내일은 어떤 요소가 유리하게 작용할지 확실히 예언할 수 있는 사람은 없다. 성과급 제도는 이분법적인 인과관계를 전제로 한다는 점에서 결코 미래지향적이지 못하다.

또 하나의 이유는, 대부분의 사람들은 일방적인 성과급 지급 기준에 동의하지 않는다는 사실이다. 현실을 잘 모르는 상사들이 일률적으로 정해놓은 기준에 부합하기 위해 직원들은 많은 시간과 에너지를 투자한다. 최대의 관심사는 '어떻게 해야 나에게 유리할까'이다. 다른 중요한 대상에는 소홀해질 수밖에 없다. 자신이 하는 일이 어떤 보상을 가져올지 수시로 점검하고 계산하며, 심한 경우 보상과 직결되는 일만 처리하게 된다. 제시된 과제를 창의적으로 해결하기 위한 노력은 더 이상 하지 않는다.

그렇기 때문에 성과급은 본래의 업무를 바라보는 시각을 흐리게 만들며, 오히려 능률과 성과를 방해할 수 있다. 자신이 무엇을 위해 어떤 일을 하는지 잊는 것이다. 스스로를 일에서 소외시키는 셈이다. 그 결과 일을 할 동기도, 에너지도 결핍된다. 오로지 월말에 받을 급여명세서나 성과급만을 생각하며 일하는 사람은 최선을 다해 업무를 수행할 수 없다. 그저 자신이 받을 보상에 불이익이 생기지 않을 정도로만, 최소한의 시간을 들여 일을 끝마치려 한다.

무수한 심리학 연구와 실험들은 자신의 일이 '왜', 그리고 '무엇'을 위해 필요한지 아는 사람이 진정한 성과를 거둘 수 있음을 입증한다. 일의 의미를 확신할수록 사람들은 더 적극적이 되며, 때로는 놀라운 수준의 성과에 도달하기도 한다. 그리고 이 과정을 통해 직원은 본인의 능력을 뛰어넘어 훌쩍 성장하게 된다. 그들이 최고 성과를 낼 수 있는 이유는 단순하다. 그 성과가 어떤 상황에 정말로 필요했기 때문이다. 많은 심리학 연구에 따르면, 급여보다도 사람들이 더 중요하게 여기는 것이 바로 '관계'다.

간단히 말하면 '의미가 돈을 이긴다'. 공동체는 급여보다 중요하다. 나로서는 이것이 너무도 자명한 진리다. 경제란 서로를 위해서 작용하는 것이기 때문이다. 개인은 공동체의 성과를 위해 기여하며, 여기에 노동의 결실이 따라온다. 이에 대한 보상으로 인간에게 주어야 할 것은 존중이다. 돈은 보상으로서 필요한 것이 아니다. 단순히 사람이 살아가기 위해서 필요할 뿐이다. 또한 일은 사람들이 스스로를 계발하고, 자신을 뛰어넘어 성장하기 위해 존재한다.

그래서 직원을 채용할 때 가장 중요한 점은, 그 사람이 정말 하고 싶은 업무를 맡기는 것이다. 자신의 일을 제대로 수행하기 위해서는 그 일과 하나가 되어야 하며, 하나가 되고자 해야 한다.

회사가 급여를 지급하는 이유는 직원들이 일을 '해냈기' 때문이 아니라 '해낼 수 있기' 때문이다.

'노하우'에서 '노와이'로 ————···

언젠가 물리학 교수 막스 튀르카우프(Max Thürkauf)의 강연을 들은 적이 있다. 환경 문제에 관한 강연이었지만, 핵심 메시지는 기업의 경영에도 충분히 적용할 수 있는 것이었다. 즉, 우리 사회에서 정작 중요한 것은 '노하우(know-how)'가 아닌 '노와이(know-why)'라는 것이다. 왜, 그리고 무엇을 위해서 우리는 그 일을 하는가? 이는 경영자가 제기해야 할 가장 중요한 질문이다.

우리 대부분은 노하우에 집중하지만 노와이는 그보다 훨씬 중요하다. 노와이를 묻는 사람은 예산이나 이익이 아닌 사업의 목표, 사업의 의미에 몰두한다. 그런 기업에서 이루어지는 모든 논의와 대화는 차원이 다르다.

기술, 즉 행위에 관해 주문할 때는 잽싼 손놀림을 요구한다. 이러한 기술은 얼마든지 배울 수 있고 훈련할 수 있다. 누군가에게 요구할 수 있는 가장 작은 것이라 할 수 있다. 기술적으로 뛰어난지 아닌지는 혼자서도 판단할 수 있다. 경영진은 결과와 목표치, 업무계획표 등을 다른 누군가와 함께 검토할 필요가 없다. 문맹만 아니라면 충분히 독해할 수 있기 때문이다. 우리가 끊임없이 물어야 하는 문제는 그것을 넘어선 의미와 목표다. 왜, 그리고 무엇을 위해 우리가 그 일을 하는가? 우리가 나아가야 할 방향을 알려주는 북극성은 어디에 있는가?

북극성은 목표 그 자체가 아니다. 우리는 북극성을 향해 직선으로 나아갈 수 없다. 하지만 북극성은 우리가 망망대해를 항해할 때, 일상의 어려움을 겪을 때, 경쟁이라는 거친 바다를 헤엄칠 때 방향을 제시해준다. 엄밀히 생각해보면 인간은 오로지 두 가지를 추구한다. 바로 목표하는 방향과 의미다.

나의 행위는 의미를 생성해야 한다. 나는 인간으로서 나를 뛰어넘어 성장하기를 원한다. 누구나 태어났을 때와는 다른 사람으로서 죽음을 맞이하고 싶어 한다. 인간은 그저 자극에 반응하도록 결정된 존재가 아니다. 훨씬 더 많은 결과를 이룰 수 있는, 발전 가능한 존재다. 또한 인간은 타인이 자신을 필요로 할 때에만 자신의 존재를 풍요롭게 만들 수 있다. 그렇기에 우리는 자신을 위해서 일하는 것이 아니라 늘 다른 사람들을 위해서 일한다. 그런 점에서 경영자는 다음과 같은 질문을 제기해야 한다.

"왜 다른 사람들이 우리를 필요로 하는가?", "왜 우리의 일은 소중한가?", "고객들에게는 왜 우리 매장을 찾는 일이 중요한가?"

이것은 양적인 것이 아니라 질적인 것에 관한 문제다. 양적인 것은 생각의 여지를 좁게 만들지만 질적인 것은 가능성을 열어준다.

돈과 수치에 대한 맹신이 우리를 얼마나 비뚤어진 방향으로 이끌 수 있는지 잘 보여주는 사건이 데엠에서도 일어난 적이 있다. 언젠가 본부에서 각 매장의 전화 요금을 검토하는데 뭔가 이상한 점을 발견했다. 지점마다 차이가 너무 심했던 것이다. 한 달 전화요금이 40마르크가 넘지 않은 매장들이 있는가 하면, 250마르크를 가볍게 넘기는 매장도 있었다. 혹시 일부 직원들이 전화로 너무 오래 잡담을 하는 건 아닌가 하는 의심이 들었고 뭔가 조치를 취하기로 했다.

이번에도 우리는 알디사를 참고로 하여 전화요금의 상한선을 정했다. 그리고 이제부터 모든 매장의 전화 요금이 160마르크를 넘지 않도록 하라는 지침을 내렸다. 그 결과, 전혀 예상치 못한 상황이 벌어졌다. 그전에 전화요금이 40마르크 정도였던 매장들의 통화량이 갑자기 증가해서 160마르크 수준에 도달한 것이다. 설상가상 전화 요금이 250마르크 이상이었던 매장들은 변화가 미미했다.

그 결과는 정말이지 '피로스의 승리(패전이나 다름없는, 실속 없는 승리를 가리킴-옮긴이)'라 할 만했다. 새로 도입한 원칙이 기준이 되는 바람에, 결과적으로 더 많은 비용만 지출하게 된 것이다. 전화요금을 많이 내던 매장에서 통화량을 줄이려 노력할 수도 있겠지만, 그게 의미 있고 필요한 일이라서가 아니라 그저 예산이 그렇게 책정되었기 때문일 것이다.

이처럼 노하우만을 고민하면 각 과정이 더 효율적으로 작동할 것 같지만, 결과적으로 기업은 본래의 의미를 빼앗기고 만다. 그렇기에 기업은 직원을 신뢰하는 법을 배워야 한다. 직원들이 무언가를 할 때(전화 통화를 포함하여) 왜, 그리고 무엇을 위해 하는가를 안다면 스스로 가장 적절한 방법을 찾을 것이다. 목표에 이르는 길은 실로 다양하게 존재한다.

수많은 기업이 항상 노하우에 대해서만 이야기한다. "회사가 나아가고자 하는 방향은 무엇입니까?"라는 질문에 대부분은 이렇게 답한다. "우리는 2년 후까지 두 배로 성장하고자 합니다." 혹은 "우리는 20퍼센트 성장을 목표로 삼고 있습니다." 이것은 어리석은 대답이다. 성장은 목적 자체가 아니다. 우리가 일을 훌륭하고 수행하고 의미 있게 만든다면, 다시 말해 사람들이 그 일을 필요로 하게 된다면 기업은 필연적으로 성장하게 되어 있다.

"회사가 나아가고자 하는 방향은 무엇입니까?"라는 질문에 유일한 합리적인 대답은 이것이다. "저는 기업을 더 훌륭하게 만들고자 합니다." 그러면 다음과 같은 질문이 이어질 것이다. "무엇을 더 훌륭하게 만들 수 있을까요?" 그렇게 되면 우리는 질적인 영역에 저절로 들어서게 된다. 그리고 이미 최고의 성과를 추구하고 있는 것이다.

매장에 들어왔는데 고객이 한 명도 보이지 않는다면 어떻게 해야 할까? 선반에 진열된 상품이나 금전출납부를 점검해봤자 소용없다. 판매지

수를 묻는 것도 의미 없는 일이다. 손님이 없다는 사실은 모든 직원이 눈으로 직접 보아 알고 있다. 길거리에는 지금도 수천 명의 사람들이 있는데 왜 우리 매장에는 고객이 없는지를 직원에게 물어야 한다. 바로 이런 질문을 던져야 한다. "어떻게 하면 우리가 유익한 일을 할 수 있을까요?", "어떻게 하면 고객들이 우리 매장에서 물건을 사고 싶도록 만들 수 있을까요?"

우리 매장에 오는 모든 고객들은 최소한 두 곳 이상의 경쟁 업체를 지나친다. 비슷한 물건을 가까운 곳에서 살 수도 있는데 더 멀리 떨어진 이곳까지 찾아온다. 때로는 비가 오는데도, 4차선 도로를 건너야 하는데도, 잠든 아이가 탄 유모차를 밀어야 하는데도 그 모든 수고를 감수한다. 그리고 스스로 그렇게 하는 이유를 정확히 알고 있다.

그런데 마침내 데엠에 도착한 고객에게 뜻밖의 문제가 생긴다. 열쇠를 가진 직원이 지각을 해서 매장이 아직 문을 열지 않았다. 혹은 직원이 제때 물건을 주문하지 못해서 재고가 떨어졌다. 고객의 모든 수고가 물거품으로 돌아가는 불상사다. 매장을 철저하게 관리하는 이유는 바로 이런 사고를 막기 위해서다. 우리는 무엇을 위해 데엠에서 일하는가? 고객이 만족하도록 만들기 위해서다. 그것이 바로 이유다.

여기서 핵심적인 질문을 던질까 한다. 우리는 성공적인 회사를 원하는가, 아니면 그저 확실한 일자리를 원하는가?

압박 경영이 아닌
소용돌이 경영을

———— ···

수많은 기자와 학자, 경영자들이 '데엠에는 정말 성과급 제도가 없느냐' 고 묻는다. 나는 매번 똑같은 답을 내놓는다.

"우리 데엠은 성과급 제도를 실시한 적이 한 번도 없습니다."

이렇게 생각하는 사람도 있을 것이다.

"저런, 성과급 제도가 있었다면 데엠은 아마 세 배쯤은 더 크게 성장했을 텐데."

어쩌면 맞는 말일 수도 있다. 데엠이 성과급 제도를 도입했다면 경제적으로 더 큰 성장을 이뤘을지도 모른다. 하지만 나는 지금의 원칙을 앞으로도 결코 바꾸지 않을 것이다. 그 이유는 바로, 사람은 수단이 아니라 목적이기 때문이다.

누군가를 더 효율적이고 생산적으로 만들겠다는 목적을 가지고 접근한다면 그 사람은 수단이 되고 만다. 이는 사람을 조종하는 것일 뿐 '경영'이 아니다. 그 사람이 본래부터 전혀 원하지 않던 어떤 것을 하게 만들고, 심지어 그것을 원했다고 믿게끔 만드는 일이다. 이 얼마나 야비한 짓이며 인간을 경멸하는 행위인가!

나는 이래서는 안 된다고 믿는다. 우리의 생각을 완전히 바꾸고, 사회의식의 틀을 전환해야 한다. 프랑스 혁명이 일어나고 인권선언이 채택된 이후, 모든 인간이 평등하다는 사실은 상식이 되었다. 하지만 우리의 행동은 아직도 인식을 따라가지 못한다. 아직도 수많은 경영진들은 직원을 마치 노예처럼 대한다. 지난 시간 동안 계속된 인류의 발전이 무색할 정도다.

경제란 서로를 위해서 작용하는 것이다. 인간은 목적이다. 그렇기 때문에 오늘날의 경영은 직원들에게 더 이상 '무엇이 어디에 있는지'를 제시하는 형태여서는 안 된다. 현대식 경영은 '어떻게'라는 질문이 아니라, '왜, 무엇을 위해서'라는 질문에 답해야 한다. 사람들이 목적의식을 가진다면, 무엇이 중요한지를 안다면, 저마다의 상황에 알맞은 자기만의 길을 이미 발견한 셈이다.

경영자는 조련사가 아니다. 개한테 점프 훈련을 시킬 때처럼 소시지를 코앞에서 흔드는 식의 경영은 제 역할을 할 수 없다. 경영이란 '압박감을 조성하는 일'이라 생각하는 경영자들이 많다. 완전히 잘못된 생각이다. 경영자는 압박감이 아닌 소용돌이를 일으켜야 한다. '의미'에는 믿을 수 없을 정도로 큰 힘이 있으며, 사람을 움직이는 놀라운 효과가 숨어 있다.

6

작은 바코드 한 줄이 어떻게
방대한 소매업계를 좌우하는가?

●

이성적으로 행동하는 유일한 사람은 나의 재단사뿐이다.
그는 나를 만날 때마다 치수를 새로 측정한다.
반면에 다른 모든 사람들은 늘 옛날 치수를 갖다 대면서
지금도 여전히 맞을 거라고 생각한다.

_조지 버나드 쇼(George Bernard Shaw)

●

'리테일'은 곧
'디테일'이다

——— ...

매일 물건을 사면서도 상품의 유통 과정이 어떻게 이루어지는지를 깊이
생각하는 사람은 드물 것이다. 상거래란 원리만 놓고 보았을 때 아주 단
순하다. 물건을 매입하여 선반에 올리고 판매하면 끝이다. 하지만 모든
거래에는 저마다 차이가 존재한다. 두 사람이 같은 물건을 거래한다 해도
그것은 이미 똑같지 않다. 일례로 1970년대와 오늘날의 거래 사이에는
하늘과 땅만큼의 차이가 있다.

만약 나의 아버지가 지금 사람들이 어떤 식으로 물건을 사는지 알았다
하더라도, 요즘 젊은이들을 이해하지는 못했을 것이다. 요즘 젊은 층은 매
대에서 물건을 집어든 다음 휴대폰을 바코드 가까이로 가져간다. 그런 다
음 인터넷 검색을 통해 더 싸게 파는 곳이 있는지를 순식간에 알아본다.

아버지의 드러그스토어에서는 대부분 포장되지 않은 상품을 팔았다.
차를 팔 때는 손님이 원하는 만큼 덜어서 종이 봉지에 담은 다음 저울에
올려서 손수 가격을 계산했다. 가격고정제 때문에 브랜드 상품들은 가격
이 정해져 있었고, 따라서 손님들은 어느 가게에 가든 브랜드 상품을 살
때는 똑같은 금액을 지불했다. 계산 자체는 간단했을지 몰라도, 아버지는
하루에 얼마를 벌었는지 확인하기 위해 매일 저녁마다 금고에 들어 있는

돈을 세어야 했다. 그렇게 하더라도 총 액수만 알 수 있을 뿐, 무엇을 얼마나 판 것인지는 알지 못했다. 고객들이 샤워 젤을 더 많이 샀는지 목욕소금을 더 많이 샀는지 확인하기 위해서는 물건을 판매할 때마다 일일이 기록한 다음 저녁때 합산을 하든가, 아니면 규칙적으로 선반을 확인해서 어느 선반의 상품이 더 많이 줄었는지 들여다보는 수밖에 없었다. 두 가지 방법 모두 상당히 번거로웠다. 상품의 가짓수가 100개만 넘어도, 바위를 산꼭대기로 끝없이 밀어 올려야 하는 시시포스(그리스신화에 나오는 왕으로 신들을 속인 대가를 치렀다-옮긴이)의 임무처럼 고단해졌다. 그렇기에 어느 상인도 모든 것을 세세히 기록할 엄두를 내지 못했다. 고작 애프터 쉐이브 스킨 29병과 치약 17개를 팔았다는 사실을 알아내기 위해 일일이 기록한다는 것은 너무 지나친 수고였다.

게다가 이러한 수치 자체는 큰 가치가 없다. 판매 추이를 알려면 전년도 수치와 비교를 해야 한다. 또한 어떤 상품이 매상에 가장 큰 기여를 했는지 확인하기 위해서는, 도매가격과 판매가격의 차를 계산해서 수익을 산출한 다음 여기에 판매된 상품의 수량을 곱해야 한다. 그밖에도 많은 사항들은 개인적인 경험을 통해 파악할 수밖에 없다. 이를테면 마이어 부인은 이 물건을 좋아하고, 뮐러 씨는 저 물건을 좋아한다. 슐츠 부인은 항상 비싼 물건을 사고, 발츠 씨는 반대로 항상 가장 저렴한 물건을 고른다. 상인은 자신의 직관에 따라 선반에 어떤 물건을 올려놓을지 결정한다. 해마다 재고 조사와 결산을 한다고 해도, 최종적으로 어떤 물건으로 어느 정도의 수익을 얻었는지 알 수 없다.

오늘날 이런 답답한 방식으로는 더 이상 사업을 할 수 없다. 이제 데엠 매장에서 파는 상품의 품목은 약 1만 2,500종에 달하며, 다른 업체와 단 몇 센트 차이로 경쟁을 벌이고 있다. 소매상인이 살아남을 수 있는 이유는 어떤 물건을 언제 얼마에 팔았는지를 아주 정확하게, 그것도 클릭 한 번으로 알 수 있기 때문이다. 컴퓨터를 통해 데이터를 취합하여, 매주 어떤 특가 상품을 내놓을지 최대한 효율적으로 판단해야 한다.

우리가 독일에서 첫 데엠 매장을 열었을 때 이것은 까마득히 먼 이야기였다. 어떤 상품이 '베스트셀러'이고 어떤 상품이 '워스트셀러'인지 정확하게 파악한다는 것은 상상할 수 없는 일이었다. 고객의 개인적인 소비 행위에 대한 상세한 정보를 확보하고 활용한다는 것, 그리고 이에 관한 법규가 시행된다는 것은 공상과학 영화나 다를 바 없었다. 이런 모든 정보를 활용한 결과, 물건의 납품에서부터 고객에게 판매되기까지 걸리는 시간이 24시간이 채 안 된다는 것은 더더군다나 유토피아 같은 이야기였다. 4만 개의 각종 물품을 구비한 5,000제곱미터의 대형 매장 이야기처럼 말이다.

수많은 물품이 가득 쌓인 오늘날 상점들의 어마어마한 규모, 가장 적게 팔린 상품의 수량도 상세히 파악할 수 있는 정보력. 이 두 가지 요소는 서로 뗄 수 없는 완벽한 짝을 이룬다. 가장 성공한 상인 중 하나이자 월마트 (WalMart)의 창시자인 새뮤얼 뮤어 월튼(Samuel Moor Walton)의 말을 인용해서 말하자면 "리테일(retail)은 곧 디테일(detail)"이다.

나는 처음부터 이런 상세한 정보의 필요성을 강하게 느꼈다. 그래서 언제나 정확히 알고자 했다. 우리는 실제로 얼마나 많이 판매하고 있는가? 그 특정 시기는 언제인가? 이것을 알아야만 똑똑한 상품관리 시스템을 구축할 수 있다.

유통업의 성공은 적절한 장소를 선택하는 데서 시작한다. 장소가 어디 나에 따라 잠재 고객이 달라지기 때문이다. 고객을 끌 수 있는 매력적인 품목도 중요하다. 즉 고객이 필요로 하는 상품을 제공해야 한다. 고객은 적은 돈을 내고서 그런 매력적인 품목을 구입할 수 있어야 한다. 말하자면 고객이 기꺼이 지갑을 열 수 있을 정도의 가격으로 제공해야 한다. 하지만 최적의 장소, 최적의 품목, 최적의 가격을 조성한다 해도 물건을 제대로 조달하지 못한다면 아무 소용이 없다. 고객은 상품이 열 개 필요한데 가게에는 세 개뿐이라면 더 이상 손님을 끌 방법이 없다. 최적의 상품을 최적의 가격에 최적의 장소에 제때 제공하는 것. 이 요건이 바로 성패를 가른다.

상업 분야에서는 '똑똑한 상품관리'라는 용어를 흔히 사용한다. 성공이란 최소의 매출원가로 최고의 매상을 올린다는 의미다. 상품 회전이 느리면 자본이 불필요하게 묶인다. 상품이 다시 활발히 회전하도록 하고 새로운 제품의 판매를 촉진하기 위해서는 다량의 재고품을 먼저 내놓아서 일단 팔아 치워야 한다. 상품 회전이 빨라야만 자본이 상대적으로 적게 묶이고, 고객의 수요에 유동적으로 대응할 수 있다.

데엠에서 파는 품목은 기본적으로 다른 상점에서도 구입할 수 있다. 시장이 투명하기 때문에 소매상 사이의 경쟁은 대부분 비용과 상품 구성 부분에서 벌어진다. 체인스토어 기업의 노하우는 한마디로 입지와 상품을 결합하는 데 있다.

체인스토어 기업의 이런 치열한 구조 때문에 매장이 점점 늘어날수록 상황을 조망하기가 점점 더 어려워진다. 그래서 전체를 통찰할 수 있는 수단은 갈수록 더 중요해진다. 매장의 선반에서 누군가가 물건을 집어 들어 계산을 하면, 창고에 물품이 자동적으로 추가 주문되는 시스템이 대표적인 방법이다. 이와 같은 정보 사슬에서 최초의 시작점은 바로 계산대라 볼 수 있다. 그렇기 때문에 계산대는 상업적 이익의 중심이 된다.

바코드 시스템, ————...
괴짜들의 모험에서 시작되다

최초의 스캐너 계산대는 1970년대에 미국에서 등장했다. 1973년 아이비엠(IBM)사가 시제품을 개발한 지 4년 만에 독일에서도 스캐너 계산대를 사용하기 시작했다. 1982년 독일에는 스캐너 계산대를 갖춘 기업이 66곳이었고, 3년 후에는 약 700개 이상의 기업으로 증가했다. 하지만 실제 현장에서 이러한 혁신이 확고한 기반을 갖추기까지는 시간이 더 오래 걸렸다. 알디쥐트(Aldi Süd)사에서는 2000년 이후에야 비로소 스캐너 계산대를 도입했고, 알디노르트(Aldi Nord)사는 2003년 이후에야 이 시스템을 시행했다.

　스캐너 계산대는 계산원의 일을 한결 수월하게 만들어주었다. 그 이전에 계산원들은 모든 제품의 가격을 머릿속에 기억하고(확실하지 않을 때는 가격 목록을 들춰 보고) 키보드를 손으로 직접 눌러서 숫자를 입력해야 했다. 스캐너 계산대가 도입된 후로는 계산 과정이 훨씬 간편하고 빨라졌다. 하지만 스캐너가 가격을 자동적으로 인식하기 위해서는 상품에도 이에 부합하는 표식이 있어야 한다. 현재 독일의 경우 모든 제품의 약 80퍼센트, 식료품의 경우 무려 98퍼센트에 바코드가 부착되어 있다. 하지만 기업들이 처음 이 방식을 도입하기까지는 오랜 시간이 걸렸다.

문제는 누가 먼저 시작을 하느냐였다. 이는 마치 닭이 먼저냐, 달걀이 먼저냐 하는 문제와도 같았다. 제조업계에서는 스캐너 계산대를 도입한 몇 안 되는 상점을 위해 포장 겉면의 소중한 광고 공간을 허비하지 않겠다고 선언했다. 한편 상점 측에서는 바코드가 부착된 몇 안 되는 상품을 위해 비싼 스캐너 계산대에 투자하지 않겠다고 말했다. 대담하면서도 괴짜 같은 몇몇 선구자가 필요했다. 마침내 1977년 7월 1일, 각종 향신료를 판매하는 부퍼탈의 비히아르츠(Wichartz)사에서 처음으로 향신료 포장지에 바코드를 부착했다.

나는 바코드 시스템에 처음부터 즉시 수긍했다. 데엠에서는 이미 1978년부터 이른바 POS(point-of-sale) 시스템, 즉 판매시점정보관리 시스템(팔린 상품에 대한 정보를 판매시점에 즉시 기록함으로써 판매 정보를 온라인으로 집중 관리하는 체계-옮긴이)에 집중했다. 1979년에 첫 스캐너 계산대를 시범적으로 설치했고, 1982년까지 여섯 대를 더 추가했다. 이 스캐너 계산대는 세 곳의 제조사를 통해 제작한 것으로, 네 가지 종류의 시스템을 갖추고 있었다.

당시에는 무척이나 값비싼 기술이었기 때문에 회사로서는 엄청난 규모의 투자를 해야 했다. 하지만 나는 스캐너 계산대의 전망이 밝다고 확신했다. 초기에 독일 전역의 납품업체 중역과 사장들을 찾아다니면서 제품에 바코드를 부착해달라고 얼마나 열심히 설득을 했는지 모른다. 바코드 시스템은 1980년대 중반이 되어서야 상용화되었다. 그때까지 우리는 이른바 '매장 내 표기(Instore-Auszeichnung)' 방식을 개발하여 임시변통을 하곤 했다. 즉, 각 상품에 매장 자체의 여덟 자리 숫자를 부여하고 바코드를 표기한 다음 스캐너로 읽을 수 있도록 한 것이다. 자체적으로 바코드 시스템을 도입한 셈이다.

1982년 말에 우리는 아이비엠사의 시스템을 채택하기로 결정했다. 데엠은 곧바로 '100만 바이트', 즉 1메가바이트 용량의 디스켓을 적재할 수 있는 스캐너 계산대를 자랑스럽게 광고했다. 지금이야 그 정도는 손목시계 성능에도 미치지 못할 테지만 당시에는 그야말로 하나의 센세이션이었다.

우리는 이렇게 수집한 데이터를 활용하기 위해 당시 사용하던 컴퓨터에 고유 프로그램을 적용했고(요즘 휴대폰과 비교하면 계산 기능이 1,000분의 1 정도 될 것이다) 이익과 손실 등을 최종적으로 도출해냈다. 이제 우리는 자동화된 시스템을 통해서, 언제 무엇을 사들이고 언제 팔았는지 추적할 수 있게 되었다. 이것이 데엠에서 이루어지는 모든 업무의 전 과정을 관리하는 근간이 되었고, 이러한 방식은 곧 독일 유통업계에서 본보기가 되었다.

데엠 '민주주의 경영'의 뿌리,
프로젝트 그룹

데엠은 우리만의 전형적인 방식으로 기술을 도입해나갔다. 당시는 아직 정보기술(IT) 부서가 없던 시절이었다. 그런 분야의 전문가도 있을 리 없었다. 그래서 우리는 먼저 작은 프로젝트 그룹을 꾸려 계산대와 상품 관리에 관한 문제를 익히도록 했다. 직원들 역시 해결책을 함께 찾는 역할을 맡았다. 그러기 위해서는 서로 단결하여 조직적으로 움직여야 했다. 이런 프로젝트 그룹은 데엠 특유의 업무 진행 시스템으로, 지금은 다양한 분야에 활발히 적용되고 있지만 초창기의 프로젝트 그룹은 오로지 데엠 자체의 정보기술 시스템에 몰두했다. 직원교육이나 리더십, 알나투라 제품의 도입 등에 관한 내용은 33번 프로젝트부터 시작되었다.

우리가 다양한 프로젝트를 통해 배운 것은 단편적인 내용에만 그치지 않는다. 시간이 흐르면서 프로젝트를 관리하는 방식도 체계화할 수 있었다. 지금까지도 데엠은 일상적인 업무 이외의 과제(마케팅 전략이나 조직 구조 변경을 포함한)는 프로젝트 그룹을 통해 처리한다. 예를 들면 이런 식이다. 누군가가 새로운 아이디어가 떠오르면 함께 일할 사람들을 모아서 프로젝트 팀을 결성한다. 이때 항상 두 부류의 사람들이 참여한다. 해당 분야에 전문적인 능력을 갖고 있는 사람들, 그리고 이 프로젝트 작업을 통해 무언가를 배울 수 있는 사람들이다.

모든 프로젝트를 시행할 때는 출발점과 목적지를 분명히 정하며, 다양한 단계에 걸쳐 진행한다. 처음에는 '프로젝트 업무일지'에 과제의 특성을 규정하고, 프로젝트의 목적과 전제 조건, 변경되어야 할 사항 및 도출해야 할 결론 등에 관해 기술한다. 프로젝트의 각 단계를 진행하는 동안 이러한 사항들은 계속해서 구체화된다. 프로젝트 미팅을 할 때마다 회의록을 작성하며 프로젝트에 투입되는 시간과 비용을 정확히 산정하고 관리한다.

프로젝트가 진행되는 동안 서너 차례에 걸쳐 사내에 진척 사항을 공개하는데, 이를 위해 한 달에 한 번 프로젝트 행사를 마련한다. 각각의 프로젝트 그룹이 발표 날짜를 등록하면 관심 있는 사람은 누구나 와서 들을 수 있다. 보통은 해당 업무와 관련된 매장 직원들이 주로 참석한다.

프로젝트의 수명은 '리뷰 포인트(review points)'라는 시점에 도달하면서 결정된다. 이때 각 프로젝트 그룹이 도출한 답을 실제로 모든 매장에 적용할지가 결정된다. 그 전까지는 데엠 매장과 완전히 별개의 문제로 다루던 과제였지만, 이 시점부터는 각 매장에서도 중요한 사안이 된다.

프로젝트에 참여하는 인원은 작업 규모에 따라 네다섯 명 정도일 때도 있고 열 명이 될 때도 있다. 회사는 모든 직원들이 프로젝트에 참여할 수 있도록 독려한다. 내부 직원은 물론이고, 필요할 경우에는 납품업체나 협력업체 등 외부 직원들도 참여할 수 있다. 이 과정에서 서로가 서로에게서 배우며, 어떤 교차 지점에서 문제가 발생하는지를 신속히 파악할 수 있다.

수납장부터 2,000억 물류센터까지 ———— …
직접 결정한다

81번 프로젝트는 '친환경세제 수납장, 청소 도구 및 세탁용품 수납장의 도입'과 관련된 프로젝트였고, 191번 프로젝트는 '직불카드를 이용한 비현금 결제'가 주제였다. 가장 규모가 컸던 경우는 '데엠286. 데엠 드러그 스토어를 위한 추가 유통센터 설립과 운영'이라는 제목의 프로젝트였다. 1990년대 말 실시한 이 프로젝트의 결과, 새로운 물류센터를 짓기 위해 1억 5,000만 유로(약 1,923억 원)라는 금액을 투입했고 이후 더 많은 비용이 추가되었다.

동료 미하엘 콜로지에와 나는 스캐너 계산대 프로젝트에 직접 참여했고, 에리히 하르쉬(Erich Harsch)도 곧이어 동참했다. 이 프로젝트를 주도한 미하엘 콜로지에는 마침 완전자동 처리 방식에 골몰하던 중이었다. 그는 물류의 입하와 판매 과정을 정확하게 추적하겠다는 일관된 목표에 수년간 매진했다. 그리고 회사 전체의 구조와 재고품의 흐름을 주시함으로써, 특정 알고리즘에 따라 재고가 적은 매장이 물품을 최대로 납품받을 수 있도록 조치했다.

그는 1976년, 데엠에 첫 구역담당자 중 한 명으로 입사했다. 경영학을 전공한 후 호르텐(Horten)사에서 경력을 쌓았고 젊은 나이에 고위직에 오른 인재였다. 우리 회사에 오게 되면서 고급스러운 마호가니 책상과 멋진 차를 낡은 푸조(Peugeot) 차로 맞바꿨으며, 처음에는 자기 사무실조차 없이 시작했다. 그런 선택을 한 이유는 오직 뭔가를 이뤄내고 발전시키는 데서 즐거움을 느꼈기 때문이다. 데엠에서는 처음부터 그에게 뭔가 새롭게 시도할 수 있는 기회와 여지를 보장해주었다. 미하엘은 스스로 말하기를, 만약 호르텐사에 계속 있었다면 중역 자리까지 오르지 않는 한 어떤 한계를 벗어나지 못했을 것이라고 한다. '맡은 임무만 수행하는 작은 연결고리' 역할에 그쳤을 것이라는 이야기다.

우리 회사와 처음 면접을 보았을 때 이야기를 그는 지금도 종종 꺼내곤 한다.

"제가 데엠에서 무슨 일을 해야 할까요?"

미하엘 콜로지에가 물었을 때 나는 이렇게 답했다.

"할 수 있는 일 전부 다요. 언제부터 일을 시작할 수 있습니까?"

"1년 후부터 가능합니다."

"좋아요, 그럼 1년 후에 오세요. 당신 자리를 늘 비워두겠습니다."

나로서는 1년을 기다린다는 것이 큰 문제가 아니었다. 사실 면접을 했던 그날보다도 1년 후 우리 회사에 그 같은 사람이 훨씬 더 절실히 필요하리라는 사실을 잘 알고 있었다. 실제로 그는 신생 기업 데엠에서 생각지 못했던 많은 일들을 하게 되었다. 시간이 지나면서 미하엘은 청구서 관리와 회계, 재정 등 데엠의 거의 모든 영역을 망라했다. 전자정보처리 시스템을 함께 구축했고, 마케팅 분야에서도 많은 성과를 이루었으며, 이후에는 전체 물류시스템을 발전시키는 역할을 했다. 그는 빠른 기간 동안 매니저를 거쳐 임원으로 승진했다.

신입사원 팀장과
이사진 팀원들

스캐너 계산대 프로젝트에 합류한 세 번째 사람은 에리히 하르쉬였다. 1981년에 오스트리아에서 카를스루에로 온 그는 새파랗게 젊은 청년이었다. 고등학교 졸업 후에 네 학기 동안 대학에서 법학을 공부했지만 '규칙에 얽매이는 것'에 거부감을 느꼈다. 그렇게 직업적으로 아무런 훈련도 받지 않은 상태에서 오스트리아 데엠에 취직했다. 그는 어떻게든 일이 하고 싶었고, 무엇보다 자신에게 맞는 일을 찾고자 했다. 에리히는 데엠에서 전자정보처리 분야의 업무를 신속하게 익혔고, 1992년에 데엠 정보통신기술 자회사인 필리아다타(Filiadata)의 사장직에 올랐다. 그와 동시에 데엠 이사회의 일원이 되었고 2008년 이사회 회장으로 선출되었다.

하지만 1981년에 우리는 이 스무 살의 애송이가 어떤 모습으로 성장할지 알 수 없었다. 그래서 처음에는 간단한 일부터 맡겼다. 당시에는 문서판독기라는 것이 있었는데, 문서를 자동으로 읽고 내용을 파악하여 데이터 테이프로 전송하는 기계였다. 문서판독기를 사용하려면 먼저 연필로 글씨를 반듯하게 써서 기입해야 했는데, 정확도는 늘 100퍼센트에 도달하지 못했다. 그래서 에리히 하르쉬는 처음 세 달 동안 문서판독기 옆에 앉아서 기계가 숫자를 판독하지 못해 멈출 때마다 수작업으로 수정하는 일을 했다. 그로서는 상품관리 분야를 처음으로 접하게 된 기회였다. 문서에는 각 매장에 그때그때 입고된 물품에 대한 내용, 이를테면 상품번호나 입고 수량 등이 적혀 있었다. 문제는 오류가 말도 안 될 정도로 많았다는 것이다. 사람들은 목록을 작성할 때 크게 신경 쓰지 않고 대충대충 해치워버리려 했다. 기계가 판독할 수 있게끔 정서체로 기입하는 경우는 많지 않았다. 에리히 하르쉬는 이렇게 생긴 오류를 찾아서 꼼꼼하게 수정해야 했다.

그러다 새로운 아이디어가 나왔다. 데엠 직원들이 상품 입고와 관련한 수치를 파악할 것이 아니라 납품업체 측에 확인하자는 것이었다. 업체 쪽에서도 자신들이 납품한 물건을 기록하기 때문이다. 그것도 아주 정확하게. 그들 입장에서는 이 기록에 근거하여 청구서를 작성해야 하니 대충할 리가 없었다. 다만 납품업체로부터 받은 송장 자료를 상품 입고 때 어떻게 전자식으로 파악하여 데엠 시스템에 자동적으로 전송하느냐가 문제였다.

이 문제에서부터 자연스럽게 16번 프로젝트가 시작되었다. '중앙 상품 입고 파악'이라는 이 프로젝트는 생각보다 훨씬 복잡했다. 수백 가지의 특수 경우가 존재하기 때문이었다. 하지만 결과는 놀라웠다. 이전에는 오류가 수없이 발생하던 과정이 간소화되고 말끔히 개선되었다.

에리히 하르쉬는 프로젝트 작업을 통해 짧은 시간 동안 기업 전체에 대해 알게 되었다. 유통업의 핵심인 상품관리 시스템을 파악하고 나니 시야가 몰라보게 넓어졌다. 그뿐이 아니었다. '프로젝트 팀장'이라는 역할을 맡으면서 재능을 빠르게 표출할 기회를 얻었다. 젊은 사회 초년생으로서는 엄청난 도전이었다.

프로젝트 팀장은 모든 참여자가 정해진 일정을 잘 지키도록 조율하고, 각 단계를 계획에 따라 진행하며, 전체 작업을 빠짐없이 기록하고 관리해야 했다. 에리히는 프로젝트 미팅을 차근차근 기획하고 진행했다. 책임이 무거운 일인 동시에, 여러 베테랑들과 함께 테이블에 앉아야 하는 까다로운 작업이기도 했다. 기업 오너인 나뿐 아니라 이사진, 노련한 매니저들이 팀원에 포함되었다. 저마다 생각과 의도가 뚜렷하고 노련한 사람들이었으니 결코 쉬운 일이 아니었을 것이다.

에리히는 얌전하고 신중한 성격이었지만, 프로젝트를 진행할 때만큼은 자신이 넘쳤고 실행력도 뛰어났다. 서열이나 직급을 뛰어넘는 이런 식의 협업은 이후로도 계속되었다. 우리는 회사의 개척기에 시도했던 이 방식을 계속 유지했다. 특히 정보기술 분야는 전문적 지식이 부족한 직원들이 대부분이기 때문에 다른 부서와 의식적으로 협업하는 구조를 구축하는 것이 중요했다. 시간이 흐르면서 정보처리 시스템은 회사의 전체 과정으로 확산되었다.

생각하는 사람과 행동하는 사람이 따로따로일 경우 결과는 좋을 수가 없다. 그렇기에 해결책을 모두가 함께 고민하고, 협력하여 진행해나가야 한다.

"이 계산대는   ——— … 실수를 하지 않습니다!"

스캐너 및 바코드 기술이 독일에서 상용화되기까지 10년 이상의 시간이 걸렸다. 그 이유는 무엇보다도 기계와 바코드가 오류 없이 작동할 것이라는 신뢰가 부족해서였다. 스캐너 계산대가 고안된 지 15년 후인 1989년에도 여전히 〈슈피겔〉지에는 '새로운 컴퓨터 계산대'에 관한 상당히 비판적인 기사가 실렸다. 시범 계산을 한 결과 영수증에 찍힌 가격과 선반에 표기된 가격이 서로 달랐다는 내용이었다. 하지만 그런 오류는 기술의 결함 때문이 아니라, 그때그때 변하는 할인 가격이 데이터뱅크에 제때 전달되지 않아서 발생한다. 전자정보처리 부서와 마케팅 부서가 가격을 서로 맞추는 데 소홀한 탓이다.

데엠에서는 이러한 일이 일어나지 않았다. 프로젝트를 진행하면서 그런 오류가 발생하는 원인을 조기에 발견했기 때문이다. 우리는 처음부터 모든 관련 부서가 프로젝트에 참여했다. '믿을 수 없는 계산대 시스템'을 향해 모든 언론이 비난의 수위를 최고조로 높였을 때도 데엠은 기쁜 마음으로 고객을 마주할 수 있었다. 우리는 스캐너 계산대에 다음과 같은 글씨가 적힌 스티커를 붙였다.

"이 계산대는 실수를 하지 않습니다!"

혹시라도 잘못된 계산을 발견한 고객에게는 고른 물건을 무료로 증정하기로 했다. 우리는 새로운 기술의 개척자로서 이 시스템을 충분히 신뢰할 수 있음을 잘 알고 있었다. 스캐너 계산대를 자체적으로 실험하고 경험한 시간만 벌써 10년이었다.

그렇다고 해서 이 시기에 모든 데엠 매장에 컴퓨터 계산대를 설치한 것은 아니었다. 그 무렵은 스캐너 계산대를 절반 이상의 매장으로 확대하여 도입해나가던 시점이었다. 이를 위해 1988년에 새로운 프로젝트 그룹을 만들었고, 87개의 세세한 항목을 적은 체크리스트를 작성해 기존 계산대를 스캐너 계산대로 교체하기 시작했다.

1984년 11월까지, 독일 및 오스트리아에 있는 300곳의 데엠 매장 가운데 스캐너 계산대를 설치한 지점은 겨우 62개였다. 물론 아이비엠사는 우리의 나머지 매장에 스캐너 계산대를 판매하는 일에 지대한 관심을 보였다. 하지만 그 시기에 전체 매장에 스캐너 계산대를 도입한다는 건 우리에게 결코 이득이 아니었다. 우리는 이미 스캐너 계산대의 효과를 충분히 파악했다. 몇몇 상품군이 어떤 판매 추이를 거쳐 어느 정도의 수익을 가져오는지 정확히 알아냈다. 한마디로, 어떤 상품이 얼마나 잘 팔리는지를 알 수 있었다.

계속해서 새로운 계산대를 설치한다면 막대한 추가 비용만 들 뿐, 더 이상 알아낼 내용은 없을 터였다. 각 품목의 판매력을 세세하게 파악하는 것, 이것이 바로 새로운 기술의 출발점이었다. 이후 스캐너 계산대의 가격이 낮아지면서 비로소 효력이 발휘되기 시작했다. 조작이 간편하여 계산대의 생산성이 향상되었으며, 작업 시간이 단축되었다. 각 상품에 가격표를 붙일 필요도, 가격에 변동이 있을 때 가격표를 바꿔 붙일 필요도 없었다.

그에 비해 가격이 고가였던 초기에는 스캐너 계산대가 전략적인 장점을 제공했다. 재고 조사에서 생기는 차이를 줄이고, 품목을 의식적으로 조정할 수 있으며, 구매 패턴을 분석하여 재고를 줄이고 상품의 회전율을 높일 수 있었다. 또한 특정 제조업체가 약속한 것처럼 그 상품이 정말 잘 팔리는지를 이제는 눈으로 정확하게 확인할 수 있었다. 때문에 납품업체와 가격 협상을 할 때도 분명한 논거로 유리한 위치에 설 수 있었다.

그러나 스캐닝은 전자정보처리에 의한 상품관리 시스템의 첫걸음일 뿐이었다. 우리는 이제 또 다른 혁신의 발걸음을 내디뎌야 한다는 사실을 깨달았다. 시대가 급변하고 있었다. 새로운 프로젝트 그룹들이 새로운 과제에 착수하기 시작했다.

우리는 곧 유통업계에서 선두적인 정보기술을 사용하는 업체로 자리매김했다. 덕분에 1989년, 연방 우정부가 전화통신망에 관한 연구 프로젝트의 협업 파트너로 지원업체를 채택했을 때, 30개사의 명단에 데엠도 당당히 이름을 올렸다. 그 무렵 정부는 새로 개발한 종합정보통신망(ISDN)의 사용을 독려하고 나섰다. 종합정보통신망은 먼저 39개의 도시를 서로 연결시켜주었고, 1993년 말까지 독일 전역에 구축될 예정이었다. 정부는 이 사업의 일환으로 데엠에 기술적 지원과 더불어 50만 마르크의 보조금을 제공했다. 우정부는 데엠을 통해 종합정보통신망 사업이 확대, 재생산되는 효과가 나타나리라 기대했다.

우리 입장에서는, 매장에서 발생하는 데이터를 신속하고 확실하게 중앙으로 전송하기 위한 적절한 전송 수단을 찾고 있었다. 동시에 우리의 데이터를 제조 및 유통 협력사도 사용할 수 있게끔 하고자 했다. 여기에 필요한 하드웨어와 소프트웨어를 개발하는 데 수천만 마르크를 투자했고, 데엠의 정보기술 부서를 100퍼센트 자회사인 필리아다타 유한회사로 분리시켰다.

우리는 몇 년에 걸쳐서 모든 공급망(supply chain)에 전자정보처리 기술을 완벽하게 구현했다. 2001년, 납품업체를 위한 '데엠 엑스트라넷(Extranet)'이 개설되었다. 데엠 엑스트라넷을 통해 그때까지 알려지지 않은 매상 데이터를 제조업체들도 공유하게 되었다. 다시 말해 협력사들이 매장 수준의 방대한 판매 데이터를 확보할 수 있게 된 것이다. 특정 제조사의 상품이 해당 상품군에서 차지하는 비율을 산출할 수 있고, 전년도와 어떻게 달라졌는지도 알 수 있으며, 심지어는 각 상품이 데엠에 어느 정도의 수익을 가져다주는지도 알 수 있다. 스캐너 계산대를 시작으로 우리는 초창기의 전자메일 통신, 인트라넷(intranet) 시스템, SAP리테일(독일 SAP사에서 개발한 소매유통 산업용 소프트웨어-옮긴이) 등 기술적 네트워크를 조성하는 데 주력했다.

이런 모든 활동의 목적은 과거나 지금이나 늘 변함없다. 바로 '직원의 능력 향상'이다. 직원들이 말의 꽁무니를 따라다니는 것이 아니라, 안장에 제대로 앉게끔 하려는 것이다.

7

사장은 왜 솜씨 좋은
도둑이 되어야 하는가?

●

언제나 우리 생각과는 다른 것이 나타나게 마련이다.

_빌헬름 부시(Wilhelm Busch)

●

잉글랜드 팀이
월드컵 우승에서 멀어진 이유

—————— ...

1966년 월드컵에서 잉글랜드 팀의 우승을 이끌었던 알프 램지(Alf Ramsey) 감독은 다음과 같은 유명한 말을 남겼다.

"승리하는 팀을 절대 바꾸지 마라(Never change a winning team)."

이후로 이 말은 많은 사람들의 입에 오르내리며 격언처럼 쓰이고 있다. 기업 경영에 관한 조언으로도 자주 거론되는데, 아주 유감스러운 일이다. 왜냐하면 이 말은 혁신에 적대적인 슬로건이기 때문이다. 실제로 램지 감독이 이끄는 팀은 4년 후 멕시코 월드컵에서 실망스러운 결과를 보여주었다. 잉글랜드는 준준결승전에서 일찌감치 탈락하는 바람에 우승과 멀어졌고, 그 이후로 한 번도 월드컵 결승전까지 가지 못했다. 이 사실만으로도 램지가 했던 말이 얼마나 허무한 것인지는 충분히 증명될 것이다. 나는 축구에 대해서는 잘 모르기 때문에 내 전문 영역인 드러그스토어에 관해서만 이야기하려 한다.

내가 깨달은 중요하고도 근본적인 사실이 있다면, 바로 기업의 본질은 '변한다는 데 있다'는 것이다. 바로 이 지점에서 기업가정신을 가진 사람과 그렇지 않은 사람이 구별된다. 일반적인 경영자는 이렇게 말한다.

"지금까지 이렇게 잘해왔으니 앞으로도 아무 문제없을 거야."

반면에 기업가정신이 있는 경영자는 이렇게 말한다.

"지금까지는 잘 흘러왔지만 앞으로도 계속 그렇지는 않을 거야. 늘 하던 대로만 반복하면 분명 실패하게 될 거야."

성공적인 기업가가 되려면 두 가지가 필요하다. 곧 '명확한 미래상'과 '세부적인 사항'을 끈질기게 파고드는 것이다. 뚜렷한 미래상을 가지고 있지만 세부 사항은 돌보지 않는 경영자도 있고, 세부 사항에는 신경을 쓰는데 미래상이 희미한 경영자도 있다. 길게 보았을 때 두 경우 모두 성공하지 못한다. 만약 여러분이 이 두 가지를 모두 구비한다면 어떤 일이든 지속적으로 성공할 수 있을 것이다.

중세 귀족이 아닌 ———— …
청소부가 되라

소매업과 같이 세분화된 사업을 할 때는 처리해야 할 세부 요소들이 많다. 나도 이 일을 하면서 지루할 틈은 단 한 번도 없었다. 언제 어디서든, 어떤 상황에서든 가는 곳마다 늘 이런 말이 입에서 튀어나왔다.

"잠깐만요, 이 부분을 좀 더 개선할 수 있겠는데요!"

내가 그리 적절치 않은 분위기에서 어떤 사소한 일을 굳이 처리하려고 했던 일화는 셀 수 없이 많다. 그런 이야기는 우리 직원들이 심심하면 대화거리로 삼는 단골 메뉴이기도 하다. 예를 들어 언젠가 매장에서 면접을 볼 때였다. 지원자가 인사를 마치기 무섭게 내 시선은 기다렸다는 듯 사진 코너로 향했다. 사진 용품들이 가지런히 놓이지 않았던 것이다. 나는 지원자에게 "잠깐만, 저 좀 도와주실래요?" 하더니 사진 코너로 그 사람을 데리고 가서 물건들을 다시 배치했다.

내가 개똥을 치운 걸 기억하는 직원도 있다. 중요한 건 가게 안이 아니라 가게 밖에서 그랬다는 것이다. 이런 이야기도 전설처럼 떠돈다. 내가 어느 매장에 들어서더니 느닷없이 빗자루를 달라고 부탁하더라는 것이다. 그러더니 빗자루를 높이 들어서 손잡이 부분으로 선반 위에 있는 조명의 방향을 바꿨다고 한다. 조명이 맨 바닥을 비추고 있자 물건 쪽으로 향하도록 조절한 것이다.

나는 직원들이 말하는 그 모든 일을 전부 기억하지는 못한다. 하지만 정말로 일어날 법한 일이라 생각한다. 내가 그렇게 행동하는 것은 누군가를 당황하게 만들려는 것이 결코 아니다. 어쩌면 그 지원자는 내가 자기보다 사진 코너에 더 신경을 쏟는다고 생각해서 마음이 언짢았을지도 모른다. 또 사장이 개똥을 치우거나 빗자루를 달라고 부탁했을 때 어리둥절해하는 사람들도 있었을 것이다. 하지만 나에게는 모두 중요한 일이었다. 고객이 사진 코너 앞에서 편하게 제품을 고를 수 있도록 돕는 일, 환한 조명 아래에서 물건 상태를 제대로 확인할 수 있게 하는 일, 깨끗한 발로 매장을 돌아다닐 수 있게끔 하는 일. 모두 다 마찬가지다. 좀 더 개선할 수 있는 부분이 내 눈에 보일 때마다 나는 곧바로 처리하려 한다. 그렇지 않으면 한 달 후에도, 어쩌면 언제까지나 똑같은 상태로 머물지 모른다.

내가 그런 일을 지점장에게 지시하지 않고 직접 처리하는 데도 이유가 있다. 예전에 어떤 구역담당자가 매장 여직원에게 담배 심부름을 시키는 걸 본 적이 있다. 내 상식에서는 있을 수 없는 일이다. 물론 내가 오래전에 담배를 끊었기 때문만은 아니다. 매장 방문을 마치고 그 구역담당자와 같은 차 안에 나란히 앉았을 때, 내가 무슨 말을 했을지는 어렵지 않게 예상할 수 있으리라. 그런 식의 업무 지시는 암울한 중세시대에나 일어나던 일이다. 상대방을, 자기를 위해 얼마든 부릴 수 있는 노예로 간주하는 것이다. 다행히도 그러한 시대는 지나갔지만 중세시대 봉건주의 사상은 아직도 곳곳에 살아 있다.

물론 봉건 영주 같은 생각을 하지 않는 경영자도 많을 것이다. 하지만 작은 문제를 발견했을 때 의식적이고도 자발적으로 나서는 경우는 드물다. 그저 본부로 돌아간 다음, 잘못된 부분을 어떻게 시정할 것인지 고민할 것이다.

'이런 일이 아마 드물지 않을 거야. 오늘 내가 본 건 빙산의 일각이겠지.'

그리고 얼마 후 관련 부서는 '조명 방향 조정', 혹은 '매장 주변의 청결 관리'에 관한 구속력 있는 규정을 만들라는 상부의 지시를 전달받는다. 더불어 각 매장에는 규정 엄수를 강조하는 공문이 발송된다. 문제는 이렇게 되면 너무나 많은 사람들이 필요 이상으로 많은 일을 하게 된다는 것이다. 반갑지 않은 내용의 공문을 작성해서 발송해야 하며, 어딘가에 게재해야 한다. 그럼에도 물건이 아닌 맨 바닥을 비추는 조명은 계속해서 남아 있을 것이다.

나 역시 매장 직원들을 불러서 엄한 목소리로 지시할 수도 있다.

"지금 이것 좀 한번 봐요. 제대로들 좀 하란 말입니다!"

이렇게 윽박질러야만 사람들이 말을 듣는다는 신념이라도 있는 것처럼. 혹은 동화《막스와 모리츠(Max und Moritz)》에 등장하는 렘펠 선생님이 분필과 회초리를 들고서 꼬맹이 프리츠에게 세계사 연도를 억지로 주입하듯이 말이다. 하지만 직원을 문책하는 것은 이제 시대착오적인 방식이 되었다. 직원에게 압박을 가하여 특정 행동을 반복하도록 하거나, 어떤 쓸데없는 지식을 머릿속에 넣도록 하는 것은 경영자의 역할이 아니다.

모든 경영자는 솜씨 좋은 도둑이 되어야 한다

직원들은 결코 막무가내이거나 어리석지 않다. 훈련을 받을 필요도 없고, 처벌받을 필요는 더더욱 없다. 경영자는 '직원들이 무엇을 중요하게 생각해야 하는가'를 스스로 보여주어야 한다. 그럴 때 직원은 경영자를 보며 저절로 이런 생각을 하게 된다.

"사장님이 저렇게 하는 것을 보니, 저 일이 중요한 거로구나."

이미 오래전에 나의 아버지는 조명이 '가장 저렴한 판매원'이라는 사실을 알고 있었다. 한때 우리는 매장에 일괄적으로 똑같은 조명을 설치했다. 그런데 얼마 지나지 않아, 빛을 균등하게 비추지 않을 때 공간에 한층 생동감이 돈다는 사실을 깨달았다. 취미로 사진을 찍는 사람이라면, 피사체의 모습이 명암에 따라 흥미롭게 변화한다는 사실을 잘 알 것이다. 해가 좀 낮게 떠 있는 오후에 더 좋은 사진이 많이 찍히는 것도 그 때문이다.

그래서 데엠도 언젠가부터 매장에 형광등을 없애고 각도를 조절할 수 있는 조명으로 교체했다. 그리고 조명이 최대한 효과적으로 상품을 비추도록 했다.

매장 직원들에게는 이 사건이 일종의 전환을 의미했다. 예전에는 빛에 대해서 전혀 생각할 필요가 없었다. 그런데 이제는 선반에 물건을 채운 후 조명의 각도까지 신경을 써야 했다. 다시 말해 직원들의 습관과 인지에 변화가 일어난 것이다. 물론 내가 일일이 지시하고 설명할 수도 있지만, 가장 효과적인 방법은 직원들이 직접 경험하게끔 하는 것이다. 그러다 보면 이렇게 스스로 깨닫는 순간이 찾아온다.

"지금껏 조명 방향이 잘못돼 있었나 봐. 저 뒤쪽이 항상 어두웠는데, 이제는 어느 각도에서든 밝게 보여서 훨씬 낫네."

기업에서 이런 통찰력을 관철시키기까지는 참으로 오랜 시간이 걸린다. '노력은 끈기 있게, 성공 앞에서는 겸손하게'라는 말은 진실이다.

현재 독일에서만 매일 150만 명의 고객들이 데엠 드러그스토어를 찾는다. 하지만 이는 그 사람들이 내일도 데엠에 올 것이라는 의미는 결코 아니다. 고객이 더 이상 우리를 찾지 않을 위험은 언제나 존재한다. 우리가 실패를 전혀 걱정하지 않는다면 그야말로 실패의 시작일 것이다. 다음과 같은 훌륭한 명언이 괜히 있는 것이 아니다.

"아무 걱정을 하지 않는 사람에게 곧 걱정이 생긴다."

모든 것은 절대로 완벽하지 않다. 우리가 더 좋게 만들 수 있는 부분은 늘 존재한다. 우리가 하는 모든 일은 완벽하지 않다. 그렇지 않다면 알베르토 자코메티(Alberto Giacometti) 같은 훌륭한 예술가가 수백 점의 대작을 창조했음에도 왜 자신의 작업이 아직 끝나지 않았다고 말했겠는가? 또한 다른 누구보다도 인간의 사상에 큰 영향을 미친 소크라테스가 왜 이렇게 말했겠는가?

"내가 아는 유일한 한 가지는, 나는 아무것도 모른다는 사실이다."

다시 말하지만, 우리는 무슨 일을 하든 더 좋게 만들 수 있다. 내가 데엠 매장에서 완벽하지 못한 어떤 것을 발견한다면 직원들이 그 문제를 보지 못했거나, 아니면 그 문제를 어떻게 해결해야 하는지 모르는 것이다. 그러면 간단하게 내가 시범을 보이면 된다. 직원들은 어깨를 으쓱이며 지금 사장이 저기서 뭘 하는지 궁금해할 것이다. 그리고 이를 통해 무언가를 배울 것이다.

나 역시 대부분의 것을 다른 사람에게서 어깨너머로 배웠다. 경영자는 경영자에게서 배운다. 나는 다른 기업에서 일어나는 일을 수없이 보았고 이로부터 나의 기업을 위한 어떤 결과를 끌어냈다. 이것이 바로 경험이다. 여기에서 이것을, 저기에서는 그것을 배우다보면 어느 순간 내게 가장 중요한 것이 눈에 들어온다. 다시 말해 '명증적 체험'이 일어나는 것이다.

우리 직원들은 종종 이런 말을 한다.

"베르너 사장님은 자꾸 남의 머릿속에 있는 걸 훔치려 한다니까요. 계속 캐묻고 눈으로 훑어보잖아요."

솔직히 고백하건대 틀린 말은 아니다. 나는 모든 것에 질문을 던진다. 아무리 부끄럽거나 어리석은 질문이라도 개의치 않는다. 어떤 정보를 얻을 수만 있다면 직원들이 성가셔할 정도로 질문 세례를 퍼붓는다. 그리고 눈으로 도둑질을 한다. 나는 세상 곳곳을 열린 마음으로 돌아다니면서 내가 배울 수 있는 것을 본다.

나는 모든 것을 새롭게, 그리고 다르게 생각하는 용기를 잃지 않으려한다. 인식하고 이해한 다음, 나 자신의 문제로 전환한다. 우리는 얼마든지 솜씨 좋은 정신적 도둑이 될 수 있다.

매장 한가운데 보라색 기둥의 비밀

때로 완벽한 해결책은 전혀 예상치 못한 곳에서 나타나곤 한다. 나도 바로 그런 경험을 한 적이 있다.

1980년대 초, 우리는 '어떻게 가게를 꾸며야 상품 판매가 잘 될 것인가'를 고민했다. 고객의 시각에서 완벽한 가게란 어떤 모습일까? 이것은 아주 중요한 질문이다. 납품업체들은 저마다의 입장에서 이런저런 요구를 한다. 자기 상품이 되도록 눈에 잘 띄는 곳에 진열되기를 원하는 건 모든 제조사가 마찬가지이기 때문에, 마케팅 부서와 협상을 시도한다. 소매업체 측에 얼마의 금액을 지불해야 상품을 최적의 위치에 배열할 수 있을 것인지 협의하는 것이다.

소매상은 선반의 위치를 호들갑스럽게 구분하여 나눈다. 예를 들면 몸을 구부려야 하는 위치(맨 아래), 손이 바로 닿는 위치(가슴 높이), 눈에 바로 보이는 위치(눈 높이), 손을 뻗어야 하는 위치(맨 위) 하는 식이다. 하지만 이것은 알맹이 없는 도식일 뿐이다. 데엠에서는 그와 같은 구분을 하지 않으며, 오로지 고객의 시각에서 물건을 올바로 배치하기 위해 노력한다. 이를테면 크고 무거운 상품은 아래쪽에 두고 가벼운 상품은 선반 위쪽에 둔다. 그리고 작은 상품들은 눈에 잘 보이고 쉽게 집을 수 있는 위치에 있도록 한다.

이처럼 '완벽한 상점 설계'에 관해서 자문을 구하기 위해 우리는 토니 앤슬(Tony Ansel)이라는 영국인 컴퓨터 매핑(computer mapping) 전문가를 찾아갔다. 그는 컴퓨터를 이용해 지도 제작하는 일을 하는 사람이었다. 말하자면 모든 산과 강, 건축물, 숲을 전자식으로 측정하여 컴퓨터상의 지도 위에 옮기는 것이다. 우리는 런던에 있는 그의 사무실을 방문해서, 그런 방식을 상점 설계에도 적용할 수 있을지 문의했다. 답변은 '가능하다'는 것이었다. 그렇게 캐드(CAD, Computer Aided Design, 컴퓨터 지원설계)를 이용한 상점 설계 방식이 처음 시도되었다. 우리는 이후 30년 동안 이 작업을 거듭했으며, 이제 데엠의 모든 상점들을 캐드 계산기를 통해 센티미터 단위로 상세히 설계할 수 있게 되었다.

되도록 많은 고객을 끌기 위해서는 많은 상품이 필요하다. 하지만 그것으로 끝이 아니다. 그 많은 고객과 상품을 수용할 수 있는 공간이 있어야 한다. 또한 제한된 공간에 상품을 효율적으로 배치하기 위한 나름의 전략이 필요하다. 가게에 물건을 잔뜩 쌓아놓기만 해서는 손님들의 발걸음을 기대할 수 없기 때문이다. 고객을 최우선으로 생각한다면, 그들이 편안하게 느낄 수 있도록 공간을 조성해야 한다.

예를 들어 선반 앞에는 한걸음 뒤로 물러날 수 있는 공간이 확보되어야 물건들을 한눈에 볼 수 있다. 특히 셀프서비스 매장에서는 고객이 점원에게 묻지 않고도 원하는 물건을 쉽게 찾을 수 있게끔 동선을 만들어야 한다. 통로는 넉넉해야 하지만, 그렇다고 넓은 복도 한복판에 혼자 서 있는 느낌을 줄 정도여서는 곤란하다. 이러한 공간 구성 문제는 소매상들에게 일종의 기술이라 할 수 있다.

한편으로 이것은 창의성의 문제이기도 하다. 상점은 꾸준히 변화한다. 그렇기에 천편일률적인 내용의 책을 수백만 부 찍어내듯 해서는 안 된다. 고객들이 상점에 들어오는 순간, 공간 구성에 변화가 일어난다. 그렇기 때문에 어떤 데엠 매장도 다른 데엠 매장과 똑같아 보일 수 없다. 한편 고객들 시각에서는 상점에 들어서는 순간 '맞아, 데엠 상점은 이랬지.' 하는 분명한 느낌을 받는다. 다른 업체의 가게에 들어갔다가 '여기는 뭔가 데엠 비슷한데? 데엠을 따라했나 봐'라고 느낄 수도 있다. 그런 우리만의 느낌을 유지하는 것은 중요하다. 따라서 매장 직원들은 기존의 틀 안에서 아이디어를 계속 발전시켜 나가야 한다. 또한 회사는 이런 형태의 창의성을 장려해야 한다.

한때 우리는 매장에서 '보라색 기둥' 실험을 한 적이 있다. 이 실험을 하게 된 계기는, 고객들이 매장에서 방향을 잃고 짜증을 내는 경우가 종종 발생한다는 사실 때문이었다. 400제곱미터의 넓은 상점에서는 흔히 일어날 수 있는 일이다. 우리는 매장 한가운데 기둥을 보라색으로 칠해서, 출구가 어디인지 몰라 헤매는 상황을 해결하고자 했다. 하지만 모든 데엠 매장에 기둥이 있는 것은 아니어서 이 프로젝트는 장기적으로 지속되지 못했다. 대신에 지금은 매장 어느 곳에서든 출구가 보이도록 설계를 하고 있다. 출구가 보이면 긴장감이 줄어든다. 어디로 나가야 하는지를 언제든 알 수 있기 때문이다.

'건설적인 불만'을 ─────···
장려하라

누구나 무언가를 경험함으로써 배운다. 다만 경험한 내용에서 무엇을 인식하는가는 저마다 다르다. 모든 사람이 같은 것을 볼지라도, 무엇이 중요한지 인식하는 사람은 그리 많지 않다. 경험에서 배운 내용을 행동으로 옮기는 사람은 더 적으며, 배운 내용을 행동의 원칙으로 삼는 사람은 극히 소수에 불과하다. 이것은 하나의 단계다. 경험하기, 인식하기, 배우기, 배운 것으로부터 삶의 본보기를 만들기. 이를 위해서는 스스로 노력해야 한다. 또한 경영자들은 무언가를 배우고자 하는 직원들의 태도에 초점을 맞추고, 새로운 것에 늘 마음을 열도록 장려해야 한다.

당신의 조직에서는 직원들이 망설이지 않고 이렇게 말할 수 있는가?

"좋은 아이디어가 있습니다!"

그럴 때 조직은 결코 이렇게 말해서는 안 된다.

"그냥 놔두세요. 우리가 30년 동안 다 해본 일인데, 아무 효과 없었어요."

대신에 이렇게 고무해야 한다.

"새로운 시작은 언제나 필요합니다. 뭐든 말해보세요."

매일 새로운 기업을 만들어나가는 일. 이는 모든 기업의 근본적인 경영 과제다. 지속적인 변화는 무엇보다 중요하다. 변화는 개혁의 기회이기 때문이다.

현 상태를 유지하려 하는 것은 관리자의 태도다. 관리자는 모든 것이 안정적이고 예측 가능한 상태가 되도록 애를 쓰는 반면, 기업가는 모든 것을 항상 새로운 시각으로 보려고 노력한다. 그러므로 기업을 경영하는 이들은 조직에 새로운 자극을 꾸준히 부여하고 모든 것의 근거를 물어야 하며, 이를 통해 항상 새로운 동기를 불러일으켜야 한다. 직원들이 새로운 생각에 과감히 도전하고 그 과정에 숙련될 수 있도록 제반 여건을 만들어주어야 한다.

그래서 나는 모든 매장을 일일이 방문한다. 직원들에게 가서 어떻게 지내는지, 어떤 생각을 하는지, 무엇을 관찰하는지, 무엇이 부족한지 묻는 일은 그리 큰 노력이 필요하지 않다. 이러한 대화는 피상적으로 겉도는 한담이 결코 아니다. 나로서는 아주 진지한 관심사다. 만약 직원이 어떤 이야기를 꺼냈는데 스스로 직접 바꿀 수 있는 일이 아니라면, 그 사안을 본부로 가져와 공론화한다. 아주 사소한 사항이라도 그냥 넘어가지 않는다. 예를 들어 매장에 이벤트를 공지하는 게시판이 없다거나, 상품에 표기가 잘못된 경우도 있다. 경영진 회의에서는 시시콜콜한 주제를 다룰 때마다 '뭐, 저런 일에까지 신경을 다 쓰냐'는 듯 고개를 절레절레 흔드는 이들이 있다. 하지만 다시 강조하건대, 리테일은 디테일이다.

모든 사람은 자기를 둘러싼 여건에 불만을 품는다. 뭔가를 불평하고 투덜거리는 사람을 어디에 가든 볼 수 있을 것이다. 부정적인 불만은 다른 사람의 신경을 건드린다. 하지만 건설적인 불만의 경우에는 그 안에 엄청난 기회가 내재되어 있다. 이것은 다름 아닌 혁신의 전제조건이다. 부정적인 불만과 달리, 건설적인 불만 속에는 늘 아이디어가 숨어 있다. '어떻게 하면 그걸 개선할 수 있을까?', '어떻게 그걸 계속 발전시켜 나갈 수 있을까?' 하는 질문을 세상에 던지며 나아가는 것이다.

'건설적인 불만'은 인간만이 가진 능력이다. 동물은 개선을 향한 충동을 느끼지 않으며 그저 있는 그대로를 받아들인다. 하지만 인간은 자기 자신과 세상을 개선시키고자 하며 기존의 것에 불만을 느끼고 더 나은 방향으로 발전을 추구한다. 다시 말해 불만이 우리 삶을 발전하도록 만든다. 그렇기 때문에 기업에서는 건설적인 불만을 의식적으로 고취하고 키워야 한다. 우리는 매일같이 우리의 삶을 시험대에 올리고 이렇게 물어봐야 한다.

"어제의 방법을 오늘도 과연 계속 사용할 수 있는가?"

나는 이렇게 묻고 답하는 과정을 '혁신 단련'이라 부른다.

새것을 배우기 전에 옛것을 비우라 ————···

동창 모임에 나갔는데 어떤 친구가 이렇게 인사를 건넨다.

"너는 아직도 예전 그대로구나."

이보다 더 나쁜 찬사가 또 있을까? 우리 삶의 과제는 스스로를 변화시키는 것, 다른 사람이 되는 것이다.

변화는 언제나 네 단계로 이루어진다. 가장 먼저 현재의 상태에 대해 비판적으로 물어야 한다. '미래는 출처를 필요로 한다'는 말처럼, 내가 현재의 이 지점까지 어떻게 도달했는지를 분명하게 인식한다. 여기는 어디인가? 우리는 어디에 있는가? 이런 질문을 한다 해서 무미건조하고 냉정할 필요는 없다. 따뜻한 마음으로 분석하고 이해해야 한다.

그 다음, 완전히 다른 사고방식으로 현재의 상태를 바라본다. 이 두 번째 단계는 첫 번째 단계보다 훨씬 어렵다. 세 번째 단계로 새로운 것을 만들어내며, 네 번째 단계에서는 새롭게 만들어낸 것을 기존의 것에 통합시킨다. 이것은 일종의 기술, 즉 사회적 기술이다.

사람들에게 먼저 기존 상황의 부정적인 측면을 명확히 이해시킨 다음 대안이 될 해결책을 전달하고 이러한 해결책을 확고한 의식으로 만드는 것이 중요하다. '어떻게 지금까지와는 다른 방식으로 목표에 도달할 수 있는가'라는 아이디어가 의식 속에 확고하게 자리 잡을 때 비로소 변화가 일어난다. 명백하고 구체적이며, 실행 가능한 대안이 제시될 때 사람들은 단호하게 변화를 실행할 수 있다. '그래, 내가 앞으로 하려던 게 바로 이거야.' 하는 생각이 드는 것이다. 그리고 시행착오를 거치면서 새로운 행동방식을 습득한다. 개인의 일상에서도, 기업에서도, 거대한 정치계에서도 모두 마찬가지다.

여기서 새로운 것을 배우는 일은 그리 중요하지 않다. 그보다 훨씬 더 어려운 일이 바로 예전 것을 '잊어내는' 일이다. 말하자면 새로운 것을 위한 자리를 만들기 위해, 과거의 습관을 내려놓는 것이다. 바로 여기에서 경영자의 역할이 중요하다. 새로운 것을 시작하기 전에 과거의 것을 버리는 일이 얼마나 중요하고 가치 있는지 사람들에게 상기시켜야 한다. 이는 경영자의 본질적인 임무에 속한다.

하지만 많은 조직에서는 그와 정반대의 상황이 벌어진다. 항상 새로운 것만 쌓이고 또 쌓인다. 그 결과 고르디우스의 매듭(쉽게 풀 수 없는 난제를 가리키는 말. 알렉산드로스 대왕이 이 매듭을 칼로 잘라버렸다는 이야기에서 유래되었다-옮긴이)은 점점 더 두꺼워지고 커지며, 얽히고설킨 채 불어나고 또 불어난다. 그런 이유로, 노련한 베테랑 직원들과 변화를 일궈내는 일은 결코 만만치가 않다. 미숙한 신참 직원들과 함께하는 것보다도 종종 더 어려운 모험이 되곤 한다. 오랜 직원들은 익숙한, 어쩌면 그래서 더 좋다고 느끼는 반복적인 틀을 깨는 데 훨씬 큰 어려움을 겪는다.

그런 의미에서 이 질문은 상당히 중요하다.

"무엇을 위해 그것을 하는가? 왜 이러한 방식을 따르는가?"

이 질문에 제대로 답하는 사람들은 많지 않다. 대부분은 이렇게 얼버무릴 뿐이다.

"뭐, 항상 그렇게 해왔잖아요", "다르게 해야겠다는 생각을 한 번도 해본 적이 없는데요."

이 지점에서 우리의 의식을 투입해야 한다. 왜 어떤 일을 어떤 특정한 방식으로 하는가에 대해 생각하기 시작하면 더 이상 무의식적으로 따르지 않게 된다. 고정된 틀 속에서 반복되는 무의식적인 행위. 여기서 벗어나기란 분명 가치 있는 일이다. 그것도 아주 큰 가치가.

'불량률 제로'의 함정

'높은 생산성'은 기업의 첫 번째 과제다. 여기에 도달하려면 모든 과정이 몸에 익어야 한다. 숙달된 상태에서 반복적으로 일한다는 것은 비용이 적게 들고 실수가 없다는 의미다. 이는 자동차를 운전할 때와도 비슷하다. 운전에 능숙한 사람은 졸릴 때도 큰 무리 없이 운전을 계속한다. 운전과 관련된 모든 동작, 모든 사고가 몸에 익어 거의 자동으로 조작을 할 수 있기 때문이다. 운전 과정에 대해 깊이 생각할 필요가 없다.

그러나 뭔가 새로운 것을 처음 시작할 때는 잘못된 방향으로 나아가기 쉽다. 예를 들어 스타트업 회사의 직원들은 의욕은 넘치는 반면 효율성은 떨어진다. 그래서 이것저것 시험해보고 올바른 길을 찾기까지 많은 시행착오를 거친다. 제조사에서 새로운 제품 시리즈를 출시할 때도 마찬가지다. 처음 생산을 시작할 때는 상당한 양의 불량품이 나온다. 하지만 안정적인 궤도에 들어서고 나면 불량률은 거의 '제로' 수준으로 떨어진다. 여기서부터는 틀에 박힌 업무가 반복되기 시작한다. '승리하는 팀을 절대 바꾸지 마라', '늘 하던 대로 계속하라'라는 모토가 적용되는 순간이다.

그런데 '높은 생산성'이라는 목표와 대립되는 또 다른 과제가 있으니, 바로 '혁신'이다. 경영자의 두 번째 과제는 직원들을 반복적 틀에서 벗어나게끔 함으로써 새로운 것을 실현하도록 이끄는 일이다. 사람들은 이렇게 말할 것이다.

"세상에, 미쳤어요? 이제 막 목표를 달성했단 말이에요! 이제야 불량률

이 떨어졌는데 다시 엉망진창 상태로 돌아가라고요?"

그런데 제아무리 운전을 잘하는 사람이라 할지라도 정말로 잠이 들면 사고가 일어난다. 반드시 휴식을 취하고 몸과 마음을 재충전해야 한다.

'반복'과 '새로운 시도'는 한 쌍으로서 조화로운 리듬을 이루어야 한다. 이 두 영역은 기업에서 똑같이 중요하다. 일관성과 창의성 사이에서 적절한 리듬을 찾기란 정말 어려운 도전이다. 경영이란 '기존의 것을 유지하기'와 '변화를 끌어내기' 사이에서 리듬을 만들어내는 일이다. 그 안에 기업이 번영할 수 있는 힘이 존재한다. 창의성이 너무 강한 탓에 안정성이 흔들리면 그 기업은 잠시 주목을 받다가 어느 순간 눈에 보이지 않게 된다. 유기체에 빗대어 말하자면 악성 종양이나 암이 생겨나는 것과 비슷하다. 그렇게 되면 세포들이 변형되어 유기체를 병들게 만든다. 반면 견고화에만 비중을 두어 모든 것을 예전 그대로 유지할 경우, 구조가 딱딱하게 굳어버린다. 그러면 경화증이나 심근경색이 발생한다.

적절한 리듬을 통해서만 유기체는 활력을 띤다. 리듬은 곧 생명이며, 생명은 리듬이다. 리듬 속에 에너지가 존재한다. 직원들이 반복적 틀 안에서 확실성을 찾고, 동시에 열린 마음으로 새로운 대상을 탐색하도록 하는 것. 이것이 바로 경영의 과제다. 다시 말해 '반복적 틀을 이루어내는 것'과 '반복적 틀을 깨는 것' 사이에서 적당한 균형을 유지할 때에만 새로운 사고를 할 수 있게 된다.

상사는 일상적 업무와 과제가 무엇인지, 즉 반복적 틀이 무엇인지 확인하여 매장이 원활히 돌아가도록 관리할 필요가 있다. 이와 동시에 새로운 과제가 무엇인지도 보아야 한다. 그리고 이 과제는 반드시 틀 바깥에서 수행해야 한다. 데엠에는 이 양극이 항상 함께 존재한다.

여기서 주의할 점이 있다. 기업의 과제는 혁신을 직접 제공하는 것이 아니라, 혁신의 분위기를 조성하는 것이다. 직원들이 아이디어를 발전시키고 오래된 틀을 포기할 수 있도록 유도해야 한다. 변화를 향한 직원들의 내적 갈망이 꺼지지 않도록 보살피고, 구조적 불만을 표현할 때 무미건조한 지시로 억누르지 않는다면 기업 내에서 언제나 변화의 계기를 찾을 수 있을 것이다. 만약 '승리하는 팀을 절대 바꾸지 않는다'는 보수적인 입장만을 계속 고수하던 사람이 갑자기 '아, 이제 우리에게도 혁신이 필요해'라고 생각한다면, 분명 어떤 변화도 생기지 않을 것이다. 그 사람은 언제라도 이렇게 말할 수 있는 근거를 가지고 있으니 말이다.

"아, 아니야. 예전 것이 훨씬 좋아."

혁신은 훈련할 수 있고, 또한 훈련해야만 한다. 어떤 반복적인 일을 처리하는 동안에도 다른 시도를 병행하여 시험해볼 수 있다. 지속적인 변화의 과정이 중요하다는 이야기다. 이것이 쇄신이며, 혁신의 훈련이다. 이는 새로운 계산대 시스템이 될 수도 있고, 새로운 소프트웨어가 될 수도 있다.

기존의 시스템을 고치는 일은 기업에서 흔히 일어난다. 이때 의식적으로 하나를 다른 하나와 구분하는 일에 소홀하면 모든 것이 뒤죽박죽이 되고 만다. 이를테면 윗사람, 혹은 외부 자문가들이 새로운 아이디어를 가져와 이것저것 조금씩 바꾸려는 시도를 할 때가 있다. 그러면 '변화 관리 프로세스'가 발동되면서 조금씩 나사가 조이고 풀리는 과정이 발생한다. 그렇게 되면 변화는 제 기능을 발휘하지 못한다. 현재 진행되는 프로세스와 아직 개발되지 않은 프로세스는 분명히 구분되어야 한다. 새로운 것이 최적의 상태로 조율을 마쳤을 때 비로소 기존의 시스템에 통합될 수 있다. 변화에는 고된 과정이 따른다. 담배를 서서히 끊으려는 시도는 실패로 돌아갈 수밖에 없다. 변화는 한꺼번에 오든지, 그렇지 않으면 전혀 오지 않는다.

모든 기업은 지금까지 이루어온 상태에 비판적인 질문을 제기해야 한다. 내부에는 구조적인 불만을 품은 사람들이 얼마든지 있다. 소수든 다수든, 비판과 함께 개선할 아이디어를 제시한다. 여기에서 프로젝트 그룹이 출발한다. 새로운 프로젝트가 생산 단계까지 무르익으면 기존의 과정에 통합할 수 있다. 데엠에서는 이런 프로젝트를 아주 정교하게 관리한다. 프로젝트 도중에는 아무것도 바뀌지 않으며, 기존에 진행되던 프로세스를 방해하지도 않는다. 일상적 업무와 무관하게 개발된 새로운 프로세스는 적절한 시점이 되었을 때 기존 업무에 통합된다.

복싱 링 위의 ━━━━━ …
기업가

데엠에서는 프로젝트 그룹을 통해 시범 모델이 완성되면 먼저 두 군데 매장에서 시험을 해본다. 세 번째와 네 번째 매장에서는 모델을 완벽하게 발전시키고, 마지막 단계에서 이렇게 만들어진 새로운 방식이 표준화되어 기업 전체에 자리 잡는다.

'더 나은 것이 있다면 옛것은 기꺼이 포기할 준비가 되어 있다'는 의식은 비판적 질문을 일깨운다. 앞서 '옛것을 잊는 일'이 혁신의 근본적인 부분이라고 강조했다. 옛것을 해롭지 않게 떼어내리면 새로운 것에 확신을 가져야 한다. 그렇다고 깨끗한 물을 채우기 전에 탁한 물을 버려서는 안 된다. 자칫 혁신에 대한 자만심 때문에 예상치 못한 문제들이 생겨나고 기업이 비틀거리게 될 수 있다.

새로운 것을 배우는 순간은 일종의 위기를 경험하는 일이다. 갑자기 이런 생각이 들기도 한다.

'새것이 제대로 작동하지 않아. 옛것이 훨씬 좋았어.'

지금은 새 자동차를 몰고 교차로를 지나가는 중이다. 제대로 속도를 내기 전인 이 시기를 극복해야 한다. 이는 우리가 걸음을 걷는 원리와도 같다. 두 발로 서 있을 때는 몸이 안정적으로 균형을 이룬다. 그런데 앞으로 나아가기 위해 한걸음 내딛는 순간, 안정적인 균형은 흐트러진다. 이 순간에 누가 밀기라도 하면 쉽게 넘어지고 만다.

조직 개발의 원리도 마찬가지다. 처음에는 두 발을 디딘 안정적인 상황에서 출발한다. 만약 앞으로 나아가려면 한걸음을 내디뎌야 한다. 그것을 어렵다고만 생각하면 그냥 그 자리에 계속 서 있을 수밖에 없다. 그편이 물론 안정적이기는 하겠지만, 그래서는 결코 앞으로 나아갈 수가 없다. 여기서 모순은, 우리에게 궁극적인 안정감을 보장해주는 것이 바로 변화라는 사실이다.

좀 더 재미있는 예로 복싱 선수의 움직임을 생각해보자. 링 위의 복싱 선수가 한쪽 다리와 다른 쪽 다리를 번갈아가며 경중거리는 것을 본 적이 있을 것이다. 제자리에 계속 서 있으면 상대방의 펀치를 맞고 넘어진다. 쉬지 않고 움직여야만 상대의 가격을 방어하거나 공격할 수가 있다.

경영자는 매일같이 링에 오른다. 조직이 똑똑하게 움직이도록 만드는 것이 바로 경영이다. 마냥 무기력하게 두어서도, 섣불리 움직여 무너뜨려서도 안 된다. 창의성과 일관성이라는 서로 다른 과정을 지속적으로 조정하고 조화시켜 나갈 때 기업은 성공할 수 있다.

8

경영자는 지시하는 존재인가,
제안하는 존재인가?

●

한 사람은 이렇게 묻는다. "그 다음은 뭐예요?"
다른 사람은 이렇게 묻는다. "그게 맞아요?"
자유 시민과 하인은 이렇게 구분된다.

_테오도르 슈토름(Theodor Storm)

●

눈가리개를 한 채
달리는 조직

인지학자 베르나르드 리베고드에 따르면, 기업은 성장하면서 세 가지의 역동적인 발달 단계를 거친다. 먼저 개척 단계에서 시작하여 차별화 단계에 이르고, 마지막으로 통합 단계에서 끝난다.

개척 단계에서는 경영자 한 사람의 손에 모든 것이 좌우된다. 그는 만능 박사처럼 여기저기 참견하고, 카리스마를 통해 혼란을 제압한다. 1970년대의 데엠이 바로 그런 모습이었다. 데엠이 성장함에 따라 비로소 업무와 책임을 분담하기 시작했고, 나보다 해당 분야를 훨씬 잘 아는 전문가들로 특정 부서를 구성했다.

그렇게 우리는 1980년대에 도달했다. 이 차별화 단계에서는 여러 상반된 가치들이 함께 공존했다. 각 분야의 전문적 능력을 배양하기 위해 새로운 부서를 신설하는 것이 당연했지만, 한편으로는 그 결과 새로 태어난 구조들이 빠른 속도로 경직될 위험에 처했다. 질서정연한 구조란, 형식적인 업무 분할의 또 다른 말이기 때문이다. 직원들은 형식의 감옥에 갇혀 오로지 맡은 일만 처리해낼 뿐 다른 분야는 담당할 생각을 하지 않는다. 눈가리개를 한 채 자신의 특정 업무 분야로 시선을 한껏 좁히는 것이다. 주의를 끌지 못한 왼쪽과 오른쪽 업무는 그냥 해결되지 못한 채로

남게 된다.

수많은 기업들이 이 단계에서 헤어 나오지 못한다. 앞만 내다보던 창업자는 기업의 규모가 커지면서 과중한 부담을 느끼고 전체를 조망하지 못하게 된다. 직원들은 자신의 위치에 그대로 머물러 있으며, 협력 대신 경쟁만이 존재한다. 공동체는 이런 분할된 사고 때문에 붕괴되고 만다. 이럴 때 대부분이 해결책으로 꺼내드는 카드가 구조조정이다. 옛 구조를 철폐하고 새로운 구조를 만들겠다는 것이다. 하지만 어리석게도 그 결과는 낡은 와인을 새 통에 넣는 것과 다름없다. 새로운 부서에서도 모두가 자기만을 생각하고 행동하며, 조직은 응집되지 못하고 흩어진다.

데엠도 이러한 구조 속에 놓인 적이 있다. 나는 데엠의 성장을 원했고 이를 계획했다. 1973년에 데엠을 시작했을 때부터 나는 그 매장 하나만을 염두에 두지 않았다. 그곳은 앞으로 문을 열 수많은 매장들 중 하나라고 생각했다. 처음에는 모든 것을 내 손으로 직접 관리했고, 세부적인 모든 사항도 내가 돌보았다. 하지만 첫 번째에 이어 두 번째 매장이 생겼고 그 수는 점점 늘어났다. 우리는 이 기업을 어떻게 이끌어나가야 하는가를 일찌감치 고민했다. 스무 번째 매장을 연 후에도 똑같은 고민이 계속되었다. 이윽고 서른 개, 그리고 마흔 개의 매장을 열었을 때 그러니까 1970년대 말에 이르자 더 전문적인 경영이 필요하다는 확신이 들었다. 우리들끼리 경영 문제를 의논하는 데는 이제 한계가 있었다. 그렇게 하여 헬무트 제이 텐 지트호프가 데엠에서 중요한 역할을 맡게 되었다. 그 외에도 우리와 함께 일했던 마케팅 전문가들은 근본적인 성찰을 일깨우는 질문을 계속 던져주었다.

'당신들의 가게는 어떻게 운영됩니까?', '당신들이 이 일을, 혹은 저 일을 하는 이유는 무엇입니까?', '우리가 이것을 어떻게 고객과, 또 직원과 연결시켜야 합니까?'

이념과 행동 사이에 모순이 생기다

데엠이 발전할 수 있었던 이유는 처음부터 우리의 행동, 조직, 기업 문화에 대해 성찰했기 때문이다. 시간이 지난 후에는 그 과정을 간단한 몇 개의 문장으로 설명할 수 있지만, 현실에서 이러한 발전 과정은 상당히 고되고도 세밀하다. 마치 학교에 입학해서 졸업하기까지 몇 년 동안 매일매일 수업을 들어야 졸업을 할 수 있는 것처럼 말이다.

실제로 우리는 직원들 사이의 역학관계에 심각한 문제가 있었다. 가장 큰 문제는, 구역담당자가 모든 것을 독단적으로 결정하는 공격수 역할을 맡았다는 점이다. 그가 직원들을 만나는 이유는 함께 논의하고 결정하기 위해서가 아니라, 자신이 어떤 결정을 내렸는지 통보하기 위해서였다. 구역담당자 한 명이 맡은 매장은 약 일곱 개였다. 데엠이 성장하면서 구역담당자의 숫자도 점점 늘어났다. 크고 작은 문제들이 생길 때면 구역담당자들은 지역 회의에 참석해 투표를 했는데, 이 회의에만도 15명 이상의 인원이 모였다. 그런데 이런저런 이유로 불참하는 사람이 매번 한 명씩은 생겼다. 누군가가 아프거나 휴가라는 이유로, 다른 지역의 담당자가 대신

참석해 어설픈 설명을 늘어놓으며 회의 분위기를 흐렸다. 그래서 또 다른 직책을 마련했는데, 바로 지역 영업담당자였다.

회사의 규모가 커질수록 상황은 더 복잡해졌다. 예를 들어 지점장 한 명이 오늘 구역담당자로부터 A라는 지시를 받았는데, 내일은 본부에서 B라는 지시가 내려오고, 사흘째에는 지역 영업담당자가 찾아와 C라는 지시를 전하는 일이 생길 수 있었다. 데엠 매장이 350개가 되자 경영진이 모든 매장을 1년에 한 번씩 방문해가며 업무를 집행하는 것이 더 이상 불가능해졌다.

어떻게 하면 우리는 피라미드식 위계를 하늘 끝까지 쌓아올리지 않고도 계속되는 성장을 극복할 수 있을까? 이는 우리가 반드시 해결하고 넘어가야 할 문제였다.

우리는 먼저 또 다른 분화를 시도해보았다. 그렇게 하여 새로 생긴 부서 중 하나가 본부의 '미용 자문 부서'였다. 각 매장에서 까다로운 미용 제품을 좀 더 수월하게 다룰 수 있도록 지원하는 역할이었다. 미용 자문 부서의 여직원들은 곳곳의 매장을 돌아다니면서 직접적인 조언과 도움을 주었다. 그리고 어느 순간 자문가에서 감독자로 재빨리 변화해나갔다. 괴테의 시 〈마법사의 제자(Der Zauberlehrling)〉 속 한 구절이 절로 연상되는 상황이었다.

"제가 불러낸 영들을 다시 거둘 수 없나니."

모든 해결책은 상황을 더 어렵고 복잡하게 만드는 것만 같았다. 끝없이 팽창하는 조직에 어떻게든 제동을 걸어야 했다.

이전 10년 동안 경영 문제는 늘 우리의 화두였다. 1982년에는 데엠 전

지점의 경영진이 일주일 동안 첼암제의 호텔에 묵으며 기업 철학을 완성했다. 그곳에서 우리는 인간상에 대해 근본적인 질문을 던지고, 사회적 유기체로서의 기업의 역할과 정당성에 대해 논의했다. 하지만 이러한 생각의 중심에는 '기업이 위계적으로 구성된 조직체'라는 사상이 여전히 굳게 자리하고 있었다. 말하자면 생각은 위에서 하고 실행은 아래에서 이루어진다는 사고방식이었다. 실제로 우리는 본부에서 경영 문제를 판단하고 아이디어를 완벽하게 다듬은 다음, 우수한 방안을 모든 매장에 일괄적으로 이식하고자 했다. 모든 매장이 똑같이 운영되기를, 중앙에서 획일적으로 통제할 수 있기를 원했다. 실제로 우리는 모든 데엠 매장들이 서로 비슷해 보이도록 만드는 데 성공했다.

우리의 이념과 행동 사이에 믿을 수 없을 정도의 모순이 생긴 셈이다. 통제와 획일화를 바란다는 것은, 명령과 복종을 전제로 하기 때문이다. 반면에 자기주도적인 방식은 아무것도 확실하지 않으며, 결코 획일화되지 않는다. 그래서 늘 위험한 것으로 간주된다.

모두 똑같을 수 있다는 착각 ———···

우리는 모두가 똑같을 수 있다는 환상에 젖어 있었다. 데엠 매장들은 똑같은 광고를 하고, 똑같은 가격에, 똑같은 제품을 팔며, 매장 직원들은 똑같은 월급을 받는다고 생각했다. 하지만 모두 같다는 것은 환상일 뿐, 현실은 전혀 그렇지 않았다. 각 매장은 물리적인 구조부터가 저마다 달랐다. 매장의 단면, 길이, 폭, 면적 등 모든 것이 달랐기에 애초에 똑같은 전제조건에서 시작할 수가 없었다. 매장들만큼이나 직원들도 서로 달랐고, 당연히 고객들도 달랐다. 매출 또한 격차가 컸다. 똑같은 매장이 아닌데도 똑같음을 추구하고자 집착했던 것이다.

한편으로 우리는 매장 운영 방식도 동일해야 한다고 믿었다. 경영진 회의에서 현명한 방법을 도출하고 이것으로 전체를 이끄는 것이 이상적이라 생각했다. 물건을 끝없이 재생산하는 방식과 다를 바 없었다. 이것이 우리가 손에서 놓아야 했던 끈이었다. 이 끈이 우리를 망가뜨렸다.

1987년부터는 데엠의 성장이 더 이상 예전처럼 급속도로 진행되지 않았다. 매출만이 아니었다. 매장의 증가 추세도 확실히 주춤했다. 새로 여는 매장보다 더 많은 수의 매장이 문을 닫았다. 데엠은 확실히 침체되고 있었다.

우리는 갈릴레오 갈릴레이(Galileo Galilei) 옆에 있는 학자들처럼 행동했다. 즉 갈릴레오가 먼 행성 주위를 돌고 있는 갈릴레이 위성(1609년 갈릴레오가 직접 제작한 망원경으로 발견한 목성의 4개 위성-옮긴이)을 보여주려고 했을 때, 그들은 망원경을 통해 직접 보려고 하지 않았다. 갈릴레이 위성은 지구가 모든 행성의 중심에 위치하지 않는다는 증거였다. 하지만 학자들은 수년 동안 나름의 연구를 했고 자신들이 세상의 모든 것을 잘 알고 있다고 생각했다. 갈릴레이가 그들에게 보여준 현실은 그들이 생각했던 현실과 일치하지 않았다. 그래서 눈을 크게 뜨고 진실을 인식하는 대신 갈릴레이가 어떤 실수를 했는지만을 꼬치꼬치 따졌다.

우리는 현실을 자세히 바라보고 인지하고자 마음을 먹었다. 그럴수록 모든 것이 똑같다는 우리의 생각이 얼마나 헛된 환상이었는지 인정할 수밖에 없었다.

지점장이 빗장을 고치지 못한 이유 ——— ···

우리는 '절대성'에 대해 비판적인 의문을 제기하기 시작했다. 왜 모든 매장이 같아야 할까? 고객은 어차피 하나의 매장을 볼 뿐이다. 어떤 고객도 경영진처럼 행동하지 않는다. 만약 여러 매장에 들른다고 해도 고객들은 물건을 보지, 선반을 보지 않는다. 물건을 구입하고 나면 그걸로 끝이다. 슈투트가르트 매장에 주로 들르는 고객은 콘스탄츠 매장에서 무슨 일이 일어나는지 전혀 관심이 없다. 만약 어떤 고객이 콘스탄츠 매장에 불만을 표한다면 "그럼 슈투트가르트 지점을 이용하시죠. 거기가 훨씬 좋거든요"라고 말해봤자 아무 도움이 되지 못한다. 드러그스토어는 지역 상점이기 때문이다. 이 사실을 잊어서는 안 된다.

지금까지의 방식을 지속할 수는 없었다. 변화에 대한 생각은 이미 충분히 무르익었다. 이제 그 생각이 나무에서 떨어질 때였다.

에틀링엔(Ettlingen) 매장에서 나는 '열매가 나무에서 떨어지는 그 순간'을 경험했다. 당시 우리는 가격대가 상대적으로 높은 향수와 화장품을 판매했는데, 이 상품들의 경우 사람들이 직접 꺼내지 못하도록 선반에 빗장을 설치했다. 어느 날 에틀링엔 매장을 방문했을 때였다. 나는 마침 그 선반 앞에서 직원과 대화를 나누다가 빗장에 살짝 등을 기댔다. 그런데 빗장이 내 무게를 이기지 못하고 슬슬 미끄러져 내려오는 것이 느껴졌다. 나사가 헐거워진 게 문제였다. 나는 지점장에게 농담조로 말했다.

"이거 좋은 방법인데요? 여기에 기대고 서 있으면 물건을 꺼낼 수 있겠어요."

그런데 지점장은 이 말을 전혀 농담으로 받아들이지 않았다.

"네, 벌써 여러 번 그런 일이 있었어요."

매장에서 일어나지 않아야 할 일이 계속 일어나도록 놔두고 있다는 이야기였다. 나는 놀란 얼굴로 물었다.

"그런데 왜 빗장을 고치지 않았어요?"

그러자 지점장은 무력한 표정으로 나를 바라보며 말했다.

"그게, 이미 4주 전에 구역담당자에게 말했는데 아직까지 매장에 찾아오질 않아서요. 저도 어쩔 수가 없었습니다."

그제야 이해할 수 있었다. 지점장도 문제를 인식하고는 있었지만, 위계상 정해진 지점을 거쳐야 하는 일이라 해결하지 못하는 상황이었다. 빗장을 다시 고정하는 것은 아무 문제가 아니었다. 물리적으로는 손쉬운 일이다. 만약 그 지점장의 집에서 비슷한 일이 생겼다면 공구상자를 꺼내 와 몇 분 만에 문제를 해결했을 것이다. 하지만 이곳 상점에서는 그런 작업을 임의대로 해선 안 된다고 생각한 것이다. 왜냐하면 이 작업을 지시하는 것은 구역담당자의 역할이기 때문이다. 당장 바뀌어야 할 시스템이었다.

지시하는 경영이 아닌
대화하는 경영

————— ...

그때 나는 그 지점장이 책임자로서 매장을 스스로 운영하도록 해야 한다고 분명히 느꼈다. 그가 어떤 일이든 할 수 있도록 여건을 만들어주어야했다. 모든 직원은 직접 책임을 떠맡고 그것이 얼마나 중요한지를 느껴야한다. 그 이야기는, 데엠의 조직 전체를 지금까지와는 다른 방식으로 운영해야 한다는 의미였다.

빗장이 미끄러지는 그 짧은 순간이 데엠의 작은 개혁에 시초가 되었다. 물론 밑바탕에는 지난 몇 년 동안 올바른 방향을 끊임없이 탐색한 노력이 쌓여 있었다. 이는 어떤 전략이라기보다, 우리가 오랜 시간 함께 생각하고 행동한 모든 것의 논리적 결과였다. 사과가 무르익어 나무에서 떨어진것이다. 이제는 모든 시스템이 변화해야 할 때였다. 우리는 조직을 개편하고 기업 문화에 새로운 방향을 부여했다. 그리고 '대화의 경영'이라는것을 곧바로 시도했다.

대화의 경영이 추구하는 목표는, 직원들이 스스로 생각하고 스스로 책임지며 행동하는 경영 문화를 확고하게 조성하는 것이다. 이것은 오로지 '왜'라는 물음으로만 가능하다. '우리는 왜 이것을 하는가?'라는 질문을 제기하는 순간 의식에 불이 붙는다. 내가 이것을 하는 이유는 왜 해야 하는지 알기 때문이다. 그러면 생각은 더 이상 나의 밖이 아닌, 나의 안에 있게 된다. 처음에는 조직에서, 그 다음에는 한 명 한 명의 개개인에게서 의식이 내면화된다. 누군가가 자신의 생각에 따라서 무언가를 한다면 그의 행동은 신뢰할 만한 것이다.

'대화'를 뜻하는 그리스어 '디아로고스(dia logos)'는, 말 그대로 번역하면 '단어를 통해', 또는 '의미를 통해'라고 표현할 수 있다. 'logos'에 '단어'와 '의미'라는 두 가지 의미가 있기 때문이다.

그러므로 '대화의 경영'이란 함께 이야기하는 것을 뜻할 뿐만이 아니라, 의미를 전달하는 것이기도 하다. 어찌 보면 당연한 말 같기도 하다. 사람들이 대화를 할 때는 어떤 의미 있는 것을 전달하기 위해서이니 말이다. 하지만 정작 그렇게 하는 경우는 매우 드물다.

수많은 기업 안에서 대화가 오고 가지만 대부분 '의미를 전달한다'는 목표를 동반하지는 않는다. 데엠에서도 오랜 기간 동안 하르츠부르크 모델에 따라 업무를 지정했다. 하르츠부르크 모델의 핵심이자, 이 모델을 가장 정확히 정의하는 어휘가 바로 '업무 지정'과 '성공 관리'다. 이에 따라 우리는 직원들이 해야 할 일을 지정해주었고, 이후에 각 조치가 어떤 성과를 냈는지 검토했다. '의미'는 우리들의 사전에 존재하지 않았다.

그러다 대화의 경영을 시도한 후부터는 직원들에게 단순한 지시를 내리는 대신, 왜 그 일을 해야 하는지 설명했다. 이를테면 왜 새로운 품목을 들여와야 하는지, 혹은 왜 품목이 변경되어야 하는지 그 원칙을 설명했다. 대화의 방식을 아주 조금 바꾸었을 뿐인데 그 미묘한 차이가 우리의 의식을 변화시켰다. '이유를 설명하는 행위'에 우리는 곧바로 적응했고 확실하고도 쉽게 그 방식을 익혔다. 이처럼 변화가 자연스러웠던 이유는, 그렇게 하는 것이 인간의 본질에 부합하기 때문이다. 근본적인 원칙을 일단 이해하고 나니, 그때그때 주어진 상황에서 구체적이고 유동적으로 실현할 수 있었다.

대화의 경영은 스위치를 켜거나 새로운 소프트웨어를 구동하듯, 어느 특정한 시점부터 모든 것이 완전히 달라지는 프로그램이 아니다. 모든 과정은 몇 년에 걸쳐 완만하게 수행되었다. 전체 직원이 여기에 동참했고, 자신과 자신의 행동에 항상 근본적인 물음을 던져야 한다는 요구를 받아들였다. 매일같이 새롭게, 끝없이 연습해야 하는 일이었다.

모든 좋은 것은 ──── …
함께하는 사람들에게서 나온다

'경영'은 '자기 경영'이 되어야 한다.

우리가 내린 구체적인 결단 중 하나는 '더 이상 지시를 내리지 말자'는 것이었다. 지시 대신에 제안과 약속을 하는 것이다.

'제안'은 음식의 레시피와도 같은 기능을 한다. 사람들은 본인의 생각에 따라 레시피를 참고한다. 그대로 따를 수도 있고, 양념이나 다른 재료를 추가해서 더 좋은 맛을 내도록 노력하기도 한다. 레시피가 기본 모델이라면, 레시피에서 나오는 음식은 개인의 작품이다.

'약속'은 같은 눈높이에서 솔직하고 투명하게 협의하는 것을 뜻한다. 약속을 할 때는 '어떻게 하면 우리가 목표에 잘 도달할 수 있을까?'라는 질문을 함께 제기한다. 그리고 그 과정에 대해 협의한다. 이것이 우리가 말하는 대화의 경영이다. 여기서 가장 중요한 것은 '같은 눈높이'다. 그러니까 상사와 부하직원 간의 수직적 관계가 아니라 직접 마주하는 관계를 의미한다. 한 사람은 이러한 책임을, 다른 사람은 저러한 책임을 맡는다. 지역 책임자는 해당 지역에 대한 책임을, 지점장은 매장에 대한 책임을 맡는다. 모두가 자신의 책임에 부응하여 행동해야 한다는 것이 바로 출발점이다. 이제 양측은 자신의 책임을 다하기 위해 무엇을 할 수 있을까? 이에 관한 명확한 협의가 이루어져야 한다.

한때는 데엠에서도 서로 간에 이런 식의 말이 오간 적이 있다.

"내가 말한 대로 처리해요. 그게 싫으면 우리 회사에서 나가야지."

이제 데엠에서는 더 이상 들을 수 없는 말이다.

대화의 경영은 '위계'를 생각하지 못하게 만든다. 위계란 사람들이 아래에서 위를 올려다보거나 위에서 아래를 내려다보도록 한다. 그런 조직은 '최선의 것은 위에서 나온다'는 신조를 따른다. 하지만 실제로 기업에서 모든 좋은 것은 함께 일하는 사람들로부터 나온다. 뒤에서, 즉 납품업체로부터 나올 수도 있고, 앞에서, 즉 고객에게서 나올 수도 있다. 그러므로 우리는 시선의 방향을 바꾸어야 한다. 뒤에서 앞을 내다보아야 하며, 혹은 앞에서 뒤를 돌아보아야 한다. 이것은 '과정'을 중심에 둔 사고방식이다.

위계적인 관점에서는 제일 높은 사람이 말한 것이 진리다. 높은 사람이 어떤 생각을 하면 그 생각을 실현하기 위해 조직이 이용된다. 이를 위해서는 업무 지정과 성공 관리가 필요하다. 반면 대화의 관점에서는 가장 가까운 사람이 필요로 하는 것을 실행한다. 그 과정은 함께, 그리고 서로를 위해 진행된다.

이렇게 사고의 방향이 수평적이 되면, 내가 누군가를 위해 행동할 때 그 사람이 나의 기준이 된다. 고객이나 납품업체의 요구를 분명히 인식할수록 더 정확하게 대응할 수 있고, 더불어 나의 성취감도 높아진다. 내 팀을 꾸려나갈 때도 마찬가지다. 매장 직원들의 다양한 요구에 더 적절히 대처하고 협의할수록 나도 더불어 성공하게 된다.

이것이 곧 스스로를 경영하는 '자기 경영'이다.

모든 고객이 경영자가 되게 하라

올바른 경영은 머리에서 이루어지는 것이 아니라, 정신 혹은 마음에서 이루어진다. 조직은 정서와 관련되어 있기 때문이다.

누군가에게 일터에 대해 물을 때 "당신은 회사가 옳다고 생각해요?"라는 질문은 잘 하지 않는다. 그보다는 "회사가 편안한가요?", 혹은 "적응은 잘했나요?"라고 묻는 경우가 많다. 사고가 아닌, 경험과 느낌을 묻는 것이다. 실제로 조직 안에서 편안하다고 느끼는 구성원은 효율이 한층 높아진다.

그런 점에서 기업을 운영하는 것은 일종의 사회적 도전이다. 경영자는 직원의 감정을 존중하고 가치를 인정해야 한다. 그들이 새로운 방향으로 움직일 수 있도록 고무해야 한다. 기업이 직원들 각각에게 발전의 기회를 제공한다면, 그리하여 직원들이 자신을 표현하고 드러낼 수 있다면 그 기업은 성공을 거둘 수 있다. 모든 직원들이 '꼭 해야만 하니까 어쩔 수 없이' 일하는 것이 아니라 '스스로 원해서' 일한다고 상상해보라.

직원들 개개인에게 발전 가능성을 제공하기 위해서는 반드시 다음과 같은 질문을 해야 한다. 각 직원은 어디에서 의미를 찾는가? 그는 어디에서 왔으며 어느 방향으로 가기를 원하는가? 경영자가 이런 질문을 해야 하는 이유는, 고객을 이해하기 위해서다. 고객은 물건을 구입하는 사람들만이 아니라 직원과 납품업체까지 포함한다. 기업은 세 부류 고객들의 욕구를 각각 충족시켜야 한다.

첫째는 성과를 생산하는 고객, 즉 직원과 동료다. 둘째는 우리가 무언가를 하도록 도와주는 고객, 즉 납품업체다. 셋째, 매장에 와서 물건을 구입하고 돈을 지불하는 고객, 소비자다. 이들 모두는 경영자가 사고하는 데 중요한 척도가 된다.

직원이 이렇게 말할 때 기업은 성공한다.

"데엠에 다니는 건 의미 있는 일이야. 이 일에 한번 전념해보고 싶어."

납품업체에서는 이런 반응이 나와야 한다.

"데엠은 가장 중요한 고객이야. 물건을 더 달라는 기업들도 있지만, 데엠에 납품하는 게 나에게는 이익이야. 최대한 신경 써서 좋은 물건을 줘야지."

소비자들의 입에서는 이런 말이 나와야 한다.

"새로운 동네로 이사 가게 되어서 좋아. 거기 데엠 드러그스토어가 없다는 것만 빼면."

오늘날 의식이 있는 고객들은 적당한 물건을 적당한 가격에 사는 것에 만족하지 않는다. 구매 행위를 통해 자신과 동일한 목적의식을 가진 기업을 후원하려는 의지를 보인다. 그렇기에 기업은 의식적으로 공동체에 참여해야 한다. 고객은 이 사실을 점점 더 뚜렷이 인지하고 있다.

오늘날 사람들은 더 이상 우두머리를 원하지 않는다. 모든 것을 누구보다 더 잘 알고 더 잘할 수 있는 사람이 필요한 시대가 아니다. 인간은 의미를 추구하며, 이를 통해 '스스로를 경영하는 경영자'가 된다. 자기 삶에 의미를 부여하는 과제를 추구한다. 기업가로서 나는 사람들이 기업에 관심을 가지고, 그곳에서 적극적으로 자기 역할을 하며, 이를 통해 자신을 표현하도록 여건을 조성해야 한다. 직원으로서, 납품업체로서, 혹은 물건을 구입하는 고객으로서 사람들은 저마다 주도권을 가지고 기업과 접합점을 찾는다. 다만 자유와 권리, 스스로를 경영할 수 있는 환경이 보장될 때에만 가능한 이야기다.

사람들이 기업 안에서 자신의 인식을 바탕으로 무엇을 해야 하는지를 더 잘 알수록, 그곳은 기업가정신이 살아 있는 기업이 된다. 모두가 경영자가 되는 셈이다. 경영자에게는 어떤 일을 해야 한다고 말할 필요가 없다. 고용자가 아니기 때문이다. 경영자는 무엇이 중요한지를 자신의 인식을 바탕으로 알고 있다. 이렇게 될 때 그 기업은 모두가 열정을 가지고 헌신할 수 있는 공동의 과제가 된다.

뛰어난 경영 컨설턴트, 라인하르트 슈프렝어(Reinhard K. Sprenger)는 자신의 저서 《급진적 경영(Radikale Führung)》에서 이렇게 핵심을 언급했다.

"사람들이 무엇을 해야 하는지 스스로 알아내고자 노력하게끔 만들 수는 없을까? 당신의 직원들이 자기 업무나 눈앞의 승진만 생각하는 것이 아니라 기업의 운명에 대해 생각한다면 정말로 멋지지 않겠는가? 그들이 업무보고서 너머에 있는 일들을 개선한다면 얼마나 좋을까? …… 만약 그렇다면 당신은 이를 위해 무엇을 할 수 있을 것인가? 가장 먼저 당신이 품고 있는 인간상에 대해 근본적으로 생각해보아야 한다. 당신은 직원들을 어떤 시각으로 바라보고 있는가? 직원은 당신의 목적을 이루기 위한 수단인가, 아니면 그들도 목적 그 자체인가? 당신은 '공동 경영자' 운운하면서 마음속으로는 아직도 '하인'의 이미지를 그리고 있지는 않은가? 직원을 교육할 수 있는 어린아이라고 생각하는가, 아니면 성인으로 대우하는가? 직원은 당신이 가장 먼저 신뢰하는 사람인가, 아니면 처음부터 믿을 수 없는 사람인가?"

수수방관하기의 기술 ————…

직원이 스스로를 경영하기 원한다면 혼자서 일을 처리하도록 어느 정도 내버려두어야 한다. 일이 잘못될 것이 처음부터 분명하더라도 상사는 주머니에 손을 넣고 수수방관하는 법을 배워야 한다. 상사가 "잠깐만, 이건 그렇게 하는 게 아니야"라고 끼어든다면, 나중에 직원은 당당한 태도로 이렇게 생각할 것이다.

'그것 봐. 잘 안됐잖아. 내 생각대로 했다면 이런 일 없었지.'

일일이 지적하는 누군가의 충고에 귀 기울이는 사람은 없다. 사람들은 자신이 직접 경험하기를 바라며, 또 그렇게 해야만 한다. 그렇기 때문에 경영자는 '배움의 기회'와 '손해의 위기' 사이에서 정교한 저울질을 해야 한다. 직원들이 이룰 성장이 더 큰가, 아니면 기업이 입을 수 있는 손해가 더 큰가?

이를 판단하기 위해서는 '원래 상태로 돌아올 수 있는가'를 따져보아야 한다. 원래대로 돌이킬 수 있는 문제라면 직원들이 배우도록 내버려둘 수 있다. 그러나 되돌릴 수 없고 위험이 크다면 개입해야 한다. 만약 지속적으로 개입해야 한다고 느낀다면 그 상사는 불안감이 지나친 셈이다. 대부분의 상황은 원래대로 되돌릴 수 있기 때문이다. 그리고 거의 모든 상황에는 해결책이 존재한다.

언젠가 우리 직원 한 명이 향수를 지나치게 많이 주문한 적이 있다. 다들 적잖이 당황했지만 차분하게 따져보니 그 실수는 전혀 큰 문제가 아니었다. 물건이 아무리 많아도 아이디어만 있으면 어떻게든 팔 수 있다. 우리는 그 향수들을 크리스마스 특별 상품으로 판매했고, 이 사건은 금세 잊혔다.

실수를 허용하지 않는 사람은 모든 배움의 문화, 모든 혁신, 모든 발전을 저지한다. 실수가 없다는 것은, 이미 할 수 있는 일만 시도한다는 의미이기 때문이다. 발전하는 조직은 되도록 많은 사람들이 자신의 일을 통해 배우도록 장려한다. 그러므로 배움은 실수를 허용한다는 말이기도 하다.

개인이 주도권을 갖도록 하는 것은 경영자의 임무다. 직원들 한 명 한 명은 각자 자신이 중요하다는 확신을 마음에 품어야 한다. 즉, 나는 다른 사람이 생각해낸 일을 수행하는 대리인이 아니며, 나 역시 내 영역에서는 언제나 새롭고 독창적인 통로를 발견할 수 있음을 깨달아야 한다. 그렇게 되면 그 기업은 생동감 있는 유기체가 된다. 만약 모든 사람이 항상 똑같은 일만 해야 한다고 느낀다면, 스스로를 톱니바퀴나 기계 정도로 여길 것이다. 그런 기업은 단조롭고 활기가 없는, 말하자면 죽은 기업이 된다.

이 미묘한 차이가 엄청나게 큰 결과를 만들어낸다. 예를 들면 비슷한 매장 두 개가 서로 나란히 붙어 있다고 생각해보자.

한 매장에서는 모든 직원들이 정확히 주어진 일만 한다. 직원들은 어느 순간 생각하는 것을 그만둔다. 무언가를 느끼는 일도 드물어진다. 의지나 의욕도 사라진다. 그저 둔하고 흐리멍덩한 상태에 빠진다.

그 옆에는 다른 매장이 있다. 이 매장의 직원들은 자신감이 넘치며 매일같이 가게에 어떤 변화를 줄 수 있을지 고민한다. 그리고 그것이 거기서 일하는 이유라고 생각한다. 이곳은 살아 있으며 늘 뭔가가 벌어진다. 직원들은 매 순간 생각하고 느끼고 감지한다. 매장과 자기 자신을 발전시키려는 의지가 있는 사람들이다.

당신은 둘 중 어느 매장에서 일하고 싶은가? 어느 매장이 더 성공할 것 같은가?

그래서 경영자는 어떻게 하면 직원들을 고무할 수 있는지, 어떻게 그들의 주도권을 일깨울 수 있는지 끊임없이 자문해야 한다. 적극적으로 자기 역할을 하면서 발전할 수 있는 토양을 만들어야 한다. '자조(自助)하도록 돕는 일'. 기업가로서 지녀야 할 사회적, 나아가 예술적 자질이다.

회사가 직원을 대하는 대로
직원은 회사를 대한다 —————···

'동기'라는 단어를 거론할 때면 늘 조심하게 된다. 오류에 쉽게 빠질 수 있기 때문이다. 이를테면 상사가 직원들에게 물질적으로 동기를 부여해야 한다고 생각한다면 이미 잘못된 길로 접어든 것이다. 앞에서 언급한 라인하르트 슈프렝어는 1991년에 출간한 베스트셀러《동기 유발의 원칙(Mythos Motivation)》에서 이를 신랄하게 지적했다. 기업에서 통용되는 동기유발 전략이 섬세하지 못할 뿐만 아니라 오히려 성공을 저해한다는 내용이었다. 직원은 어떠한 '당근'도 의심스러운 전제라고 느낀다. 사탕이 없다고 해서, 보상이 없다고 해서 직원들이 능력을 발휘하지 않는다는 것은 오만한 착각이다. 심리적 수법을 동원해 직원을 다루어야 한다고 생각하면 직원들은 도리어 기업을 속이기 시작한다. 다시 말해, 기업이 직원을 생각하는 그대로 직원도 기업을 생각한다. 자기중심적이 되는 것이다.

슈프렝어의 이 저서는 베스트셀러가 되었고 현재 19쇄까지 출간되었다. 아직까지도 이 책이 시사성을 띠고 있다는 사실은 참으로 안타까운 일이다. 여전히 많은 경영자들은 직원의 동기를 유발할 수 있다고, 그렇게 해야 한다고 강하게 믿고 있다. 성과급, 스톡옵션, 보너스 등의 미끼를 사용해 직원들이 위를 쳐다보면서 이렇게 묻도록 유도한다. "마음에 드시나요, 사장님?"

하지만 직원들은 위계가 아닌 과정을 바라보아야 한다. 자신의 행동이 어떤 결과를 가져올지, 고객에게 도움이 되는지, 회사의 경쟁력을 촉진하는지를 자문할 수 있어야 한다. 그런 직원들은 "마음에 드나요?"라고 남에게 묻지 않고 "다음에는 뭘 해야 하지?"라고 스스로에게 묻는다.

데엠의 경영진들이 30년 전부터 이러한 방향을 지향하기로 결정했다. 즉, 우리는 직원들이 스스로 동기를 유발할 수 있다고 믿는다. 모든 부서에서, 특히 모든 매장에서 말이다. 그렇게 하도록 만드는 것은 우리의 책임이기도 하다. 그들이 사슬의 마지막 고리가 아니라 첫 고리라는 사실을 늘 명확히 인식해야 한다. 여기에서부터 모든 것이 근본적으로 바뀌기 시작한다.

20년간 고객만족도
최고 점수를 받은 비결

2012년 말, 경제전문 잡지 〈호리존트(Horizont)〉는 다음과 같은 글을 게재했다.

"현재 고객만족도의 측면에서 데엠과 견줄 만한 드러그스토어는 없다. 2012년 뮌헨의 서비스바로미터사(ServiceBarometer AG)에서 실시한 소비자 조사에 따르면, 데엠은 일반 고객만족도 항목에서 1.93점을 받은 것으로 나타났다. 이 점수는 1993년 이 연구가 시작된 이후로 기록된 최고 점수다."

고객들은 데엠의 일반적인 서비스와 가격대비성능을 높이 평가했을 뿐 아니라 청결도, 다양한 상품 구성, 데엠의 자체 브랜드, 직원의 친절도에도 만족을 표했다. 데엠이 20년간 모든 고객만족도 순위에서 좋은 점수를 받을 수 있었던 것은 1982년에 정립한 고객 원칙 덕분일 것이다.

"우리는 우리의 상품 및 서비스를 제공함으로써 고객의 소비 욕구를 가치 있게 만들고자 한다. 이를 위해 모든 적절한 마케팅 이용할 것이며 경쟁을 통해 소비자의 인정을 받고자 한다."

2012년 1월에는 또 다른 시장조사기관 마포풍크트데에(mafo.de)가 데엠에 관해 다음과 같은 평을 내놓았다.

"하나의 브랜드가 이처럼 성공하는 경우는 매우 드물다. 데엠은 인지도, 브랜드 이미지, 독자성을 얻었을 뿐만 아니라 모든 주요 부문에서 그 능력을 인정받았다."

우리가 고객으로부터 호평을 받은 또 다른 이유는 '데엠의 소통하는 방식'일 것이다. 데엠이 하는 모든 일은 궁극적으로 한 가지 단순한 인식을 토대로 한다. 바로 '우리가 직원들을 대하는 방식대로 직원들은 고객들을 대한다'는 것이다. 이러한 인식의 근거는 역시 1982년에 만들어진 직원 원칙이다.

"우리는 직원들이 서로에게서 함께 배우고, 서로를 인간으로서 대하며, 다른 사람의 개성을 인정하도록 기회를 부여하고자 한다. 그럼으로써 직원들은 자기 자신을 인식하고 스스로 발전해나가며, 주어진 임무를 소화할 수 있는 여건을 마련하게 될 것이다."

어떠한 기업 브로슈어에도 쓰이지 않은 문구일 것이다. 이 문장은 세련된 광고 에이전시가 만든 것이 아니라 직원들이 직접 고안해냈기 때문이다. 한 단어 한 단어 심혈을 기울여 고른 이 문구를 우리는 모든 행동의 토대로 삼았다.

각 사람의 특성을 인정하고 개성적인 존재로 대한다는 것은 우리 모두에게 끊임없는 도전이다. 또한 함께 일하는 사람들이 스스로 가능성을 발견해나가며, 기업이 하나의 공동체로서 모범이 되도록 환경을 조성한다는 것도 결코 쉬운 일이 아니다.

현재 데엠은 유럽 전역에 걸쳐 2,800개 이상의 매장과 4만 6,000명의 직원을 두고 있다. 하지만 그 뒤에는 언제나 너와 내가 숨어 있다. 매일 새롭게 같은 눈높이에서 대화를 시작하는 일. 모든 데엠 직원들은 이것부터 배우고 훈련해야 한다. 협동하고 함께 나눈다는 것은, 즐겁게 일한다는 의미 그 이상이다. 이는 능동적인 생각과 행동이 필요한 일이다. 모든 직원들은 근무 첫날부터 어느 정도의 책임을 맡는다. 여기에는 소통의 즐거움, 건강한 호기심, 데엠에 대한 열정이 모두 수반된다. 모두는 서로에게서 배운다.

데엠에 수습사원이 ————···
없는 이유

데엠은 기업 문화를 정립하기 위해 몇 차례의 세미나를 개최한 것을 제외하면, 중앙에서 기획하고 통제하는 연수 프로그램이 단 한 번도 없었다. 이미 만들어진 일률적인 과정, 말하자면 '통조림 지식'을 그저 전달하기만 하는 행위를 우리는 거부한다. 어떤 연수가 필요한지 조사하고, 교육 방식을 구상하고, 이에 상응하는 교육 과정을 이행하기까지는 너무나 오랜 시간이 걸린다. 일반적으로 제도적인 교육은 너무 뒤늦게 이루어진다. 무엇보다 비축된 지식을 배우는 것은 의미 없는 일이다. 스스로 질문을 제기하지 않으면 대답 또한 의미가 없다. 그래서 우리는 직원 계발이라는 과제를 직원들에게 직접 맡겼다. 여기서는 '일 속에서 배운다'는 원칙이 중요하다. 이 원칙은 평생 동안 지속해야 할 과제다.

일상의 경험은 충분한 학습 동인이 된다. 일상적인 업무 전반에는 새로운 과제와 도전의 요소가 펼쳐져 있기 때문이다. 이를 통과하는 과정에서 직원 개개인은 계속하여 발전할 기회를 얻는다. 규정된 진로라는 것은 존재하지 않는다.

그런데 언젠가 이런 질문이 떠올랐다. 지속적인 배움을 목표로 하는 문화라면, 직업 연수는 어떤 형태여야 할까? 데엠의 초창기 시절, 드러그스토어는 판매대 너머에서 상품을 건네주는 방식이 일반적이었다. 데엠은 새로운 형태를 시도했기 때문에 기존의 운영자 양성 기준은 전혀 적용할 수가 없었다. 1985년에 이르러서야 데엠은 내부적으로 젊은이들을 양성하기 시작했다. 당시만 해도 체계를 제대로 갖추지 못한 상태였다가 1998년, 창립 25주년을 맞이하면서 변화를 시도했다. 이때 우리는 '모든 매장에 한 명의 수습사원을 둔다'는 목표를 설정하고 지금까지도 독보적인 수습사원 이니셔티브를 출범했다.

우리의 기본 원칙은 '아무도 수동적으로 배울 수 없으며, 모두가 직접 배워야 한다'는 것이었다. 사람은 누구나 올바른 길을 알고 있다는 우리의 인간상은 청년 졸업생들에게도 해당된다. 그들은 양성되어야 하는 존재가 아니라, 스스로를 양성하고 발전해나가는 존재다. 그렇기에 압력을 가해 지식을 불어넣는 방식은 의미가 없었다. 자발적이고 독자적으로 배움을 시도하도록 하는, 그런 소용돌이를 만들기 원했다.

우리는 이런 원칙에 발맞추어, 쓸모없어진 옛 개념 대신 새로운 개념을 마련했다. 현재 데엠에는 '연수생' 혹은 '수습사원'이라는 단어를 사용하지 않는다. 여기에는 '가르치다'라는 의미가 포함되어 있기 때문이다. 대신에 우리는 '배움생'이라는 말을 사용한다.

배움생 양성 과정은 실제에 가깝게 기획되고 실수를 위한 자유 공간을 넉넉히 허락하며, 지식을 독자적으로 추론할 수 있도록 한다. 우리는 이러한 구상을 '일 속에서 배우기(Lernen in der Arbeit)', 짧게 줄여서 '리다(LidA)'라고 부른다.

리다 과정에서 배움생들은 실제와 같은 근무 조건에 놓이며, 규칙적으로 과제를 받아 독자적으로 해결하게 된다. 그뿐 아니라 과제를 스스로 발견하고 접근하는 법도 배운다. 교육자는 그들에게 무엇을 해야 하는지 설명하는 것이 아니라 목표를 제시하는 역할을 한다. 배움생들은 그 목표에 도달하기 위해 무엇을 해야 하는지, 혹은 하기 원하는지를 함께 결정하고 직접 알아나간다. 그렇게 문제에 몰두하여 독자적인 해결책을 발견하며, 스스로 책임을 맡는 법을 배운다. 리다 과정은 미래의 드러그스토어 운영자인 배움생들이, 책임감 있는 전문가로서 자신의 고객에게 완벽한 조언을 줄 수 있도록 지원하는 데 중점을 둔다.

리다 과정의 평가회 자리에서는 각자의 경험과 느낀 점을 이야기하고 상세한 피드백을 받게 된다. 실수가 있었을지라도 이 기회를 통해 성찰하고 더 좋은 결과를 모색할 수 있다. 더불어 격려도 쏟아진다. 실수를 한 번이라도 해본 사람만이 자신과 자신의 행동을 책임지는 법을 배우기 때문이다. 현재 수만 명의 사람들이 데엠의 교육 과정을 마쳤으며, 2013년의 배움생 숫자만 해도 3,000명에 달했다.

리다(LidA),
일 속에서 배우기

배움생들은 양성 과정 동안 리다 워크숍에서 총 차례에 걸쳐 모임을 갖는다. 양성 과정의 핵심은 친환경적, 경제적, 사회적, 문화적으로 지속가능한 행동을 이해하는 것이다. 전 과정에 걸쳐 '지속가능성'이라는 주제가 스며들어 있으며, 이 주제를 중심으로 의견을 교환하게 된다.

워크숍 첫 번째 모임에서는 먼저 주변을 탐색한다. 배움생들은 소속 매장에서 지속가능성이라는 주제를 탐색하고, 이를 자신이 선택한 독창적 형태로 다른 사람들에게 설명한다. 두 번째 모임에서는 데엠 고객들에게 지속가능성이라는 주제를 환기할 수 있는 프로젝트를 고민하고, 이어지는 6개월 동안 이를 데엠 매장에서 실천에 옮긴다. 세 번째 워크숍에서는 경제적 측면에 집중하면서 구체적인 프로젝트를 진행한다. 이를테면 유치원생 아이들을 위해 지속가능성을 주제로 한 메모리 게임을 개발할 수도 있고, 노인 전용 아파트의 여름 축제를 기획하여 '어울려 살아가는 사회'를 홍보하기도 한다. 고객들이 직접 참여하는 자전거 주간을 마련해 자전거가 이산화탄소 배출을 얼마나 줄이는지 체험해보는 시간을 가질 수도 있다.

모든 배움생은 2년 차에 소속 매장과 협력하여 자신의 프로젝트 아이디어를 실행에 옮길 수 있다. 실제로 지속가능성에 대한 배움생들의 수많은 아이디어가 매장에서 활용된다. 예를 들어 현재 모든 데엠 매장은 염소를 쓰지 않은 100퍼센트 재활용 종이를 사용하는데, 배움생이 제안한 아이디어를 실천한 것이다.

리다는 데엠의 직원 양성 과정에서 근간을 이루는 세 개의 기둥 중 하나다. '학교 포럼'이라고 명명한 두 번째 기둥은 지방의 직업학교에서 이루어진다. 이곳에서는 학습계획에 따라 구체적인 이론적 지식을 배운다. 마지막 세 번째 기둥은 '모험 문화'라고 불린다. 이때 배움생들은 8주의 기간 중 8일을 선택하여 두 차례 연극 워크숍에 참가한다. 전문적인 연극 배우와 감독, 무대 전문가의 지도하에 자신만의 연극 작품을 만들고, 8일째 되는 날 무대에 올라 동료와 친구, 가족들 앞에서 선보인다. 이는 매우 특별한 경험이다. 익숙하지 않은 무대 위에서 자신의 잠재적인 발전 가능성을 가늠할 수 있기 때문이다. 그곳에서 배움생들은 자신의 독자적인 생각, 자신감과 용기, 반짝이는 아이디어가 무엇을 이루어낼 수 있는지 경험한다.

'선한 나, 악한 너'의
오류

——— …

간단한 테스트를 한번 해볼까 한다. 다음에 나오는 이야기를 읽어보라. '나'를 설명하는 다음의 글에 어느 정도 공감하는가?

'나는 고민을 많이 하고 주로 합리적인 판단을 내린다. 나는 겸손하며, 생활방식이 비교적 검소하다. 가끔 적당한 호사를 누리지만, 남들에 비해 지나친 수준은 아니다. 나는 주변 사람을 존중하고 예의바르게 대하며 약자를 배려한다. 내게 주어진 임무를 책임감을 가지고서 해내려 한다.'

이제 다음에 나오는 글은 '타인'에 대한 생각이다. 자신의 생각과 어느 정도 일치하는가?

'세상 사람들은 대개 성실하지 않다. 자기 일을 마지못해서 하며 그나마도 소홀히 처리한다. 생각이 깊지 않고 경솔하게 행동하는 경우가 많다. 또 많은 사람들이 절제를 모른다. 돈을 함부로 쓰고 물건을 아끼지 않는다. 대부분은 다른 사람을 배려하지 않으며, 악의를 가지고 상대를 기만하는 경우도 있다.'

놀라운 사실은 대부분의 사람들이 자신에 대해, 그리고 타인에 대해 위와 같이 생각한다는 것이다. 사람들은 두 가지 인간상을 가진다. 자신에 대해서는 한없이 인간적이라 느끼고, 타인은 물질적이라 생각한다. 그리고 각각의 인간상에 부응하여 행동한다. 그들이 생각하기에, 자신은 몇 안 되는 선하고 이성적인 사람이다. 그러므로 비이성적이고 어리석은 주변의 다른 사람들을 가르치고 견책해야 한다고 믿는다.

이런 식의 오만함을 버리고 타인을 진심을 존중한다는 것은 어쩌면 우리에게 가장 어려운 연습일지도 모른다. 다른 사람들도 우리와 똑같은 개인이라는 사실, 그들의 견해와 생각도 똑같이 정당성을 가지며, 그들이 이뤄낸 성과도 똑같이 존중받고 욕구는 충족되어야 한다는 사실을 우리는 받아들여야 한다. 그렇게만 된다면 놀라운 결과가 일어날 것이다.

실제로 많은 경영자들은 직원과 자신을 동등하게 여기지 않는다. 자신이 당연히 더 뛰어나고 우월하다고 느끼는 경우가 대부분이다. 직원들을 감시하기 위해 CCTV를 설치하는 회사가 많다는 것도 놀라운 이야기는 아니다. 어느 누구도 자신은 이런 대우를 받고 싶어 하지 않는다. 그러면서 왜 다른 사람이 그런 대우를 받는 것을 당연하다고 생각할까? 혹은 더 나아가, 왜 타인에게 그렇게 대할까?

슈프렝어의 말을 다시 인용하자면, 경영자의 진정한 역할은 '가르치는 것이 아니라 격려하는 것'이다. 경영자는 자신의 소명에 귀 기울여야 한다. 그리고 다른 사람들이 잠재적 능력을 실현할 수 있도록 용기를 북돋아주어야 한다. 그들에게 이렇게 외쳐야 한다.

"자기 길을 가십시오."

9

본부의 관리 없이도
지점이 생존할 수 있는가?

●

우리에게 필요한 것은 몇몇의 미친 사람들이다.
정상적인 사람들이 우리를 어디로 데려가는지 한번 보라.

_조지 버나드 쇼(George Bernard Shaw)

●

신문 기사 하나가 불러온
조직의 개혁

1989년 겨울이었다. 경영진 회의에서 재무팀장 마르코 메스콜리(Marco Mescoli)가 주말에 난 신문 기사를 하나 소개했다.

"한번 보세요. 아주 흥미로운 기사가 실렸습니다."

당시 우리는 기업이라는 공동체에 관해 오랫동안 고민하던 중이었다. 직원들을 '공동 경영자'로 만들기 위해 어떤 여건을 마련해야 하는가를 계속 논의했고, 우리의 근본적인 조직 구조에 변화가 필요하다는 데 의견을 같이했다.

마르코 메스콜리는 초창기부터 데엠과 함께한 경영진은 아니었다. 회사의 재무 업무가 점차 까다로워지면서 전문가를 구하게 되었을 때, 오늘날 '언스트앤영(Ernst&Young)'으로 잘 알려진 회계법인 출신인 그가 지원을 해왔다. 다양한 업계에서 풍부한 경력을 쌓은 그는 우리 회사에 딱 필요한 인물이었다. 이후 메스콜리는 데엠에서 재무 영역을 비롯해, 직원들의 임금 및 급여 산출 업무를 담당하게 되었다.

메스콜리는 입사 전부터 데엠의 기업 문화와 철학을 속속들이 파악했고, 첫날부터 매우 자신감 넘치는 모습을 보여주었다. 또한 우리가 지금까지 당연하게 여겨왔던 몇 가지 부분에 대범하게 접근했다. 그는 특히 자신의 고용계약서에 관심을 보였다. 데엠은 다른 회사와 과연 어떻게 다를지 기대한 모양이었다. 이틀 후 그는 내게 찾아와서 이렇게 말했다.

"사장님이 설명해주신 내용은 모두 훌륭합니다. 아쉬운 점은, 고용계약서가 다른 업체와 다를 바가 하나도 없다는 겁니다. 이런 고용계약서로는 사장님의 생각을 전혀 보여줄 수가 없어요."

나는 말문이 막혔다. 그렇게 분명한 지적을 한 직원은 그가 처음이었다. 지금까지 외부에서 영입한 직원은 거의 없었기 때문에, 다들 고용계약서를 세세하게 따져보지 않았던 것이다. 나는 메스콜리가 옳다고 생각했다. 그래서 이렇게 대답했다.

"그렇게 확실한 모순점이 보인다면 우리 회사의 변호사를 찾아가는 게 좋겠네요. 어떻게 개선할 수 있는지 함께 고민해보세요."

이번에는 메스콜리가 아무 말도 하지 못했다. 아마도 자신의 비판이 그렇게 쉽게 수락될 줄은 몰랐으리라. 하지만 그는 도전을 받아들였다. 결과적으로 그의 고용계약서는 변동이 없었다. 노동법 규정에서 벗어나는 계약서를 무턱대고 작성할 수는 없었기 때문이다. 하지만 그의 비판은 회사 내규를 문서화하는 데 중요한 계기가 되었다. 이에 따라, 우리의 모든 행동은 언제나 합의를 토대로 해야 한다는 내용이 명시되었다. 메스콜리의 반향은 결실을 맺었다.

재무팀장 메스콜리가 보여준 신문 기사를 읽고, 나는 마치 감전이라도 된 것 같은 충격을 받았다. 데엠의 새로운 조직 구조에 관해, 정확히 우리가 필요로 했던 내용이 담겨 있었다. 그 기사는 도이체방크가 어떻게, 그리고 왜 새로운 조직 개편을 택했는지를 설명하고 있었다. 전문 용어로는 '매트릭스 조직(Matrix-Organization)'이라고 부르는 시스템이었다. 데엠에서는 훗날 그와 똑같은 조직 체계에 '지역화(Regionalisierung)'라는 이름을 붙였다.

그때까지 은행의 중역들은 명확하게 규정된 중앙의 직속 권한을 가지고 있었다. 이를테면 구매담당 이사, 영업담당 이사, 물류담당 이사, 재무담당 이사, 인사담당 이사로 직책이 구분되었다. 그런데 새로운 매트릭스 조직에서는 각 이사에게 지역 관할권을 추가로 부여했다. 한 사람은 유럽을 관리하고, 다른 사람은 아시아와 중동 지역을, 또 다른 사람은 북아메리카를 담당하는 식이었다. 해당 관할 지역에 대해서는 영업 책임까지 져야 했다.

이 시도는 센세이션을 일으켰다. 왜냐하면 모든 중역들이 두 개의 안경을 껴야 했기 때문이다. 하나는 전문 분야의 안경이고 다른 하나는 전문 지역의 안경이었다. 지역 안경은 자신의 기여가 실질적인 분야에서 정말로 효과를 발휘하는지 끊임없이 비판적으로 고찰하게 만들었다. 예전에는 어떤 일이 잘못되었을 때 판매 팀장이나 다른 동료 임원에게 책임을 전가할 수 있었던 반면, 이제는 모든 중역들이 자신의 관할 영역과 그곳에서 일어난 일에 대해서만큼은 분명한 책임을 져야 했다.

얼핏 생각했을 때 우리가 도이체방크를 모범으로 삼는 것은 거만해 보일 수도 있었다. 도이체방크는 데엠과 비교할 수 없을 정도로 규모가 큰 기업이었고 전 세계에 수많은 지점을 두고 있었다. 하지만 따져보자면 도이체방크 역시 체인스토어 기업이었다. '지역화의 원칙'이 그런 거대한 기업에서 제 기능을 발휘했다면 350개의 매장을 가진 우리 데엠에서 효과를 거두지 못할 이유가 있겠는가?

반대 의견도 만만치 않았다. 우리 중 아무도 과거에 그러한 조직 형태를 시도해본 적이 없다는 사실이 우리를 망설이게 만들었다. 데엠은 완전히 새로운 길을 나아가려 하고 있었다. 그런데 지역화 시스템은 하필이면 판매 분야 해체를 조건으로 했다. 많은 사람들 눈에 이것이 명백한 자살 행위로 비치는 것도 무리는 아니었다. 판매는 거래에서 가장 핵심적인 부분이다. 판매는 포기할 수 없는 요소였다.

이런 모든 걱정에도 불구하고 우리는 최소한 부분적으로라도 이 아이디어를 실현할 수 있으리라고 확신했다. 우리는 지금까지 함께 고민하면서 우리만의 해결책을 찾아왔고 데엠의 성공을 이끌었다. 이번에도 기업에 손해를 끼치지 않을 것이라고 믿었다. 그 이후로 3주에 한 번씩 경영진 회의가 열렸고, 그때까지 단단하게 고착화되었던 모든 것들이 서서히 움직이기 시작했다.

필요한 능력을 가진 사람이 ────── …
그 순간의 리더가 된다

대부분의 사람들처럼 우리 역시 기업이 시계 장치처럼 작동한다고 무의식적으로 생각했다. 하지만 오랜 고민을 거쳐 그것이 실수였음을 깨달았다. 기업이란 시계 장치가 아니라 사회적 유기체다. 기업은 나사와 기계가 아닌, 사람으로 이루어져 있다. 이것은 무엇을 뜻하는가?

유기체라는 개념을 우리 몸에 비추어보면 답이 보인다. 세포가 분열되지 않으면 새로운 세포가 생겨날 수 없다. 새로운 세포가 생겨나지 않으면 유기체가 급속히 노화된다. 다시 말해 지속적으로 기존의 세포가 분열하고 새로운 세포가 추가로 생겨나야 한다.

유기적인 경영이란 성장과 수축의 변화를 의미한다. 나무가 위에서 아래로 자라나지 않듯이 기업은 안에서 밖을 향해 성장한다. 근본적인 것은 언제나 주변 영역에서 일어난다. 이곳은 기업의 행위와 고객의 행위가 만나는 지점이며, 드러그스토어로 따지면 매장이라 할 수 있다. 그래서 매장은 모든 기업 행위의 원천이 된다.

기업을 피라미드가 아닌 '과정의 조직'이라고 했을 때, 그 과정 안에서 성과를 낳는 사람과 성과를 요구하는 사람이 마주치는 접점이 발생한다. 우리는 여기에 집중하고, 이 지점에서 무슨 일이 일어나는지 정확히 분석해야 한다.

'누군가가 성과를 요구하는 이유는 무엇인가?'

이 질문은 모든 행위가 일어나는 원인이자 의미에 관한 것이다. 그리고 그 답은 아래의 또 다른 질문으로 대신할 수 있다.

'어떻게 하면 사람들이 현재뿐 아니라 미래까지도 생각하게 할 수 있을까? 다시 말해 어떻게 지속적인 성과를 내도록 할 것인가?'

이러한 생각은 우리에게 일종의 혁명이었다.

상사는 언제나 다른 사람들이 자신을 도와야 한다고 생각한다. 하지만 그 반대가 맞다. 즉 상사가 직원들을 도와야 한다. 어깨에 별이 많다고 해서 인정받는 리더가 되는 것은 아니다. 이제 리더십이 수직적인 지위에 근거하는 시대는 지났다. 이제는 각 상황에 필요한 능력이 리더십을 결정한다. 다른 사람들을 자신의 목표에 끌어들이고 열광하게 만들 수 있는 사람이 각 상황에서 리더가 되는 것이다.

인지학자 베르나르드 리베고드는 정확한 예를 들어 이 상황을 설명했다. 영국 공군(Royal Air Force)의 경우, 지상에서 비상 상황이 발생하면 그 순간에 별이 가장 많은 사람이 수장이 된다. 하지만 잠시 후 공군이 항공기에 올라 이륙 준비를 할 때는 항공정비사가 그 상황의 리더가 된다. 모든 기술적 사항들을 점검하고 이륙을 수행할 수 있는 사람이 바로 항공정비사이기 때문이다. 그리고 이륙 후 비행기가 항로에 진입하면 조종사가 리더가 된다. 목표 지역에서는 폭격수가 수장이다. 비행기가 폭격을 당해 군인들이 낙하산을 타고 숲속 어딘가로 떨어진 상황에서는, 어릴 적 소년단 경험이 있어서 낯선 곳에서도 방향을 정확히 찾는 병사가 리더가 될 것이다. 주어진 상황에서 최적의 능력으로 주도권을 장악할 수 있는 사람이 언제나 인솔의 책임을 맡는다.

이러한 논리를 기업에도 충분히 적용할 수 있다. 지위에 근거해 직원을 이끄는 것은 비합리적이다. 해당 문제에 답을 줄 수 있는 사람이 조직의 어느 곳에 자리하는지 정확히 파악하는 것이 중요하다. 이를 '비공식 조직'이라 부를 수 있다. 조직도에 나타나 있는 공식 조직과 달리, 비공식 조직은 자연적으로 발생하며 조직도에 위치하지 않는다.

지점에
권한을 주다

———————— …

데엠의 경영진은 새로운 조직에 대해 논의를 시작했다. 지금까지 모든 간부들이 도이체방크의 중역들처럼 자신의 관할 업무에 한해서만, 이를테면 구매, 재무, 물류 등에만 책임을 맡았다. 매장 관리는 판매부서의 영역이었다. 이는 예전이나 지금이나 모든 상거래 분야의 관행이다. 매장을 똑똑하게 운영할 책임은 중앙 판매부서에 있었다. 또한 어떤 매장을 열고 어떤 매장을 닫을지의 결정도 대부분 판매부서에서 이루어졌다. 그런 점에 있어서 데엠 역시 초창기의 15년 동안은 다른 업체들과 다를 바 없었다.

하지만 이제 이 구조가 바뀌어야 했다. 우리는 피라미드 형태의 공식 조직을 중단하고 그 대신 비공식 조직을 새로운 기준으로 내세웠다. 우리의 모토는 '지점에 권한을 준다!'였다.

그 첫 단계로 판매부서를 없앴다. 여기서 가장 조심스러웠던 문제는 판매부서를 이끌던 팀장 두 명이 자리를 잃는 것이었다. 우리는 두 사람을 해고하지 않고 구역담당자의 자리에 투입했다. 다행히도 그들은 이러한 직책 변동을 강등이라 생각하지 않고 새롭고도 매력적인 도전으로 받아들였다. 아마 다른 여러 변화가 동시에 일어났기 때문에 그렇게 생각할 수 있었을 것이다.

그 다음 단계로 우리는 구역담당자들에게 지금까지처럼 5개의 매장이 아니라 20~25개의 매장을 관리하도록 했다. 위계의 중간 단계에 있던 지역 영업담당자라는 직위는 완전히 폐지했다. 이와 병행하여 명칭도 바꾸었다. 더 이상 '담당자'라는 단어를 사용하지 않고, 그 대신 '책임자'라는 호칭을 사용하기로 했다. '구역'은 '지역'으로 바꾸었다. 이에 따라 구역담당자는 지역책임자라는 이름으로 부르게 되었다. 단어만 몇 개 바꾸었을 뿐인데도 업무의 내용이 완전히 변화되었다.

이것은 아주 결정적인 요인이었다. '담당자'라는 말은 모든 것을 통제하고 관리하는 사람이라는 의미가 있다. 담당자는 모든 것을 주시해야 하며 모든 것이 그의 손을 거친다. 반면에 책임을 진다는 것은 맡은 영역을 대상으로 하는 것이지, 모든 것에 책임이 있다는 뜻은 아니다. 이것은 사고의 전환이었다. 데엠은 '담당자'라는 개념을 오로지 매장에서만, 즉 '지점 담당자'에 한해서만 사용하기로 했다. 매장은 한눈에 조망할 수 있는 비교적 작은 영역이기 때문이다.

이러한 변화를 그저 피상적으로 받아들인다면 짜증스럽게 거절 신호를 보낼 것이다. 실제로 당시에 나는 이런 말을 수백 번이나 들었다.

"지금 매일 12시간을 일하고 있어요. 그런데 또 추가 업무를 해야 한다고요? 그러면 저는 절대로 집에 못 가요!"

그러면 나는 항상 이렇게 대답했다.

"그래요? 앞으로는 6시간 만에 일을 끝내고 6시간은 다른 일을 할 수 있을 겁니다."

우리가 양적인 것뿐만이 아니라 질적인 변화를 추구한다는 사실을 직원들이 경청하고 인식하기까지, 그러기 위한 마음의 준비를 하기까지는 어느 정도 시간이 걸렸다.

답을 대신해줄 사람이 없다는 것

이러한 대대적인 변화의 과정 속에서 우리는 한 가지 근본적인 신념을 중심으로 삼았다. 즉, 경영진의 핵심 과제는 책임이 필요한 사람들에게 책임을 부여해야 한다는 것이다. 기존처럼 구역담당자의 관리를 받는 식이어서는 지점장에게 더 많은 권한을 줄 수가 없었다. 누군가의 관리를 받는 상황에서는 스스로 책임지는 태도가 절대로 생겨날 수 없기 때문이다.

이제 새로운 지역책임자는 20~25개의 매장을 관리해야 한다. 이 사실은 애초부터 상사의 간섭을 허용하지 않는다는 것을 전제로 한다. 다섯 개혹은 일곱 개 정도의 매장이라면 어느 정도 융통성을 발휘해 감독할 수 있지만, 20~25개의 매장은 일일이 찾아다니기에는 너무 많은 수였다.

우리가 생각하는 '책임'이란, 완전히 새로운 의미였다. 지역책임자는이제 지점장에게 자유롭게 활동할 여지를 허용할 수밖에 없었다. 예전에는 다른 누군가에게 결코 위임하지 않았던 권한들을 이제 지점장의 소관으로 넘겨야 했다. 그 권한은 직원 채용이라는 성역에까지 이르렀다. 예전에는 지역책임자, 즉 구역담당자가 직원을 선발하고 채용했다. 하지만이제는 지점장이 자신의 매장에서 어떤 사람과 같이 일할 것인지를 직접결정했다. 지역책임자는 오직 면접에만 영향을 미칠 수 있었다.

이제 지점장은 상사가 찾아와서 질문에 대답해줄 때까지 기다릴 이유가 없었다. '내가 이 문제를 해결하지 않으면 아무도 대신해주지 못한다'는 사실을 자연스럽게 인식하게 될 터였다.

물론 처음부터 이 시도가 열렬한 환영을 받은 것은 아니다. '지점장들에게 권한을 준다'는 방침을 처음으로 선언한 경영진 회의를 기억한다. 나는 임원들에게 자신의 관할 지역에 있는 지점장들 몇 명에게 이런 권한을 실제로 부여할 수 있을 것인지 다음 번 회의까지 생각해보라고 주문했다. 3주 후 의기소침한 진단이 곳곳에서 터져 나왔다. 임원들의 견해로는 지점장 가운데 자기 매장을 직접 경영할 만한 잠재력이 있는 경우는 지역 당 8~11명에 불과하다는 것이었다. 적지 않은 지점장들은 곧바로 포기할 것이고, 그렇게 되면 새로운 지점장을 대대적으로 고용하는 사태가 벌어질 수 있었다. 하지만 정확한 근거가 없는 판단이었다. 다른 대안은 없었다. 일단 시험을 해보아야 했다. 그게 우리가 원하는 바였다.

　그리고 우리의 예상을 완전히 뒤엎는 결과가 나왔다. 도전 과제를 극복하지 못한 지점장들은 몇몇 소수에 지나지 않았다. 이들은 대신 다른 업무를 위임받았다. 다른 대다수는 자기 자신을, 그리고 우리의 부정적인 선입견을 뛰어넘는 능력을 보여주었다.

　물론 이러한 변화는 대부분의 직원들에게 고된 시간이었다. 많은 사람들이 처음에는 새로운 역할과 책임을 두려워했다. 어느 날부터 갑자기 무슨 일을 할 것인지 직접 결정해야 한다니, 그럴 만도 했다. 하지만 여러 윗선들의 시시콜콜하고 번거로운 지시가 사라지자 변화는 금세 해방으로 바뀌었다. 어떤 문제가 발생했을 때 해결 방안이 떠오르면 오랜 협의 없이도 신속하게 대응할 수 있었다. 예전처럼 구역담당자에게 전화를 걸 필요 없이, 직접 문제점과 해결책을 찾아 나섰다. 자신의 영역을 스스로 조직하고 직접 관리하는 일은 많은 사람들에게 위대한 도전이었다.

기존의 구역담당자와 지역 영업담당자들에게도 이것은 만만한 변화가 아니었다. 여러 해 동안 익숙했던 생각과 행동을 바꾸어야 했다. 차라리 회사를 떠나는 쪽을 택하는 이들도 많았고, 일부는 업무를 변경했다. 하지만 더 많은 구역담당자들이 이 실험을 기꺼이 받아들이고 지역책임자가 되었다. 그리고 일반적인 대기업의 임원보다도 더 많은 책임과, 더 많은 활동 반경을 얻었다.

매뉴얼이 사라지고 본부가 폐지되다

수직적 위계를 수평적인 구조로 개편하려는 노력은 데엠이 지속적으로 성공하기 위한 근본적인 과제였다. 그때부터 모든 일은 '결정되어야 하는 곳'에서 결정되었다. 우리는 사람이 조직을 위해 존재하는 것이 아니라, 조직이 사람을 위해 존재하기를 원했다. 이는 또 다른 결과로 이어졌다.

우리는 매뉴얼을 쓰지 않기로 했다. '매뉴얼을 일일이 읽는 사람은 없다'는 건 누구나 인정하는 공공연한 사실이었다. 우리는 '조직이란 어떻게든지 굴러가게 되어 있다'는 자세를 택했다. 사람들은 하고자 한다면 항상 최고의 길을 찾는다. 이를테면 식기세척기를 사용하는 사람은, 그릇을 어떻게 넣어야 더 많이 집어넣고 정리도 간편한지 조만간 스스로 알게 된다.

"조직의 목표는 전체라는 의미 안에서 되도록 많은 사람들이 지성적으로 행동하는 것이다."

이것이 우리의 좌우명이었다. 어떤 행동을 한다는 것은, 애초에 특정한 의미를 전달하려는 의도를 포함한다. 매장이 자신과 완전히 무관하다고 생각하면서 일한다면, 그 직원은 엄청난 압박감과 자극에 시달리면서도 아무런 성과를 내지 못한다. 의지가 있는 사람은 길을 찾지만, 의지가 없는 사람은 변명거리를 찾는다.

자신이 일하는 매장 안에서 의미를 찾고 매장을 성공적으로 운영하는 데 관심이 있는 사람은 공동의 책임을 느끼고 적극적으로 협력할 것이다. 직원들은 데엠이 성공적인 기업이 되기를 원하는가, 아니면 그저 안정적인 일자리를 원하는가? 이것은 결정적인 질문이다.

우리는 어떻게 하면 되도록 많은 관계자들이 이 안에서 의미를 찾을 것인가를 고민해야 한다. 의미만이 사람의 마음속에 소용돌이를 일으킬 수 있기 때문이다. 그렇게만 된다면 직원들은 아침에 일어났을 때 컨디션이 좋지 않더라도 이런 생각을 먼저 할 것이다.

'그래도 회사에 가야지. 내가 필요할 거야. 동료들을 실망시키면 안 되잖아.'

만약 가게가 폐점을 한다면 고객들은 이렇게 말할 것이다.

'뭐라고? 그 데엠 매장이 문을 닫았다고? 세상에, 이제 어떡하지?'

데엠 매장이 없는 어딘가에서 고객이 전혀 아쉬워하지 않는다면 우리는 쓸모가 없는 것이다. 페이스북에는 자기 동네에 데엠 매장이 없다고 불평하는 사람들의 글이 종종 올라온다. 심지어 어떤 지역에는 데엠 매장을 요구하는 시민단체도 있었다고 한다. 그냥 소문에 불과할지라도, 그럴 가능성이 있다는 것만으로 마음이 흐뭇해진다. 우리가 상점을 어떻게 운영해야 할지는 경영진이나 본부의 어느 부서가 결정할 일이 아니다. 이는 순수하게 고객들의 손에 달린 일임을 분명히 알 수 있다.

이러한 단순한 생각 끝에 우리는 '데엠에서 본부라는 것이 과연 무엇을 위해 필요한가'라는 갑작스러운 의문에 도달했다. 본부는 정확히 무슨 일을 하는 곳인가? 그리고 본부는 정말로 중심일까?

데엠에서 '본부'라는 개념이 없어지기까지는 그리 오래 걸리지 않았다. 구역담당자와 지역 영업담당자라는 개념을 삭제한 것처럼 우리는 본부라는 개념도 없애버렸다. 물론 카를메츠(Carl-Metz) 거리에 있는 데엠의 본사 건물은 아직 그대로였다. 하지만 그 안에서는 새로운 정신이 일어나고 있었다. 이를 위해서는 완전히 새로운 개념이 필요했다.

그때부터 우리는 '배후의 서비스'라는 말을 사용했다. 조금 까다롭게 들리는 말이라는 건 인정하지만, 핵심을 정확히 짚어낸 표현이다. 이 말은 우리의 관점 자체를 변화시켰다. 위아래라는 개념은 사라지고 '앞에는 매장, 뒤에는 서비스'라는 생각으로 바뀐 것이다. 앞뒤는 대안을 의미한다. 앞은 고객이 존재하는 곳이고, 뒤는 앞에서 필요한 서비스를 제공하는 곳이다. 배후에서 서비스를 제공하는 사람은 매장이 고객에게 완전히 집중할 수 있도록 후원하기 위해 끊임없이 고민해야 한다.

행복하고도 고단한
혁명

재정비의 과정은 길고도 힘겨웠다. 하지만 결과적으로 모든 직원들에게서 공감을 얻어냈고, 모두에게 더 유리한 변화가 일어났다. 이 모든 여정에 촉매 역할을 한 것은, 경영진 회의에서 공유된 어느 신문 기사였다. 그 안에 담긴 사상이 우리가 오랫동안 고민해온 경영 문제에 비옥 같은 기반을 제공해주었다. 일단 경영진부터 그것이 올바른 길이라는 데 의견을 모으기까지 어느 정도 시간이 걸렸다. 이후 이 의식이 기업에 서서히 스며들도록 해야 했다. 왜냐하면 이런 모험에는 위험이 따르기 때문이다. 고객들이 데엠 매장을 꾸준히 찾도록 만들기 위해 거의 20년의 세월이 필요했다. 그런데 하루아침에 아무도 매장을 찾지 않게 된다면 어떻게 할 것인가? 많은 사람들이 이런 끔찍한 상상을 했다. 그렇기에 너무 성급하게 일을 진척시켜서는 안 되었다.

예기치 않은 난관을 겪게 될 경우 가장 먼저 회사를 떠나는 건 가장 유능한 직원들일 터였다. 뭔가 잘못 돌아가고 있다는 사실을 누구보다 빨리 알아챌 것이고, 새로운 직장을 구하는 더 손쉬운 방법을 택할 가능성이 컸다. 하지만 근본적인 개혁을 이뤄나가려면 바로 그런 유능한 직원들이 필요했다. 그런 다양한 상황을 고려하기 위해 우리는 지칠 때까지 고민을 반복했다.

어느 시점에 이르자, 조직 내에 변화의 단초가 충분히 자리를 잡았다는 느낌이 들었다. 이제 계획을 행동으로 옮길 차례였다. 모든 구역담당자,

지역 영업담당자, 전 임원진을 소집해서 세부 사항을 집중적으로 논의하는 자리를 마련했다. 최종 질문과 요구 사항을 충분히 재검토한 다음, 논의 사항을 함께 실천에 옮길 것을 약속했다. '지역화 계획'을 구체화한 이 회의는 빙엔(bingen)에서 열렸기 때문에, 우리는 두고두고 이때를 '빙엔 사건'이라 부르게 되었다. 빙엔 회의의 분위기는 전반적으로 긍정적이었지만, 반대의사를 즉각 표한 사람도 있었다. "그건 아닌 것 같습니다. 저는 데엠과 함께할 수 없겠습니다. 다른 곳으로 가겠어요"라고 말했던 지역 담당자 두 명을 아직도 기억한다.

그 일을 제외하면 3일에 걸친 회의는 성공적이었다. 이제 출발 신호를 울리고, 지금껏 신중하게 준비해온 변화를 실행해야 할 순간이었다. 몇 주 후, 전 직원이 공식적으로 새 자리에 배치되었다. 정신적인 변화는 구조적인 변화보다 속도가 더 느렸다. '배후'에서 근무하게 된 직원들은 '본부'의 낡은 습관을 쉽게 버리지 못했다. 몇몇 사람들은 지점장에게 다시 강압적인 태도로 이야기를 하기도 했다. 그럴 때마다 우리는 서로 주의를 환기했다. 사회적 통제 기제는 이런 방식으로 빠르게 변화했다. 본부와 매장 사이에 존재하는 전형적인 거리를 우리는 계속해서 없애나갔다.

지점장들도 새로운 업무를 해결하기 위해 많은 것을 배워야 했다. 규제라는 압박에서 벗어나고 자기 영역에서 존중받는다는 것은 분명 행복한 일이었다. 하지만 다른 한편으로는 불안과 의구심도 들었다. 낡은 행동의 표본이 재발하지는 않을까 하는 우려도 있었다. 습관적인 사고방식과 행동을 포기하고 새롭게 얻은 자율성을 실천하기 위해서는 깊이 있는 공동의 성찰이 필요했다.

새로운 사상을 확실하게 체감하기까지는 딱 5년이 걸렸다. 이러한 변화 과정을 한번이라도 후회했다는 데엠 직원은 아직까지 본 적이 없다. 오히려 그 반대다. 당시 우리가 차후 20년의 성공을 위한 초석을 놓았다는 사실은 아무도 부정하지 못하리라.

10

할인 행사는
과연 소비자를 위한 것인가?

●

신뢰는 인간을 가치 있게 만들고,
끝없는 도움은 인간의 성장을 방해한다.

_요한 고트프리트 프라이(Johann Gottfried Frey)

●

경영진을
충격에 빠뜨린 제안

어느 가을날 아침, 나는 버스에 앉아 졸린 눈으로 차창 너머 알록달록한 베를린의 풍경을 바라보고 있었다. 어느 세미나의 2일차 일정에 참석하러 가던 중이었다. 내 뒤에는 젊은 남자 둘이 앉아 이야기를 나누고 있었다. 들자 하니 나와 같은 세미나에 가는 업계 사람들인 것 같았다. 목소리가 커서 저절로 대화 내용이 귀에 들어왔다. 두 사람은 시장 조사 결과를 이야기하고 있었다.

"고객들이 특가 제품을 별로 선호하지 않는 것 같아. 대부분은 가격이 변동되는 것을 그리 좋아하지 않더라."

한 남자가 말하자 다른 남자가 이렇게 받아쳤다.

"내가 바로 그래. 난 특가 제품이 싫어. 내가 어떤 물건이 필요할 때 그 제품은 절대 특가로 나오지 않거든. 그래서 똑같은 물건을 괜히 더 비싸게 사는 것 같은 느낌이 든다니까. 특가로 나온 제품은 주로 나한테 필요 없는 것들이고. 그래도 가격이 아주 싸니까 괜히 사게 된단 말이야. 그리고 나중에 또 후회하지. 쓸데없는 데 괜히 돈 낭비했다고."

첫 번째 남자가 맞장구를 쳤다.

"그래, 아내가 늘 하는 말이 바로 그거야. 내 기준으로 생각하면 특가 제품이 없는 편이 더 좋을 것 같아. 하지만 우리 경영진은 그렇게 생각하지 않지. 그 사람들한테는 도무지 이런 이야기가 안 통해."

1992년 가을, 내가 어느 세미나 기간에 겪었던 이 작은 경험은 데엠의 다음 혁명과 곧바로 연결되었다. 데엠은 이미 3년 전에 판매 부서를 해산했다. 이는 유통업계에서 일종의 신성모독과도 같은 사건이었다. 그런데 버스에서 두 남자의 대화를 들은 지 불과 며칠 만에, 나는 카르스루에의 경영진들 앞에서 새로운 아이디어를 꺼냈다.

"더 이상 특가 제품을 내놓지 말아야겠어요. 이제 항시할인 가격제를 도입합시다."

동료들은 의구심에 가득 찬 눈초리로 나를 쳐다보았다. 그들 생각에는, 달나라에 매장을 열자는 것과 그리 다를 바 없는 제안이었을 것이다. 오히려 달나라에 가자는 말이 덜 충격적이었을지도 모른다. 버스에서 '경영진과는 이야기가 도무지 안 통한다'며 한탄하던 남자의 심정을 나도 느꼈다. "사장님, 제정신이세요? 말이 되는 소리를 하셔야죠." 하는 것이 처음으로 나온 반응이자, 유일한 반응이었다.

경쟁업체와 차별화할 수 있는 여지는 많지 않다고 사람들은 생각했다. 거의 모든 상점에서 거의 똑같은 제품을 취급하기 때문이다. 고객이 매장에서 어떤 샴푸를 선택하는가에 따라 제조업체는 제품 광고를 통해 특정 상품에 주력한다. 그런데 고객이 이 결정을 어느 가게에서 하느냐는 오로지 가격에 달려 있다. 그렇기 때문에 처음부터 데엠은 저렴한 가격을 목표로 삼았다. 이것은 할인매장의 근본적인 원칙이었다.

처음에 우리는 지속적으로 저렴한 가격을 유지했다. 그래야 일이 단순해지기 때문이다. 하지만 시간이 지남에 따라 이런저런 변수들이 생겨서 가격을 유지하기 힘들어졌다. 너무 많은 물건을 주문해서 어쩔 수 없이 급하게 처분해야 할 때도 있었다. 다른 여러 업체들이 앞장서서 특가 제품 행사를 진행하는 것도 문제였다.

실제로 업계 전체는 무의식적으로 할인 행사의 소용돌이에 휘말리곤 한다. 한 달에 한 번 제공하던 특가 제품을 언제부턴가는 2주에 한 번씩 제공한다. 할인 행사는 하나의 덕목이 된다. 때로는 매출을 촉진하기 위해 할인 행사를 8일에 한 번씩 하기도 한다. 매장마다 재고품은 항상 남는데 어마어마한 양의 물건들이 쏟아져 들어온다. 운송 차량이 너무 늦게 오거나, 잘못된 주소로 납품하는 일이 벌어지기도 한다. 또는 실수로 너무 많은 물량을 주문하는 경우도 생긴다. 그렇게 되면 긴박한 비상 상황이 벌어진다. 이런 경우에 할인 행사는 궁지에서 돈을 뽑아내게 만드는 훌륭한 보조 수단이 된다. 이는 모든 상점에서 벌어지는 일이다.

소매상들에게는 비장의 기술이라 할 만한 할인 행사를 철폐한다니, 경영진이 경악한 얼굴로 나를 바라보는 것도 이해할 만한 일이었다.

"젠장, 할인 행사 하잖아.   ———— …
조금만 기다릴걸!"

"지금까지 데엠의 성공을 이끈 것이 바로 그 똑똑한 할인 정책이었어요. 이 정책을 없앨 수는 없습니다!"

나는 마치 세례 요한처럼 서 있었다. 특가 제품이 없다면 우리 사업이 어떻게 돌아갈지 아무도 상상할 수 없었다. 하지만 나는 더 이상 뒤로 물러날 수 없을 정도로 확신에 차 있었다. 할인 정책이 완전히 잘못된 방법이라는 사실은 명확했다. 할인 행사는 고객의 입장이 아닌, 상점의 입장에서 고안된 것이다. 고객이 어떤 물건이 필요할 때 구입해야지, 저렴하다고 그냥 구입하는 것은 바람직하지 않다. 이것이 기본 생각이었다. 일단 확신이 들고 나면 지금까지처럼 계속할 수는 없는 법이었다.

사실 업계 밖의 사람들에게는 이것이 이상한 일이 아니었다. 고객 입장에서 생각해보면 할인 행사가 자신들을 위한 것이 아님을 바로 알 수 있다. 물건을 구입한다는 건 늘 번거로운 일이다. 집에 빨래 세제가 똑 떨어져야 비로소 세제를 사야겠다는 생각이 든다. 그런데 그때는 세제 행사를 하고 있지 않아서 정가를 주고 살 수밖에 없다. 일주일 후 가게에 가보면 하필 세제 할인 행사를 하고 있다. 고객은 짜증 난 목소리로 이렇게 투덜거린다.

"젠장, 일주일만 기다릴걸. 내가 살 때보다 2유로나 더 싸잖아!"

물론 소위 '바겐 헌터(bargain hunter)'라는 사람들도 있다. 파격적인 할인가를 기다리는 소비자들이다. "나는 모든 광고지를 샅샅이 뒤져보고 제일 저렴한 물건을 사"라고 말하는 이들이 주변에 꼭 있다. 하지만 소비자들 중에 바겐 헌터의 비율이 얼마나 될까? 또 가격이 항상 저렴한 가게를 찾고 이렇게 말할 만한 고객들은 얼마나 될까?

"이 가게는 언제 오더라도 항상 저렴해. 세제나 샴푸, 선크림 등 어떤 품목이 할인 행사 중인지 확인해볼 필요가 없어."

상점의 주인들은 바겐 헌터를 공략해야 할지, 단골 고객을 공략해야 할지 결정해야 한다.

나로서는 자명한 사실이었지만 동료들에게는 세상과 동떨어진, 이치에 맞지 않는 제안일 뿐이었다. 내 주장만 해서는 그들을 설득하지 못할 것 같다는 느낌이 들었다. 확실한 근거를 대야 했다. 만약 내가 고객들을 대상으로 실험을 강행한다면 모든 결과를 감수할 각오를 해야 했다. 이런 상황에서는 내가 기업의 소유자로서, 내부의 저항을 무릅쓰고 결정을 감행하는 것도 한 가지 방법이었다.

이런 실험에서는 '관계자'를 '참여자'로 만드는 것이 중요하다. 그리고 이번 경우에는 관계자가 경영진이나 매장 직원이 아니라 고객이었다. 고객을 참여자로 만드는 방법은 두 가지였다. 이론상으로 가능성을 타진해 보는 것이 한 가지 방법이고, 직접적인 실행을 거쳐 결정하는 것이 또 다른 방법이었다. 나는 먼저 첫 번째 방법에 따라 시장 조사를 실시했다. 그 결과 할인 행사를 대체로 선호하지 않는다는 사실이 드러났지만 동료들은 이 결과를 믿지 못했다. 그들은 고개를 흔들면서 이렇게 말했다.

"물론 말로는 할인 행사를 좋아하지 않는다고 할 수도 있겠죠. 하지만 실제로 물건을 살 때는 특가 제품을 선택한다고요."

이제 방법은 실제 테스트뿐이었다. 나는 '항시할인 가격제 도입' 여부를 더 이상 논쟁의 주제로 삼지 않았다. 다만 언제, 어떤 식으로 도입할지에 대해서만 논의에 부쳤다. 경영진은 나를 향해 격분을 쏟아냈다. 모든 제품 가격을 근본적으로 축소하고 나면 우리가 무엇을 잃게 될지, 최악의 시나리오가 사방에서 전개되었다. 하지만 나는 완강하게 버텼다.

"아닙니다. 우리는 분명 마진을 얻게 될 거예요."

나에게는 너무도 분명한 이야기였지만, 당시에는 이 사실을 이해하는 사람이 거의 없었다.

할인 행사를 하지 않는 할인매장 ——————…

비슷한 시기, 우리가 중단한 또 한 가지 제도가 있었다. 마침 그 무렵 은행들은 센트 동전을 충분히 조달하는 데 어려움을 겪고 있었다. 그런데 점포에서는 1센트와 2센트 동전이 1유로와 2유로 동전보다 훨씬 요긴했다. 제품의 가격이 보통 99센트로 끝나기 때문이다. 고객들이 계산대에서 정확한 액수를 내는 경우는 별로 없기에 늘 거스름돈이 필요했다. 나는 즉흥적으로 이런 생각을 떠올렸다.

"좋아! 은행에 1센트와 2센트 동전이 부족하다면 우리도 1센트, 2센트 동전을 거슬러줄 필요가 없는 가격을 만드는 거야. 가격을 5센트로 끝내면 어떨까?"

즉흥적인 발상이 늘 그렇듯이, 그것이 왜 좋은지에 대해 나와 동료들은 순전히 추론만을 주고받았다. 우리는 항시할인 가격제를 도입할 최선의 방법이 무엇인가를 계속해서 논의했다. 가격을 어떻게 책정할 것인가? 0.99유로, 0.98유로의 가격이 과연 옳은가? 아니면 적절치 않은 가격인가? 하나의 질문은 또 다른 질문을 낳았고, 건설적인 불만에서부터 새로운 질문과 더불어 새로운 인식이 생겨났다. 새로운 눈과 귀로 전에는 전혀 보고 듣지 못했던 것에 주의를 기울이기 시작했다. 우리는 지금까지 한 번도 가격의 끝자리에 대해서 중점적으로 고민한 적이 없었다. 하지만 이제 이것은 진지한 고민거리였다.

경험 많은 노련한 경영진의 관점에서 '항시 할인 가격'은 위협적인 요소였다. 할인 행사를 하면 매출이 오르고, 하지 않으면 매출이 감소한다는 것을 그들은 실제로 수없이 경험했고 그렇기에 확신했다. 항시할인 할인제는 그런 확신에 전면적으로 위배되는 개념이었다. 그런데 5센트로 끝나는 가격이 새로운 선택의 여지를 열어주었다. 지금까지는 경쟁 업체가 '99센트'로 끝나는 가격을 제시하면 우리는 그보다 더 저렴하게 '89센트'로 끝나는 가격을 제공하는 것이 업계의 관행이었다. 할인 폭으로 따지면 10퍼센트를 낮추는 셈이다. 그런데 가격을 5센트로 끝내어 95센트로 맞춘다면, 4센트 할인만으로 충분했다.

그다음부터 벌어진 일은 다음의 말로 요약할 수 있을 것이다.

'의지가 있는 사람은 방법을 찾고, 의지가 없는 사람은 핑계를 찾는다.'

우리가 일시적으로 내놓던 할인 가격을 모든 제품에 적용시켜서 항상 저렴한 가격을 유지한다면, 다시 말해 할인 행사를 하지 않고 경쟁업체에 비해 늘 저렴한 가격을 제시한다면 어떤 일이 발생할지를 놓고 다함께 계산 작업에 들어갔다. 견적을 내본 결과, 저렴한 공급자가 되고자 했던 데엠의 기본 원칙이 위태로워지는 일은 없었다. 오히려 그 반대였다. 우리는 지속적으로 저렴한 가격을 제시할 수 있었다!

물론 경쟁 업체 중 한 곳에서 특별 할인을 할 때 그 가격에까지 맞출 수는 없었다. 지난 시간 동안 우리는 어떤 경쟁 업체가 어떤 할인 행사를 하는지 면밀히 관찰해왔다. 그래서 어느 업체에서 할인 행사를 할 때 가격을 어디까지 낮추는지 잘 알고 있었다. 시기에 따라 데엠의 상품은 그들과 똑같은 가격일 때도 있고, 더 쌀 때도 있었다. 그리고 가격에 민감한 소비자들은 이런 사실을 주시했다.

이제 관건은 우리가 제공하는 가격이 바겐 헌터들에게도 호응을 얻을 수 있을 정도로 충분히 매력적인가 하는 것이었다. 우리는 이 문제를 고심하며 이곳저곳에 문의도 하고 견적도 수차례 내보았다. 지금까지 가격 할인을 위해 얼마나 많은 비용을 지출했는지, 앞으로 항시 할인 가격을 제공할 경우 얼마나 많은 비용이 들 것인지를 상세히 조사해야 했다. 1만 2,500가지의 다양한 제품에 대해 일일이 비용을 계산하는 것이 얼마나 어려울지는 충분히 예상할 수 있었다. 그래서 전자 상품관리시스템의 도움을 받기로 했다. 최신 컴퓨터 기술을 이용해 다양한 시나리오를 정교하게 산출했고, 위기와 기회를 신중히 검토할 수 있었다.

복잡한 계산 과정이 이어지면서 사람들은 지치기 시작했다. 이 시도가 너무 무모하고 어리석으며, 이대로 실행할 수 없다는 주장들이 고개를 들었다. 그러한 상황에서 나는 '의식적으로 구매하는 단골 고객'이라는 목표 집단에 집중했다. 그들을 가격 할인이라는 수단으로 유인하는 것은 어리석은 일이라고 나는 강조했다. 단골 고객들은 고민 없이 선택할 수 있는 '늘 저렴한 가격'을 원하기 때문이었다. '의지가 있는 사람은 방법을 찾고, 의지가 없는 사람은 핑계를 찾는다'는 신조에 발맞추어 우리는 다시 힘을 모았다.

곧이어 다음과 같은 불가피한 질문이 수면 위로 떠올랐다.

'우리가 더 이상 할인 행사를 하지 않는다면 광고를 어떤 식으로 해야 할까?'

그 가게를 찾게 만드는 단 한 가지 제품

지금까지 데엠의 광고는 전단지를 주력으로 했다. 이는 다른 동종 업체들도 마찬가지였다. 전단지 광고에는 단순한 상품 사진과 가격만을 실어서 눈에 확 들어오도록 했다. 물론 우리와 다른 업계에서는 돈을 많이 들인 고상한 광고를 제작하기도 한다. 하지만 우리의 광고주들은, 인상적인 풍경 속에 한껏 꾸민 모델들이 포즈를 취하는 광고보다도 단순하고 강렬한 광고를 선호했다. 유행을 따르지 않는 우직한 광고라고 생각하기 때문이다. 점포에서도 이런 전통적인 전단 광고를 여전히 '광고의 기본'이라고 생각했다. 그런데 우리가 더 이상 가격 면에서 유리함을 내세울 수 없다면 굳이 이런 전단지를 배부할 필요가 있을까?

이어서 또 한 가지 요소가 쟁점으로 떠올랐다. 업계에서 자주 거론하는 '코너 상품'이 그것이었다. 코너 상품이란, 눈에 잘 띄지 않는 코너에 놓여 있는 상품을 뜻하는 것이 아니다. 반대로, 고객들이 그 상품을 기준으로 매장 전체의 가격 수준을 가늠하도록 하는 아주 중요한 상품을 말한다. 간단히 말하면 이런 식이다. '아하, 버터가 싸네. 그럼 이 상점에 있는 다른 물건들도 쌀 거야.' 이것을 흔히 '코너 상품 효과'라고 얘기한다.

소비자들은 모든 제품의 가격을 다 기억하지 않는다. 자신이 특히 자주 사는 제품, 어디서나 살 수 있는 두세 가지의 코너 상품 정도만 가격을 기억한다. 이를테면 빵, 버터, 우유, 커피, 초콜릿 등이 여기에 해당한다. 과일 요구르트의 경우에는 조금 더 복잡한데, 크기뿐만이 아니라 맛도 다양하기 때문이다. 그렇게 가격 비교가 까다로운 제품은 코너 상품이 되기 힘들다. 드러그스토어의 경우에는 기저귀, 샴푸, 화장지가 주요 코너 상품이다. 가루 세제는 한때 코너 상품 역할을 했지만 가루형, 고형, 액상형 등으로 종류가 다양해지면서 코너 상품에서 제외되었다.

항시할인 가격제와 광고의 가능성에 대해 생각하면서 나는 코너 상품에 초점을 맞추게 되었다. 코너 상품이 특히 저렴해야 한다는 것은 소매상의 철칙이었기 때문이다. 하지만 도르트문트(Dortmund)의 어느 매장에서 나의 생각은 완전히 바뀌었다.

그곳은 도르트문트 중에서도 회르데(Hörde)라는 남부 지역에 있는 매장이었다. 나는 북적북적한 계산대 옆에 서 있었다. 평소 매장에 들르면 나는 계산대에서 손님들이 봉지에 물건 담는 걸 돕곤 했다. 그럴 때 옆에서 슬쩍 말을 붙이면서 데엠의 어떤 점이 마음에 들고, 어떤 점은 그렇지 않은지 물어볼 수 있었다.

그날은 나이가 지긋한 어느 여성이 눈에 들어왔다. 장바구니를 보니 에델바이스(Edelweiß)사의 (Lactose) 제품이 들어 있었다. 락토오스는 소화 장애가 있는 노인들이 주로 찾는 건강식품으로, 아주 오래전에 출시되었지만 이제는 모르는 사람들이 많았다. 드러그스토어 업계의 관점에서 보면 락토오스는 틀니 전용 치약과 비슷한 종류였다. 말하자면 결코 코너 상품이 될 수 없는 비주류 상품이었다. 그런데 이 여성은 에델바이스사의 락토오스를 여덟 팩이나 구입했다. 매장에 재고가 그 정도나 있다는 사실이 놀라울 따름이었다. 게다가 그 부인이 구입한 물건은 락토오스가 전부였다. 장바구니에 락토오스 말고는 아무것도 없었다.

나는 궁금증이 발동해서 슬쩍 말을 걸었다.

"에델바이스 락토오스를 많이 구입하셨네요."

그러자 부인은 이렇게 이야기했다.

"네네, 항상 여기서 락토오스를 사요. 일부러 전차를 타고서 여기까지 온답니다."

"네? 전차를 타고요?"

"저는 도르트문트 북부에 있는 양로원에 살아요. 연금생활자라서 전차를 공짜로 탈 수 있거든요. 그래서 여기까지 늘 전차로 와요."

"그런데 왜 굳이 이렇게 먼 데엠 매장까지 오시는 건가요?"

나는 그 이유를 정확히 알고 싶었다. 도르트문트 북부라면 이곳 남부 매장에 다녀가는 데 반나절은 족히 걸릴 터였다.

"이 락토오스는 다른 곳에 비해 여기가 20페니히나 더 싸요. 그래서 한 번 올 때 여러 개 사서 친구들에게 갖다 주는 거예요."

"그래도 너무 멀지 않나요?"

내가 묻자 부인은 괜찮다는 듯 손짓을 하며 웃어 보였다.

"상관없어요. 저는 시간이 많은걸요."

부인이 보여준 영수증을 확인해보니 충분히 납득이 되었다. 20페니히

곱하기 8에 해당하는 금액은 연금생활자인 그녀에게 상당히 큰돈이었다. 반면 부인에게 시간은 상대적으로 그리 중요한 개념이 아니었다. 그러니 이렇게 멀리까지 찾아올 만한 가치가 분명 있었다.

그 순간 나는 깨달았다. 이 여성에게는 락토오스가 바로 코너 상품이었다. 코너 상품에 대한 일반적인 이론은 여기에 적용되지 않는다. 누구나 자신만의 코너 상품을 가지고 있으며, 코너 상품은 매우 개인적인 것이다. 예를 들어 슐츠라는 여성과 슈뢰더라는 여성이 있다고 해보자. 둘 다 가격을 따지는 고객이지만 개인적인 코너 상품은 서로 다르다. 만약 둘 중 한 명의 집을 구석구석 살펴본다면 데엠 제품이 서른다섯 개 정도는 나올 것이다. 왜 데엠에서 물건을 사느냐고 묻는다면, 그 서른다섯 가지 가운데 어떤 하나 때문에라도 데엠에 갈 만한 이유가 충분하다는 답변을 들을 수 있을 것이다.

모든 상품은 ———… 특별한 상품이 되어야 한다

그날 이후 항시할인 가격제에 대해 논의할 때마다 나는 락토오스를 구입한 부인 이야기를 예로 들었다. 그러면 사람들은 다음과 같은 사실을 즉시 이해했다. 즉, 고객이 데엠에서 상품을 구입하는 것은 그것이 필요하기 때문이다. 필요하지 않은 상품은 팔리지 않는다. 그리고 누군가에게 규칙적으로 필요한 물건이 있다면 그것은 그 사람의 코너 상품이 된다.

틀니 전용 치약이든, 락토오스든, 면도날이든 상관없다. 그때부터 우리는 코너 상품에 대한 낡은 패러다임을 버리고 이렇게 말하게 되었다.

"모든 상품은 저렴해야 한다!"

우리는 여기서 한걸음 더 나아갔다. '락토오스의 가격을 20페니히가 아니라 50페니히 더 저렴하게 제공한다면 더 많은 락토오스를 팔게 될 것'이라는 사실에 착안한 것이다. 우리가 할인 행사를 하던 시절에는 주로 코너 상품과 회전이 빠른 상품을 광고했다. 반면에 지금은 코너 상품과 상관없이 제품 전체의 가격을 항시적으로 낮추었다. 경쟁 업체들은 우리를 비웃었다.

"저렇게 소수만 찾는 제품까지 가격을 낮추다니, 참 어이없는 생각일세. 이제 우리 수익이 훨씬 더 높겠어."

하지만 이러한 항시적인 저가 전략 덕택에 더 많은 사람들이 전차를 타고 데엠을 찾아오게 되었다. 그리고 많은 사람들이 데엠은 다른 물건들도 타사보다 훨씬 더 저렴하다고 확신하게 되었다. 경쟁 업체들은 지금도 이런 전략을 따라오지 못한다. 대부분의 경쟁사들은 계속해서 보편타당한 코너 상품에만 주력하며, 그것이 슐츠나 슈뢰더라는 여성에게는 전혀 중요한 기준이 되지 못한다는 사실을 깨닫지 못한다. 양로원에서 온 그 부인에게는 빨래 세제의 가격은 전혀 상관이 없다. 왜냐하면 빨래는 양로원에서 해주기 때문에 직접 세탁기를 돌릴 일이 없기 때문이다.

그래서 우리는 모든 상품을 코너 상품으로 만들었다. 모든 상품의 가격을 누구나 매력적으로 느낄 만큼 낮추어야 했다. 그것도 다른 경쟁사에 비해 더 저렴하게.

바겐 헌터들은 전단지를 샅샅이 살펴보면서 저렴한 제품을 사냥하는데 재미를 느낀다.

"이야, 드릴링머신(공작물에 구멍을 뚫는 기계-옮긴이) 가격이 이렇게 싸? 이건 꼭 사야겠어. 창고에 이미 세 개나 있지만 말이야."

우리는 그런 방식의 광고로 고객들의 욕구를 자극하고 싶지 않았다. 항시적인 저가에 대한 고민은 지금까지 대답하지 못한 다음 질문으로 이어졌다. 즉, 이제부터 어떻게 데엠 광고를 할 것인가? 우리는 먼저 마케팅 전반에 문제를 제기하고 샅샅이 조사를 시작했다. 그리고 새로운 광고 에이전시를 만났다. 새로운 에이전시는 아무런 편견 없는 시선으로 데엠을 바라보았고, 우리는 가장 먼저 우리 매장에 대해 설명해야 했다. 그 시간은 스스로를 근본적으로 비판할 수 있는 기회가 되었다. 이것은 전형적인 학습의 단계와도 같았다. 가장 많은 것을 배우는 사람은 언제나 강연을 하는 사람이다.

우리는 '무엇을 전단지의 대안으로 삼을 수 있을까?'라는 단순한 질문에서 시작하여, 어느 순간 '우리의 슬로건은 과연 옳은가'라는 질문에 직면했다. '훌륭한 브랜드, 저렴한 가격'이라는 데엠의 슬로건은 1973년부터 시작되었다. 이 슬로건은 과연 옳은가? 데엠과 잘 맞는가? 아니었다. 우리는 확실하게 느꼈다.

그게 중요한 것이 아니라면, 무엇이 중요한가?

소비자가 아닌
'사람'으로서 다가가다

당시 미국의 광고 에이전시 영앤루비컴(Young&Rubicam)의 독일 지사 사장이었던 잉고 크라우스(Ingo Krauss)는 우리에게 근본적인 질문을 던졌다. 단순하면서도 실존적으로 매우 중요한 질문이었다.

영앤루비컴은 우리가 지난 20년 동안 획득한 모든 것을 다시 한 번 우리의 눈으로 주시하고 전문적으로 진단할 수 있도록 해주었다. 여기에는 우리의 모범, 철학, 경영 이상, 조직도가 모두 포함되었다. 고객은 왜 데엠을 찾는 것일까? 우리의 사명은 '훌륭한 브랜드를 저렴한 가격에 판매하는 것'이 아니었다. 이것은 할인점의 기계적인 사고에 불과하다. 우리는 전단지와 같은 함정에 또 다시 빠져 있었다. 우리는 사람들이 자신의 소비 욕구를 만족시킬 수 있도록 도움을 주고자 했다. 그리고 그 소비 욕구를 가치 있게 만들고자 했다. 사고의 핵심이 점점 명확하게 가려졌다. 우리는 인간의 어두운 충동이 아닌, 선한 본능을 중심에 두려 했다.

괴테의 희곡《파우스트》에서 신은 이렇게 말한다.

"선한 인간은 어두운 충동 속에서도 올바른 길을 잘 알고 있다."

그 긍정적인 인간상이 바로 우리가 추구하는 바였다.

우리는 신과 메피스토처럼 인간을 두고 일종의 내기를 걸었다. 사람들이 해먹에 되도록 오랫동안 누워 있기 위해, 혹은 되도록 많이 먹기 위해 이 세상에 태어난 것이 아님을 우리는 증명하고 싶었다. 사람은 능동적인 존재다. 우리가 세상에 태어난 이유는 배우기 위해, 목표를 갖기 위해, 무언가를 변화시키기 위해, 자신을 뛰어넘기 위해서다. 그렇기 때문에 우리의 광고가 인간의 어두운 충동에 호소하거나 기만 행위를 부추기는 것이 아니라, 인간이 진정으로 원하는 것에 호소하기를 원했다.

우리는 이 모든 내용을 새로운 광고 에이전시에 이야기했다. 그들은 한동안 창의적인 작업에 몰두하더니 다음과 같은 멋진 슬로건을 들고서 돌아왔다.

"여기서 나는 인간이며, 여기서 나는 물건을 구매한다."

아주 단순하면서도 천재적인 슬로건이었다. 여기에 반대하는 사람은 아무도 없었다. 이 슬로건 역시 괴테의 《파우스트》에 나오는 중요한 문구를 인용하여 변형한 것이다. 파우스트는 부활절에 조수 바그너와 함께 산책을 하면서 마침내 눈과 얼음이 녹은 아름다운 광경에 기뻐했다. 파우스트는 과거의 모든 부정적인 생각들을 떨치고, 잃어버렸다고 믿었던 삶의 기쁨을 되찾았다. 그리고 이렇게 말한다. "여기서 나는 인간이고, 여기서 나는 인간답게 산다."

"여기서 나는 인간이며, 여기서 나는 물건을 구매한다"라는 데엠의 새로운 슬로건은 오늘날까지 계속 유지되고 있다. 이는 우리가 지향하는 철학을 가장 적절하게 요약해서 보여주는 문장이다.

데엠에서 나는 고객이 아니라, 소비자가 아니라, 인간으로서 물건을 구입한다. 데엠은 내 지갑을 노리는 기업이 아니라 "데엠에서 물건을 구입함으로써 당신의 소비 욕구를 충족할 수 있고, 나아가 가치 있게 만들 수 있다. 이를 위해서 우리는 당신 곁에 존재한다"고 말하는 기업이다.

고객의 장바구니
들여다보기

1992년~1994년은 데엠의 전환기였다. 이 시기에 우리는 항시할인 가격제와 '5센트 가격책정제'를 도입하면서 특가 행사를 폐지하고, 새로운 슬로건을 개발했으며 대화 마케팅d(ialogue marketing)을 시작했다. 모든 관점에서, 모든 결과를 수용하며, 모든 대외 활동에 내부적 이상을 적용했다. 우리는 고객의 마음을 유혹하고 꾀는 방식에서 벗어나 신뢰할 수 있는 존재로 탈바꿈하고 있었다. 또한 고객에게 압박을 가하는 마케팅이 아니라 고객의 마음에 소용돌이를 일으키는 마케팅으로 전환했다.

무엇보다 '고객의 뚜렷한 주관'에 중점을 둔 이런 마케팅 방식은 데엠의 광고에도 실마리를 제공해주었다. 그리하여 몇 년 후, 우리는 우리 매장과 물건을 의미 있게 광고할 방법을 찾았다. 전통적인 광고에서 탈피해, 우리의 생각과 바람에 일치하는 결과물을 도출하기까지는 상당한 시간이 걸렸다.

고객의 구매 패턴을 알고 있다면, 직접적인 대화를 통해 고객이 만족할 만한 새로운 할인 상품을 제안할 수 있다. 나는 락토오스를 구매했던 부인을 통해 그 사실을 직접 체득했다. 그 부인은 아마 건자두나 사우어크라우트(sauerkraut, 새콤한 맛이 나는 독일식 양배추 절임-옮긴이) 샐러드에도 눈을 동그랗게 뜰 것이다. 내가 농담 삼아 늘 하는 말이 있다.

"당신이 뭘 사는지 나한테 말해주면, 당신이 어떤 사람인지 말해줄게요."

이 농담에는, 고객이 무엇을 사는지 정확히 알수록 고객에게 더 걸맞은 제품을 합리적으로 제공할 수 있다는 숨은 뜻이 담겨 있다. 나는 언젠가 한 인터뷰에서 이런 이야기를 한 적이 있다.

"저는 계산대에 자주 앉아 있곤 합니다. 고객의 카트를 들여다볼 수 있거든요."

그러자 인터뷰 진행자는 호들갑스럽게 말했다.

"와, 그거 아주 은밀한 일 같은데요!"

아마도 그 사람의 코너 상품은 콘돔 한 박스가 아닐까 싶다. 다른 사람의 장바구니를 들여다보는 것은 은밀하다기보다, 정보를 파악하기 위한 행위다. 이를테면 어떤 고객의 장바구니에 기저귀가 주기적으로 담긴다면 십중팔구 아기가 있을 것이다. 또 어떤 고객이 면도 제품을 전혀 사지 않는다면 아마도 여성일 것이다. 여성인데도 생리대를 사지 않는다면 아마 50세 이상의 여성일 것이다.

이제는 독일에서 매일 약 150만 명의 고객들이 데엠을 방문한다. 우리는 그 고객들을 개인적으로 전부 알 수 없다. 하지만 그들을 인간으로서 대할 수 있다는 것은 우리로서 분명 행복한 경험일 것이다. 2000년에는 이른바 페이백(Payback) 카드라는 것이 시중에 등장했다. 고객은 이 카드에 포인트를 적립할 수 있고, 나중에 이 포인트를 특별 상품이나 상품권, 현금으로 교환할 수 있다. 우리는 페이백 카드의 초창기 파트너 중 하나였다. 이제는 이러한 시스템에 관여하는 업체가 40개 이상으로 증가했으며, 독일 가정의 60퍼센트는 페이백 카드를 소지하고 있다. 데엠의 경우에도 매출의 60퍼센트를 페이백 고객들이 올려주는 실정이다.

페이백 카드를 통해 고객은 상품 가격의 약 1퍼센트에 해당되는 포인트를 적립할 수 있다. 이는 다른 곳의 특가 행사와도 유사한 효과다. 고객의 입장에서 느끼는 가장 중요한 차이는, 언제 어떤 물건을 사든 모든 상품에 대해 할인을 받는다는 것이다.

한편으로 페이백 카드 고객들은, 우리가 그들의 장바구니를 들여다본다는 데 암묵적으로 동의하는 셈이다. 온라인 서점에서는 특정 분야의 책을 주로 주문하는 고객에게 비슷한 종류의 책을 추천한다. 그것과 비슷한 원리로, 우리도 고객의 장바구니를 바탕으로 맞춤식 판매를 할 수 있다. 법적 규정 때문에 각각의 고객이 데엠에서 무엇을 사는지 정확히 알지는 못하지만 전체 데이터에 근거하여 각 매장에서 어떤 제품이 많이 팔리는지, 그리고 주변에 있는 다른 페이백 파트너 매장에서는 무엇이 잘 팔리는지를 파악할 수 있다.

이 정보를 바탕으로 새로운 추론이 가능하다. 이를테면 어떤 도시에 데엠 매장을 열 때 유아용품 코너가 더 커야 하는지, 아니면 화장품 코너가 더 커야 하는지 등을 판단하는 것이다. 매장 주변의 잠재 고객들에게 맞춤식 편지를 보냄으로써 새로 문을 여는 매장에 관한 정보를 전달하기도 한다. 이때 각 고객들이 특히 관심을 가질 만한 상품을 확보하고 있음을 강조한다. 이러한 방식으로 고객에게 개인적으로 접근하지 않고서도 우리 고객의 요구에 한층 더 가까이 다가갈 수 있다.

11

직원을 비용으로 계산할 것인가,
가치로 환산할 것인가?

●

사람에게는 아무것도 가르칠 수 없다.
다만 스스로 깨닫도록 도울 수 있을 뿐이다.

_갈릴레오 갈릴레이(Galileo Galilei)

●

'인건비'라는 개념에 맞서다

몇 년 전 어느 초등학교를 방문했을 때의 일이다. 조금 까불거리는 한 녀석이 갑자기 이렇게 물었다.

"아저씨는 언제부터 일했어요?"

나는 그 꼬맹이에게 대답하기 조금 어려운 질문으로 되물었다.

"글쎄다, 그런데 일이라는 게 도대체 뭘까?"

그 녀석이 조금 망설이자 옆에 있던 똘망한 여자아이가 곧바로 이렇게 외쳤다.

"일은 돈을 잘 받는 거예요."

"아, 그래? 그럼 너희 엄마하고 아빠가 너한테 아침을 차려주고 빨래를 해주는 건 일이 아닌 거네?"

아이들이 골똘히 생각하는 사이 이내 한 여자아이가 말했다.

"그런 일은 우리 엄마도 재미없어 하는걸요. 하지만 엄마는 우리를 사랑하니까 그렇게 하는 거예요."

아이들이 자유롭게 나눈 이야기는 사실 성인의 머릿속에서 일어나는 내용과도 일치한다. 즉, 일이란 돈을 받는 것이고, 다른 모든 것들은 사랑이나 재미로 한다는 것이다. 그러나 우리가 도대체 왜 일을 하는지를 분명하게 인식한다면 일과 재미를 결합하기가 한결 쉬울 것이다. 우리는 자신을 위해 일하는 것이 아니라, 다른 사람들의 욕구와 바람을 충족시키기 위해 일한다. 우리는 일의 가치를 여러 가지 다양한 방식으로 산출할 수 있다. 돈은 그저 하나의 수단에 불과하며, 가치를 표현하기에 그렇게 좋은 수단은 아니다.

사람들은 돈을 많이 버는 일이 적게 버는 일보다 더 가치 있고 중요하다고 생각한다. 하지만 우리 모두 마음속으로는 말도 안 되는 소리라는 걸 잘 안다. 왜냐하면 단돈 1센트를 받더라도 가치 있고 중요한 일들이 아주 많기 때문이다. 또한 수백만 달러의 금액이 지불되지만 쓸데없고 불필요한 일들도 아주 많다. 그렇기 때문에 우리는 모든 사람의 일을 존중해야만 한다. 그 일에 보수가 지급되지 않더라도 말이다. 더 정확히 표현하자면, 보수가 지급되지 않는 일을 더 높이 평가해야 한다. 보수 없이도 그 일을 한다는 사실은 존중받을 만하기 때문이다. 이것은 순전히 의식의 문제다.

이와 같은 '일의 가치'에 대한 의식을 데엠의 조직 내부에 마련하기 위해 우리는 일찍부터 고민해왔다. 서로 존중하는 마음을 경영의 전제 조건으로 제시했으며, 모든 직원이 기업가의 마음으로 스스로 결정하고 창의적인 자세로 주도권을 갖도록 하는 것을 목표 삼았다. 그 말은 곧, 직원을 '비용이 들어가는 존재'로 바라보는 전통적인 시각에 정면으로 맞선다는 뜻이었다.

'인건비'라는 것은 현실에 전혀 부합하지 않는, 완전히 잘못된 개념이다. 잘못된 개념은 잘못된 도구와도 같다. 잘못된 도구를 선택하면 그 기능을 제대로 활용을 할 수 없다. 망치로 나사를 돌리는 격이다. 그러니 당연히 목표에 도달하지 못한다. 나사를 돌리려면 망치가 아닌 드라이버를 사용해야 한다. 인건비라는 단어는 직원을 '비용을 일으키는 요인'으로 정의한다. 비용을 산출할 때 '소득에서 인건비를 제한다'는 표현을 쓰는 것을 보면 잘 알 수 있다. 이런 개념이 통용되면 우리 머릿속에는 직원이 수익을 감소시킨다는 의식이 생겨난다.

내가 아는 수많은 경영자들이 인건비를 거론하지만, 실제로 직원이 수익을 감소시키는 경우는 한 번도 본 적이 없다. 오히려 언제나 그 반대다. 직원들은 기업의 수익을 창출한다! 직원이 수익을 갉아먹는다는 것은 말도 안 되는 소리다.

통상적인 노동법 또한, 직원이 수익이 아니라 비용에 속한다는 내용을 규정하고 있다. 이런 법적 사실에 근거해, 회계 규정에서는 직원에게 흘러가는 자금을 운영비로 처리한다. 법적인 측면에서 보면 직원은 기업의 아웃사이더이다. 이러한 내용은 고용계약서에도 드러난다. 만약 직원이 기업의 일부라면, 그런 계약 관계나 계약서 자체가 필요하지 않을 것이다.

직원이 수익을 감소시킨다고 생각한다면 그 다음에는 분명히 이런 생각을 하게 될 것이다. "최근 들어 수익이 불안정하네. 비용을 절감하기 위해 직원을 해고해야겠어."

어리석은 생각이다. 일을 처리할 사람들이 사라지고 나면 비용이 아니라 수익이 감소할 것이다. 그러므로 나는 '인건비' 대신에 '직원수익'이라는 말이 알맞은 표현이라 생각한다. 어떻게 하면 현실과 부합하는, 다시 말해 새로운 현실에 알맞은 수익 산출 방식을 도출할 수 있을까? 이는 단순한 비교를 통해 분명히 알 수 있다. 농부가 자신의 땅을 경작하고 수확하던 시절을 생각해보라. 농부는 수확물 중 종자(투자)로는 어느 정도가 필요하고, 가족을 위한 식량(임금과 봉급)으로는 어느 정도가 필요한지를 계산했다.

데엠의 결산서에 수익이 없는 이유 ———— …

데엠은 지금까지 한 번도 적자를 낸 적이 없다. 데엠이 적자를 내지 않았기 때문에 그런 '온화한' 경영 철학을 허용할 수 있었던 것인지, 아니면 거꾸로 우리의 기업 문화, 즉 자기 경영이라는 경영 원칙과 혁신 훈련 때문에 지금까지 적자를 기록하지 않은 것인지는 생각해볼 문제다.

1993년 데엠은 경영보고서를 작성하기 시작했고, 여기에 우리의 기업 문화와 경영 철학을 담았다. 경영보고서는 기업의 모든 영역에 일관성 있는 기업 철학을 전달하고 기업 내부의 협력 과정을 정확하게 명시해야 한다. 이를테면 지점장은 자신이 기업 전체에 어느 정도로 기여를 했는지 알아야만 지점에서 자신이 해야 할 일을 결정할 수 있고, 기업가정신 및 자기 책임의 정신에 근거해 행동할 수 있다.

데엠은 처음부터 투명한 급여 시스템을 갖추고 있었다. 수많은 기업에서는 전략적으로 급여를 산출한다. 급여가 상대적으로 높은 부장급 직원들의 경우 서류상 '손실'로 기록된다. 실제로 손실을 내는 것이 아닌데도 회계 처리가 늦어지기 때문에 장부상 그런 결과가 나타난다. 이때 회계 및 경영보고 체계가 권력의 수단 역할을 한다. 그와 달리 데엠에 경영보고가 존재하는 이유는 모든 변두리까지 투명성을 관철하고 이를 통해 자기주도권을 촉진하기 위해서다. 우리는 매장이 본부에 예속되는 정도를 줄이고자 했을 뿐만 아니라, 더 나아가 이러한 예속을 본격적으로 저지하고자 했다.

데엠에서는 이를 '가치형성산출(Wertbildungsrechnung)'이라고 부른다. 프로젝트를 통해 개발한 이 산출 시스템은 기업 전체, 그리고 매장의 모든 코너에 적용되었다. 당시 경영진에 새로 합류한 마르코 메스콜리는 인사책임자, 마케팅책임자, 구역책임자, 지점장 등과 모여 논의를 계속했다. 가끔은 경영 보고와 전혀 상관없는 사람들도 함께 테이블에 앉았다. 다른 사람들의 업무를 심층적으로 이해하고, 자신의 성과를 산출하는 수단인 회계 원칙에 대해서도 파악하는 작업이 이어졌다. 회계 시스템이 완전한 형태를 갖추기까지 3년 이상의 시간이 걸린 것은 어쩌면 당연한 일일 것이다.

일반적으로 자본가는 손익계산을 통해 자신의 투자가 어떤 수익을 낳을지에 대해 정보를 얻는다. 한 사람이 다른 사람에게 돈을 주고, 그 사람은 이 돈으로 경영을 하여 마지막에 그 수익을 몫에 따라 투자자에게 돌려준다. 투자자의 재무적인 시각에서는 수익과 손실이 유일하게 중요한 기준이다.

데엠의 결산서를 보면 놀랍게도 수익을 찾아볼 수 없다. 대부분의 사람들이 수익이라고 칭하는 것은 '자산' 범주에 속한다. 자산이 늘어나면 빚이 줄어들고 수익이 발생한다. 반대로 자산이 줄어들면 빚이 늘어나고, 그렇게 되면 손실이 발생한다.

체인스토어 기업에서는 손실과 수익의 범주를 바탕으로 각 매장에 어느 정도를 배분해야 하는가를 판단한다. 어떤 사람은 배분해줄 만한 것이 있다고 생각하고, 어떤 사람은 매장마다 각각 손실과 수익의 정도가 다르기 때문에 남는 것이 없다고 생각한다. 하지만 이것은 착각이다. 전체적인 측면에서 볼 때 특정 매장이 손실을 본다 하더라도 그 매장에 더 많은 자본을 투입하는 일이 필요하다. 연대성에 기반한 공동체에서는 전체적인 부채를 줄이도록 관리하는 것이 중요하기 때문이다.

비용은 없고
성과만 존재하는 조직

경영자는 사회적 문제를 해결하고 고객을 위해 가치를 창출하고자 한다. 그리고 이를 도와줄 아군, 즉 직원들이 필요하다. 회사는 그들 모두가 전체적인 맥락에서 얼마나 많은 가치를 창출하는지, 어떤 집단적 능력을 발휘하는지를 평가해야 한다.

회사는 경우에 따라 투자자에게서 자금을 빌려야 하며(채무), 투자자에게 이자를 갚아야 한다(채무 상환). 이는 마치 가족 내에서 각각의 역할을 맡는 것과도 비슷하다. 한 사람은 일을 해서 채무를 상환하고, 다른 사람은 식료품을 사서 가족의 식사를 챙긴다. 이 두 가지 일은 모두 필수적이다. 둘 중 하나라도 소홀하게 되면 이 가족은 살아남을 수 없다. 하나의 일은 채무를 늘리고, 다른 일은 채무를 상환한다. 이 두 가지 일을 모두 포기할 수 없다.

데엠에는 수익이 발생하는 매장이 없다. 우리는 이에 익숙하다. 어떤 데엠 매장들은 채무 상환을 돕는 역할을 하고, 또 어떤 매장들은 여전히 투자와 지원이 필요한 단계에 있다. 그 모든 매장은 가치 창출에 기여한다.

그래서 우리는 회계 시스템상에서 완전한 가치창출사슬을 계획했다. 즉, 일을 수행하는 모두에 대해 그 값을 산정하는 것이다. 이 값은 그 일을 요구하는 사람에게 청구된다. 그렇기 때문에 데엠에는 '비용'이 존재하지 않고 오로지 성과만이 존재한다. 예를 들어 정보기술 부서는 비용을 증가시키는 것이 아니라 조직의 다른 부서에서 발생한 요구들을 채워주는 역할을 한다. 모든 부서는 이런 성과를 자각해야 하며, 그 값을 확실히 계산해야 한다.

데엠의 가치형성산출의 또 다른 특징은 매장과 본부 사이에 오가는 업무의 흐름을 투명하게 할 뿐만 아니라 본부 내부의 업무 내역에 관해서도 투명성을 유지하게끔 한다는 것이다. 다른 기업에서 본부의 비용은 '공통경비'라는 이름표가 달린 큰 냄비 안에 가라앉아 있다. 안이 뒤죽박죽 섞여있는 이러한 냄비에서 간혹 '행정경비'나 '판매비용' 같은 내용 없는 항목들이 발견된다. 그러한 항목에는 누가 누구를 위해 무슨 일을 했는지가 확실하게 명시되어 있지 않다. 반면 데엠에서는 모든 항목이 완전히 투명하다. 재무과는 모든 매장에서 일어나는 일에 대해 증빙 서류를 만드는 일을 한다. 인사관리와 같은 본부의 업무에 대해서도 마찬가지다. 이러한 작업을 위해 내부 경영보고가 이루어진다. 다시 말해 데엠 내부에서 일어나는 모든 업무 교환은 경영보고서에 명시된다.

우리가 이렇게 하는 목적은, 수행된 모든 성과(내부적이든 외부적이든 상관없이)에 대해 그 가치에 해당하는 액수를 할당하고 일에 관여한 모든 사람들이 이를 인식하게끔 만드는 것이다. 모든 매장은 스스로 얻은 수익과 매장의 활동으로 발생한 비용만 보는 것이 아니라, 자신의 매장 업무를 돕는 A와 B, C부서에서 발생하는 비용까지 확인할 수 있다. 이 과정에서 각 매장은 자신의 성과 창출 과정을 업무 협력의 구성 요소로서 인식하게 된다. 이런 성과를 놓고 누군가가 자의적인 분배 기준에 따라 비용을 부과하는 것이 아니라, 성과의 값을 계산하는 것이다.

데엠에서는 '공헌이익(Contribution Margin)'이라는 것을 산출한다. 이는 매출에서 매출원가를 뺀 값으로, 이렇게 산출된 공헌이익은 외부 서비스(난방, 전기, 보험 등), 선급금(정보기술, 관리감독, 물류 등), 내부 서비스(직원 급여, 세금, 투자, 채무 및 채무 상환 등)로 배분된다.

많은 경영인들이 이런 시도를 순전한 말장난이나 쓸데없는 시간 낭비로 치부한다. 하지만 결코 그렇지 않다. 왜냐하면 가치형성산출에서 무엇보다도 중요한 것은 조직 전체의 가장 끝부분까지 유지되는 투명성이기 때문이다.

일반적으로 제조업체와 유통업체 사이의 거래에는 비교적 큰 간극이 존재한다. 모든 상품에는 공식적인 정가 외에도 '조건'이라는 것이 따라

붙는다. 즉, 제조업체가 유통업체를 어느 정도 '매수'하기 위한 특전을 말한다. 이를테면 유통업체가 특정 상품을 매장의 가장 좋은 위치에 진열한다거나, 신문에 상품 광고를 내는 경우 해당 제조업체로부터 할인을 받는다. 제품에 표기되는 '정가'의 이면에서, 본부는 이런 공제와 할인으로 경제적 이익을 얻는다. 본부의 성과는 속이 전혀 보이지 않는 상자에 들어있다고 할 수 있다. 매장 직원들은 실제적인 지출과 경비에 대해서는 전혀 모른다. 그렇기 때문에 불평 또한 할 수 없다.

하지만 데엠에서는 다르다. 예를 들어 재무부서가 책정한 서비스 가격이 오르면 매장은 이에 대해 어떤 서비스를 추가로 제공받게 되는지 문의한다. 모든 부서가 다른 부서와 지속적으로 질문과 답을 주고받아야 한다. 만약 동일한 성과를 더 저렴한 비용으로 달성할 경우에는 별도로 인정을 받는다.

슐레커사의 미심쩍은 성공 —————···

슐레커사는 위에서 말한 '정가 외의 조건'를 근본적인 사업 모델로 삼았다. 슐레커 드러그스토어 체인이 어떻게 놀라운 성장을 이루었는지 내가 파악할 때까지도 이 모델은 오래도록 유지되었다. 안톤 슐레커는 도축업 분야에 종사하다가 1975년에 자신의 첫 드러그스토어를 개점했다. 슐레커 매장은 불과 2년 만에 100개로 늘어났다. 1984년까지 매장의 수는 10배로 급등했고, 1994년 슐레커사는 시장의 선두주자로 올라섰다. 2007년, 슐레커사가 지급불능을 선언하기까지 이 회사는 독일 드러그스토어 시장의 76퍼센트를 차지했다.

우리는 여러 은행과 경제전문가들로부터 항상 이런 질문을 받았다.

"왜 데엠은 슐레커처럼 매장을 많이 오픈하지 않는 겁니까?"

나는 수년 동안 같은 대답을 했다.

"우리는 가장 큰 기업이 될 필요는 없으며, 가장 좋은 기업이 되어야 합니다. 오랜 시간 동안 충분히 최고의 기업을 유지한다면 언젠가 가장 큰 기업이 될 겁니다."

그렇게 되기까지는 35년이 걸렸다. 우리의 미래를 정확히 예측하기는 힘들었지만, 슐레커의 결말은 아주 일찍부터 예상할 수 있었다.

슐레커의 성공 요인이 무엇인지는 내게 꽤 오랫동안 수수께끼였다. 초기에 슐레커는 옛 드러그스토어의 모습에서 탈피함으로써 확실하게 이득을 보았다. 1970년대 초에 독일에는 1만 7,000개의 전통적인 드러그스토어가 존재했다. 소매상들이 가게를 접을 때마다 슐레커는 주의 깊게 지켜보다가 그 가게를 인수했다. 데엠과는 다르게 슐레커는 좁은 영업 면적에 만족했고 필요한 경우에는 선반을 좁고 빽빽하게 배치했다. 이렇게 하여 슐레커는 많은 숫자의 작은 매장들을 열었다.

이런 시스템을 유지하기 위해 슐레커가 돈을 아낄 수 있는 부분은 인력뿐이었다. 여직원 혼자 매장을 운영하는 경우가 많았기 때문에 화장실조차 편하게 갈 수 없었다. 1990년대 말, 슐레커가 직원들의 정당한 임금을 사취했다는 사실이 드러났다. 1998년에 슈투트가르트 지방 법원은 안톤 슐레커와 부인 크리스타 슐레커에게 각각 10개월의 금고형과 집행유예, 100만 유로의 벌금형을 선고했다. 슐레커사는 정식 협정에 따라 임금을 주는 것처럼 속이고 실제로는 직원들에게 더 낮은 임금을 지급했다. 이러한 속임수는 그 두 사람이 가지고 있던 인간상과 일치했다. 즉 슐레커는 직원들이 탐욕스럽다고 생각했고, 슐레커 부인은 직원들이 게으르다고 생각했다. 그들의 경영 모토는 '통제가 최선이다'였다. 실제로 슐레커는 엄격한 통제 시스템을 구축했다. 구역담당자를 시켜 직원들의 가방과 사물함과 자동차를 검사하도록 했으며, 직원을 감시하기 위한 카메라를 매장에 설치했다.

슐레커사는 자력으로 성장한 것이 아니라 인수를 통해, 즉 기존의 매장을 매입함으로써 확대를 해나갔다. 하지만 '덤핑 임대'라 부르는 매장 임대 방식도, 병적인 탐욕도 슐레커의 성장 속도를 완전히 설명해주지는 못했다. 나는 뭔가 다른 요인도 있을 것이라고 확신했다.

마침내 1994년, 제조사가 어떤 조건으로 슐레커에 납품을 하는지 우리는 알아냈고 슐레커의 계략을 모두 알아차릴 수 있었다. 당시 처음 출판된 슐레커사의 결산 내역을 자세히 들여다보니 뭔가 특이한 점이 있었다. 제곱미터당 매출이 4,800마르크로 동종업계의 평균치보다 훨씬 낮았던 것이다. 업계 평균은 제곱미터당 1만 마르크 이상이었다. 씁쓸한 점은 인건비 항목에서는 슐레커사가 가장 높은 액수를 기록했다는 사실이었다. 그 사실이 씁쓸한 이유는, 직원들의 실제 급여가 낮고 매장이 좁은데도 인건비가 매우 높았기 때문이다. 당시에는 이 사실을 아무도 눈치 채지 못했다. 슐레커사의 임대료 총액도 우리보다 훨씬 높은 수준이었다. 데엠의 경우 장기임대라는 계약 조건 때문에 좋은 가격을 협상할 수 있었다.

만약 어떤 회사가 이 부분 저 부분에서 경쟁사보다 더 많은 비용을 지출하게 된다면 다른 곳에서 비용을 절약해야만 한다. 슐레커사의 재고 수치(4억 6,000만 마르크)와 공급업체에 대한 외상매입금 액수(5억 5,000만 마르크)를 보면 이 사실을 확인할 수 있었다. 공급업체는 슐레커에게 1년 후까지 변제한다는 조건으로, 총 3억 6,000만 마르크의 대출금을 무상 제공했다. 오늘 납품받고 1년 후에 갚는다는 것은 많은 사람들이 꿈꾸는 조건이다. 이 조건 덕분에 슐레커는 1년에 약 3,000만 마르크의 이자를 절약할 수 있었다. 이 금액이면 매장 한두 개를 더 열 수 있는 정도였다.

또 한 가지 미심쩍은 부분이 있었다. 대부분의 슐레커 공급업체들이 새로 문을 연 매장을 위해 최초 납품 물품을 무료로 공급했다는 점이었다. 이는 공공연한 비밀이었다. 개점할 때마다 물품을 선사받는다면 새 매장을 여는 재미가 쏠쏠했을 것이다. 지금까지 드러그스토어 업계의 다른 어떤 기업도 그런 조건으로 협상한 경우는 없었다. 이렇게 눈덩이를 굴리는 방식으로 슐레커는 끊임없이 새 가게를 개점하고 기존의 가게에 자금을 댈 수 있었다. 1년에 평균 300개의 매장을 연다고 했을 때 제조사의 지원금은 약 3,000만 마르크로 추산되었다. 그 결과 슐레커가 나중에 지급불능 선언을 할 때 어떤 은행도 손해를 보지 않았다. 슐레커는 단돈 1센트의 대출금도 사용하지 않았던 것이다.

슐레커와 데엠, 명암이 갈리다

나는 격분하여 1994년 8월, 슐레커사의 부당 경쟁에 동조한 제조사에 공식 서한을 보냈다. 제목에는 "업계에서 가장 비생산적인 기업, 슐레커"라고 적었다. 그리고 제조사를 겨냥해 "혹시 자신의 행동이 어떤 결과를 가져올지 전망을 잃어버린 것은 아닌지" 물었다. 하지만 아무것도 바뀌지 않았다. 모든 것이 그대로 계속 이어졌고, 결국 2012년 1월 슐레커는 파산을 선언했다.

슐레커는 절약에 집착한 나머지 제조사들에게 확장 비용까지 부가했다. 제조사로부터 일괄적으로 돈을 거둬 새로운 매장을 열었고, 가능한 한 저렴한 비용으로 최대한 많은 물류센터를 지었다. 그러한 지역 창고가 약 20개 정도 되었는데 효율성은 상당히 떨어졌다. 당시 슐레커가 물류센터를 연 후, 어느 제조업체에 타자기로 써서 보낸 편지를 나는 직접 보았다.

"존경하는 신사숙녀 여러분, 우리는 지금 슈네베르딩엔(Schnever-dingen)에 새로운 창고를 열었습니다. 그곳에 투자한 자금은 1,200만 유로(약 152억 9,600만 원)이며, 귀사가 우리 기업에 기여하는 매출 지분에 따라 3,560유로(약 453만 원)의 금액이 귀사에 배정되었습니다. 아래 기재된 계좌로 이 금액을 송금해주실 것을 부탁드립니다."

그 제조사는 결국 기재된 금액을 송금했다. 그 제조사에는 아마도 일정량의 상품을 다 팔았을 때 보너스를 받는 영업담당 직원들이 있었을 것이다. 3,560유로는 어차피 그들의 돈이 아니었고, 그 정도 푼돈은 큰 문제가 되지 않았다. 물론 슐레커가 다른 회사보다 제품을 훨씬 더 비싸게 구입한다는 사실도 분명 계산에 넣었을 것이다.

얼마 후, 내가 공식 서한을 보낸 제조사로부터 회신이 왔다.

"베르너 사장님, 원하신다면 귀사도 슐레커와 동일한 조건으로 상품을 공급받을 수 있습니다. 다만 슐레커사는 저희 물건을 더 비싼 금액에 구입한다는 사실을 말씀드립니다."

제조사가 슐레커에 장기적인 상환 조건을 허용하는 대신 현금 할인의 폭은 훨씬 적었다. 그렇기 때문에 슐레커는 데엠의 가격을 따라올 수 없었다. 우리가 항시할인 가격제로 막 전환할 무렵 슐레커사의 가격은 항상 가장 비쌌다. 마지막에는 슐레커의 제품이 데엠에 비해 무려 17퍼센트나 더 비쌌다. 그럼에도 슐레커는 저렴하다는 이미지가 따라다녔다. 슐레커를 이용하다가 데엠을 처음 찾은 사람들은 생각 이상으로 저렴한 가격을 보고 깜짝 놀라곤 했다. 그러다 보니 슐레커에서 일하는 판매원들마저 데엠에서 물건을 샀다.

슐레커뿐 아니라 제조사들도 우리의 항시할인 가격제에 민감한 반응을 보였다. 우리의 경쟁사들은, 데엠이 제조사로부터 더 좋은 조건에 납품을 받는 것이 아닌가 하는 의심을 했기 때문이다. 그러면서 자신들도 더 유리한 조건을 끌어내고자 시도했다. 심지어 제품을 특정 가격 이상으로 판매한다는 조건하에 제조사로부터 '가격관리 보조금'을 받아야 한다는 목소리가 힘을 얻었다. 더 정확히 설명하자면, 소매상들이 고객에게 필요 이상의 비싼 값을 전가하면서 이에 대한 보상으로 제조사에게서 돈을 받으려 했던 것이다. 부조리한 일이었다.

1만 3,300개 이상의 매장을 가진 슐레커가 '유럽 최대의 드러그스토어 운영업체'로 우뚝 서던 시기에 매출은 65억 유로(약 8조 3,000억 원)였다. 그에 비해 데엠은 독일에 660개, 유럽에 843개의 매장을 운영하면서(슐레커의 10분의 1 수준) 29억 유로(약 3조 7,000억 원)의 매출을 올렸다. 계산해보면 슐레커에 비해 매장당 매출액이 40퍼센트가 더 많은 셈이었다. 간단히 말해 더 많은 고객이 데엠을 찾았고, 데엠에서 더 많은 물건을 구입했다.

우리는 제조사로부터 어떤 지원도 받지 않았다. 오히려 그 반대였다. 우리가 항시할인 가격제의 일환으로 아로날 치약과 엘멕스 치약을 각각 3.95유로에 제공하면서 치약 제조사인 아로날앤엘멕스(Aronal und El-mex)와 제대로 충돌을 일으켰다. 아로날앤엘멕스사는 납품 문제를 거론하며 압박을 해왔다. '무조건 슐레커보다 더 저렴해야 한다'는 우리의 소신에 불만을 제기한 것이다. 우리는 고객에게 이 치약을 계속 제공하길 원했기 때문에 어쩔 수 없이 권장가격인 4.43유로로 돌아갔다. 대신 선반 옆에 칠판을 세워두고 고객들에게 납품업체에 대한 해명을 했다. 그리고 해당 납품업체를 연방카르텔청에 고발했다.

슐레커는 고객을 배려하는 대신 제조사로부터 보상을 얻는 쪽을 택했다. 하지만 고객들은 슐레커가 어떻게 돌아가는지 인식할 기회가 없었다. 직원들 역시 다른 선택의 여지가 없었다. 제조사는 어느 정도 위기를 가늠하면서도 이 게임에 적극적으로 동참했다. 제조사는 대출을 받은 뒤 마르칸트(Markant)사를 통해 외러에르메스(EulerHermes) 신용보험회사에 재보험 가입을 했다. 슐레커의 파산으로 이 보험사는 수백만 유로를 잃었다. 그 결과 보험료가 껑충 뛰었는데도 제조사는 이를 지불하지 않았다. 보험료는 상품을 제조할 때 드는 '공통 비용'에 속하기 때문이다. 결국 이 위험한 사업을 위해 소비자가 다시 비용을 지불하게 되었다.

노동조합이 칭송하는 할인점

이 모든 상황에도 불구하고 슐레커는 데엠에게 소중하고 중요한 경쟁자였다. "슐레커가 없었다면 우리가 슐레커를 고안해냈을 것"이라고 나는 늘 말한다. 당시 나는 슐레커의 파산을 왜 그리 유감스럽게 생각하느냐는 질문을 수없이 받았다. 나는 이렇게 대답했다.

"메르세데스가 아우디(Audi)나 비엠더블유(BMW)와 비교되듯이, 우리는 슐레커와 비교됩니다. 이보다 더 명확한 이유가 있을까요."

나는 슐레커와 비교를 함으로써 데엠을 아주 수월하게 설명할 수 있었다. 납품업체의 시각에서든 은행, 혹은 고객의 시각에서든 데엠과 슐레커는 훌륭한 대조를 이루었다. 슐레커가 아직 존재하던 시절 일간지 〈디벨트(Die Welt)〉는 '노동조합이 칭송하는 할인점'이라는 제목의 기사에서 "직원 경영에 있어서 데엠은 시장주도 기업인 슐레커와 크게 다르다"고 설명했다. 기사에는 데엠의 선도적인 정보기술 활용 사례와, 페이백 시스템을 통한 신속한 맞춤형 서비스도 소개되었다.

"이는 데엠의 독보적으로 높은 생산성 덕분에 가능한 일이다. 관리자가 기계뿐 아니라 직원에도 의미를 부여함으로써 데엠은 현재와 같이 높은 수준의 생산성에 도달할 수 있었다."

기자는 데엠이 직원들을 '성숙한 인간으로서' 대한다는 사실을 기사 곳곳에서 강조하며 놀라움을 표했다.

"치약이나 유기농 뮤즐리를 파는 업체에서 경영진이 직원에게 의미를 부여한다는 사실에 '발도르프 할인점'의 많은 비판가들은 실소를 금치 않았다. 그러나 데엠은 이제 많은 영역에서 독일 전체 소매상의 표준이 되었다."

인간을 인간처럼 대한다는 것은 어쩌면 많은 사람들에게 그저 망상일지도 모른다. 하지만 나는 경제가 추구해야 하는 유일한 목표란 '서로를 위해 함께 작용하는 것'이라는 신념을 고수했다. 가치형성산출은 이런 신념을 반영한다. 기계와 수치들은 인간을 속박하고 노예로 만드는 것이 아니라, 인간에게 이롭게 작용해야 한다.

이제 완강한 회의론자들까지 우리의 주장에 수긍하고 있다. 언론들 역시 데엠이 나아가는 방향에 박수를 보낸다. 2004년에 경제잡지 〈맥킨지 비센(McKinsy Wissen)〉에는 다음과 같은 글이 실렸다.

"예전에 경영에 관한 수치는 책임자들의 전유물이었다. 구역담당자의 가방에서는 기껏해야 매상이나 판매 수치 정도가 나왔다. 오늘날 데엠은 모든 영업 단위에서(지점이든 본부 관할이든 상관없이) 해당 단위의 월별 가치형성산출, 데엠 전체의 회계, 사내 및 사외 협력사의 내부 서비스와 외부 서비스, 선급금뿐만 아니라 결산차액, 세금, 물품에 대한 이자, 전화 비용, 폐기물 처리비용, 광고비용에 대한 정보를 얻는다. 이러한 계산은 채무와 상환에 관한 숫자로 끝난다.

데엠의 직원들은 품목관리자의 역할을 맡는다. 이들은 직접 다양한 물품을 배열하고 구조를 분석할 권한을 가진다. 직원들은 각 상품의 매출과 수익을 잘 파악하고 있으며, 어떤 상품이 빨리 혹은 느리게 회전하는지를 알고 있기 때문에 선반에서 직접 생산성을 조율할 수 있다. 필요한 경우 경쟁사의 상황에 따라, 자기책임하에 각 상품의 가격을 책정할 수도 있다. 실제로 무려 1,500개의 매장에서 본부의 규정과는 다른 가격을 유지하고 있다. 이 매장들은 직접 새로운 직원을 고용한다. 예를 들어 어떤 직원이 이제부터 오후에만 일하기 원할 경우, 더 이상 구역담당자에게 조를 필요가 없다. 업무 시간은 당연히 당사자들이 스스로 조율한다. 각자가 원하는 시간을 제시하며, 이를 통해 매장이 원활하게 운영되려면 서로 협조하여 근무 시간을 조정해야 한다는 사실을 배운다."

이 기사를 쓴 기자는, 데엠이 직원을 인식하고 대하는 방식이 곧 우리가 거둔 성공의 근본적 요소임을 잘 이해했다. 그렇기에 기자는 다음과 같은 글로 기사를 끝낸다.

"데엠에서 직원은 실제로 가장 중요한 자본이며, 그렇기 때문에 데엠의 창시자 베르너는 회계 혁명을 소신 있게 감행했다. 데엠 기업은 직원 급여를 비용이 아닌 생산성의 요인으로 간주한다. 이것은 모두에게 이익이 되는 투자다."

데엠의 사전에만 존재하는
낯선 단어들

데엠은 수많은 낯선 개념을 낯선 어휘를 사용해 표현한다. 솔직히 고백하자면, 나는 개념숭배자다. 나는 올바른 개념을 통해서만 큰 규모의 기업을 경영할 수 있다고 확신한다.

내가 비용에 대해 말하는지, 아니면 성과에 대해 말하는지에 따라 직원들의 사고에도 차이가 생겨난다. "저는 비용을 증가시키고자 합니다"라고 당당히 말하는 직원은 아마 없을 것이다. 반면에 "저는 고객에게 더 나은 것을 제공하고 싶습니다. 조직이 더 뛰어난 성과를 거두도록 만들고 싶어요"라고 말할 때 아이디어가 생겨난다. 회계에서는 비용을 이야기하지만, 우리가 고객에게 서비스를 제공하기 위해서는 성과에 대해 이야기해야 한다.

개념은 아이디어다. 세상을 바꾸고자 하는 사람은 새로운 개념을 찾아야 한다. 개념은 우리가 세상을 이해하는 수단이다. 잘못된 개념을 가지고 있으면 세상을 그릇 이해하게 되고, 세상을 잘못 이해하면 실수를 범하게 된다.

일례로 우리는 '고객 유치'라는 말을 사용하지 않는다. 사람들이 습관적으로 쓰는 이 어휘가 얼마나 부적절한지를 나는 어느 회의 시간에 문득 깨달았다. 그래서 사람들에게 물었다.

"당신은 유치되고 싶습니까?"

다들 고개를 젓자 나는 이렇게 말을 이었다. "아무도 유치되기를 원하지 않는다면, 고객 유치라는 말을 바꿔보는 게 어떨까요?"

그래서 우리는 어떤 말이 적당한지 고민했고, 고객이 우리와 하나로 연결되면 좋겠다는 생각에 '고객 연결'이라는 단어를 떠올렸다. 이것은 완전히 다른 이야기다.

우리는 '이익'이란 단어에 대해서도 비판적으로 탐구했다. 대부분의 사람들은 이익을 막연히 좋은 것이라고 생각한다. 기업들은 대규모 기자회견을 하면서 얼마나 많은 수익을 올렸는지 알린다. 나는 이렇게 말하고 싶다. 이익은 사람을 보수적으로 만들고 사고하기 싫어지게 만든다고. 인간은 의자에 깊숙이 파묻혀 있을 때보다 의자 앞쪽의 가장자리에 걸터앉을 때 더 예민해진다. 긴장이 필요한 상황에서 능력을 더 많이 발휘하게 되며, 뭔가를 더 능동적으로 수용하게 된다. 물론 위협을 느낄 정도로 불안하지 않다는 전제에 한해서 말이다. 그런 측면에서 보았을 때, 결산에서 많은 '수익'이 창출되었다면 우리는 뭔가 잘못한 것이다. 즉, 사람에게 너무 적게 투자한 것이다. 고객에게, 혹은 직원에게 더 많은 몫을 돌려주어야 한다.

나는 기업을 수치 개념으로 기술하는 대신 전체라는 유기체 개념으로 설명하고자 노력한다. 유기체는 째깍째깍 소리를 내며 앞으로 나아가는 기계가 아니다. 성장과 수축(기쁨과 슬픔)이 있는 곳에 유기체는 존재한다. 유기적인 기업은 두 가지 과정을 모두 거친다. 하나는 성과 과정이며, 다른 하나는 변화 과정이다. 변화 과정은 보통 성과 과정을 방해한다. 변화를 도입한다는 것은 그만큼 막대한 에너지가 드는 일이기 때문이다.

그러므로 기업가는 마치 정원사처럼 유기체를 보호하고 관리해야 한다. 정원사는 잔디에 물을 주고 잡초를 없애야 한다. 토마토를 재배할 때는 가지를 단단하게 고정시켜주어야 하고 가끔씩 곁순도 제거해야 한다.

경영자도 기업이 꽃을 피우고 무성해질 수 있는 여건을 조성해야 한다. 이때 싹을 너무 일찍 뽑아서는 안 되며, 뿌리가 얼마나 성장했는지를 조심스럽게 살펴봐야 한다. 성공은 강요한다고 얻어지는 것이 아니다. 인내심을 가지고 신뢰하면서 끈기 있게 노력해야 한다. 물질주의적이고 기계적인 접근으로는 기업에 생기를 불어넣을 수 없다. 기업을 착취하는 결과만 불러올 뿐이다. 살아 있는 유기체는 성장과 수축, 개혁과 쇠퇴라는 현상들을 반복해서 겪어나간다.

유기체의 생명 원리에 따라 씨앗을 제대로 뿌리고 알맞은 여건을 만들어주었다면 이제 언젠가 싹을 틔울 것이라고 믿으며 기다릴 때다. 자연에서 그렇듯이 말이다. 봄이 시작되면 공기의 냄새가 달라지고 따스한 햇살이 비추며 습도도 변한다. 그리고 갑자기 새싹이 돋아난다. 봄이 땅으로부터 새싹을 끌어당긴다. 이때 정원사는 아무 일도 할 필요가 없다.

기업 문화도 마찬가지다. 우리는 압력이 아니라 생기를 조성해야 한다. 슐레커와 달리, 데엠은 성장 자체를 목적으로 삼지 않는다. 끊임없이 개혁에 매달리는 것보다는 기존의 것을 발전시키는 것이 더 중요하다. 건강이 성장보다 중요한 것과 마찬가지 원리다. 그렇기 때문에 우리는 '확장'이라는 말 대신 '재생'이라는 말을 사용한다.

이 둘은 완전히 다른 개념이다. 하지만 하나가 다른 하나에 대한 전제조건이 된다. 오로지 성장에만 초점을 둔다면 재생을 소홀히 하게 된다. 예를 들어 슐레커는 성장을 했지만 사업 모델을 쇄신하지 않았기 때문에 몰락했다. 수많은 기업들이 기업의 본질과 실체를 쇄신하지 않기 때문에 한순간 경쟁력을 상실하게 된다.

유기적 기업은 그 반대다. 스스로 본질을 쇄신하며, 이를 통해서 이윤을 달성할 힘을 얻는다. 그리고 그러한 힘은 성장으로 이어진다. 달리 표현하자면 풍뎅이가 날갯짓을 충분히 한 뒤에는, 풍뎅이가 날아오르는 것을 더 이상 아무도 막을 수 없는 것과 마찬가지다.

12

**모두가 원하는 일을 하며
사는 것이 가능할까?**

●

인간의 자유는 원하는 것을 하는 데 있는 것이 아니라,
원하지 않는 것을 하지 않는 데 있다.

_장 자크 루소(Jean-Jacques Rousseau)

●

우리는 왜
세금을 내는가?

내가 아주 감명 깊게 읽은 책《느림의 발견(Die Entdeckung der Langsam-keit)》에는 이런 구절이 나온다. 즉, 우리가 뭔가 새로운 것에 몰두하기 위해서는 일단 속도를 늦춰야 한다는 것이다. 이는 수동적인 것이 아니라 우리를 한층 능동적으로 만들기 위한 일이다. 느림과 멈춤(요즘에는 '느리게 살기'라고도 말한다)은 경영 능력을 결정짓는 요인이다. 경영자는 전체적인 조망을 확보해야 하며, 중요한 것과 중요하지 않은 것을 구분할 줄 알아야 한다. 또한 적절한 순간에 적절한 것을 행하거나 혹은 행하지 않아야 한다. 기업가에게는 행하는 것뿐만 아니라 행하지 않는 것도 중요하다.

나는 이러한 사고방식으로 전체 통화 제도와 화폐 제도, 또한 전체 세금 제도를 바라본다. 대부분의 사람들은 세금에 대해서 오로지 하나의 시각으로만 생각한다. 그러니까 어떻게 하면 세금을 아낄 수 있을까 하는 것이다. 반면에 '왜 혹은 무엇을 위해서 세금을 내는가?'라는 질문을 던지는 사람은 극소수에 불과하다.

'무엇을 위해서'를 중심으로 생각해보면 이런 답을 얻을 수 있다. 세금은 공동체가 소득을 얻기 위해 필요하다. 우리가 지불하는 세금은 공동체의 소득이 된다. 우리가 세금을 내지 않는다면 공동체는 아무런 일을 수행할 수 없다. 학교와 도로, 공공건물이 지속적으로 유지되고 보수되기를 바란다면 우리는 그에 상응하는 값을 지불해야 한다.

국민들이 세금을 내는 대가로 적절한 가격에, 만족스러운 수준의 공동 서비스를 받을 수 있다고 확신한다면 식당에서 음식 값을 내듯이 당연히 세금을 낼 것이다.

하지만 많은 기업가들은 세금 제도가 잘못되었다고 생각한다. 특히 성공한 기업가라면 이를 제대로 실감할 것이다. 많은 경영자들이 높은 수익을 올리면 당장 호화로운 자동차나 첨단기술 장비를 주문한다. 세금을 내야 한다는 생각은 하지 않는다. 그런데 얼마 후 세무서는 해당 기업을 찾아서 지난 2년 동안의 세금을 소급적용 시키고 그 다음 해의 세금까지 미리 지불하도록 요구한다. 3년 치 세금을 한꺼번에 내게 되는 것이다. 만약 세금을 낼 여력이 되지 않으면 사업을 매각하거나 공동 경영자를 받아들여야 하는 상황에 처하기도 한다.

한편 이러한 소득세 제도는 안착된 기업들에게 특혜를 제공한다. 이 기업들은 규모에 비해 많은 액수를 공제받아 세금을 거의 내지 않는다. 매우 흥미로운 현상이다. 그렇다면 노련한 기업가는 이제 어떻게 하겠는가? 세금을 낸 후에도 풍족하고 편안하게 살기 위해, 제품 원가나 임대료 같은 다른 모든 비용처럼 세금을 계산에 넣기 시작한다.

세금을 내는 사람과 부담하는 사람은 다르다 ——— ···

기업가는 세금을 내지만, 세금을 부담하지는 않는다. 기업의 모든 상품에는 세금이 '반영되어' 있다. 그렇지 않으면 기업가가 세금을 낸 후에 생계 유지에 필요한 수익을 확보할 수 없다. 그렇기에 어떻게 해서든 고객에게 세금을 전가한다.

모든 피아노 강사는 강습비를 결정할 때 자신이 얼마나 많은 세금을 내야 하는지를 계산한다. 모든 피고용자들도 마찬가지다. 엄밀히 따지자면 세전 금액이 자신의 임금이지만 염두에 두는 것은 세후 급여액이다. 소득세가 증가하면 물가도 오른다는 원칙은 근로소득세에도 해당된다. 피고용인이 더 많은 세금을 내야 할 경우, 전과 같은 세후 급여액을 유지하기 위해 더 높은 세전 급여액을 요구하기 때문이다. 그리고 세전 급여액이 증가하면 생산 비용이 오르고, 기업은 증가한 생산 비용을 수익에서 충당하려 하기 때문에 결국 물가도 상승한다.

그렇기에 우리 제도에서는 세금을 내는 사람이 세금을 부담하지 않는다는 것이다. 세금을 부담하는 것은 소비자다. 이를테면 카페 주인이 내야 할 모든 세금이 손님들이 마시는 카페라떼에 이미 포함되어 있다. 그렇다면 음료에는 얼마나 많은 세금이 포함되어 있을까? 결론적으로 말하자면 음료 가격의 절반 이상이다.

여기까지는 내 이야기를 잘 따라올 수 있을 것이다. 그런데 우리가 이런저런 세금이나 세금 공제의 복잡한 계산 시스템을 거치지 않고, 50퍼센트 정도의 소비세를 부과하되 다른 모든 세금을 폐지할 수 있다고 하면 어떨까? 사람들은 이렇게 경악할 것이다.

"뭐라고? 커피 가격이 50퍼센트 더 비싸질 거라고?"

그렇다면 나는 아니라고 잘라 말할 수 있다. 커피 값은 변함없이 그대로 유지된다. 다만 이제는 커피 값에, 공동체에 내는 세금이 50퍼센트 포함된다는 사실이 명백해질 뿐이다.

사람들은 자신이 번 것으로 먹고 산다고 생각하지만, 이는 착각이다. 오늘날에는 더 이상 자급자족을 할 수 없다. 자신을 위한 것을 스스로 마련한다는 것은 불가능한 이야기다. 예를 들어 자신이 먹을 샐러드에 넣을 당근을 직접 재배하는 사람은 거의 없다. 닭다리 살을 구워 먹으려고 닭에게 직접 모이를 주고 도축하는 사람도 거의 없다. 빵을 직접 굽는다 해도 밀을 재배하지는 않는다. 우리는 분업화된 사회에서 다른 사람들이 마련해놓은 것으로 살아간다. 개인은 자신이 번 돈으로 먹고 사는 것이 아니라, 그 돈으로 살 수 있는 것으로 먹고 산다. 은행 매니저가 돈을 아무리 많이 번다고 하더라도 빵집을 찾지 못하면 굶어야 할 것이다. 다시 말해 우리는 자신을 위해 활동하는 다른 사람들이 있어야만 무언가를 살 수 있다. 자급자족하는 농경 사회와는 달리 오늘날 우리는 자신의 노동이 아니라, 다른 사람의 노동으로 먹고 살아간다.

이제는 전 세계적으로 노동의 분업화가 진행되고 있다. 가끔씩 나는 강연 도중 청중에게 이런 주문을 하곤 한다. "지금 여러분이 입고 있는 옷들 중에 100퍼센트 독일에서만 생산된 제품이 있을까요? 그렇다면 그

것만 빼고 모두 벗어보세요." 정말 그렇게 한다면 아마도 모두 벌거벗어야 할 것이다. 전 세계가 우리를 위해 일하고 있으며, 우리는 전 세계를 위해 일하고 있다. 우리의 노동은 아주 작게 세분화되어 있기 때문에 자신의 노동으로 누가 혜택을 받는지는 전혀 알 수 없다. 중국 섬유공장의 노동자들은 자신이 단추를 단 바지를 누가 입는지 모른다. 마찬가지로 독일의 엔지니어 사무실에서 일하는 설계자들은 전 세계 어느 가스터빈에 자신의 설계도가 쓰이는지 모른다. 하지만 다른 사람들을 위해 저마다 자기 일을 훌륭하게 수행한다는 사실을 서로 신뢰해야 한다. 내가 입은 바지 단추가 단단히 꿰매져 있다고 믿어야만 거리를 당당하게 걸을 수 있지 않겠는가.

다시 말하지만 우리는 외부에서 다른 사람들이 마련해놓은 것을 취하는 사람, 즉 소비자다. 그런데 사람들이 수행하는 일은 누가 그것을 소비하는지 결정되지 않아도 근로소득세, 수익세 등이 부과된다. 지금의 제도에서는 거리의 노숙자가 구걸한 돈으로 핫도그와 커피우유를 산다고 해도 세금을 내야 한다. 상품에 부과된 부가가치세에는, 그 빵과 우유를 만들기까지 노동력을 보탠 모든 사람들의 근로소득세가 포함된다. 빵집 종업원, 정육업자, 제빵사, 밀을 재배한 농부 등을 예로 들 수 있다. 그 밖에도 영업세, 전기세, 유류세, 재료 중 하나라도 국경을 거쳐서 운송될 경우 지불해야 하는 각종 관세 등 수십 가지의 세금이 부가가치세에 숨어 있다. 하지만 사람들은 자기가 얼마나 많은 세금을 내는지 투명하게 알지 못한다. 이런 구조는 성과의 원천인 자기주도권을 약화시킬 수밖에 없다.

최소한의 품위를
위한 안전장치

더 나은 모습은 다음과 같을 것이다. 즉, 공동체가 서비스와 상품을 생산하면 각 개인은 자신의 욕구와 필요에 따라 그 서비스와 상품을 취한다. 서비스와 상품을 더 많이 가져가는 사람들이 더 많은 돈을 지불해야 한다. 그러면 이 돈은 소비세로서 공동체에 흘러들어간다. 소비세는 실제로 국민경제의 성과가 목표에 도달할 때 비로소 부과되는 유일한 세금이다.

어느 출장길이었다. 부다페스트 공항에서 비행기가 2시간이나 연착이되는 바람에 여유 시간이 넉넉히 생겼다. 동행했던 사람들과 이런저런 대화를 나누다가 세금 문제에 관해 토론이 벌어졌다. 다른 전문가들은 다양한 과세 수단의 장단점에 대해 이야기했다. 하지만 기업가인 나에게 세금제도는 너무나 복잡했다. 사업을 할 때면 일을 되도록 간단하고 빨리 전개해야 하는데 복잡한 제도는 걸림돌이 될 때가 많았다. 그래서 나는 과격하고도 단순한 해결책을 제안했다.

"부가가치세에 중점을 두고 다른 모든 세금은 없애는 게 가장 좋은 해결책일 것 같습니다."

그렇게 하면 더 이상 아무도 이러한 관료주의적인 업무에 신경을 쓸 필요가 없어질 것이다. 이 단순한 시스템에서 소매상은 수금하는 역할을 맡게 된다. 다시 말해 상법에 따라 부가가치세를 징수하고 이를 국가에 넘긴다. 현재의 부가가치세 제도처럼 말이다.

사람들이 고개를 끄덕였다. 하지만 반대 의견도 나왔다.

"그런 식의 주장은 '세금 면제'의 사회적 기능은 전혀 고려하지 않은 것 같군요(독일의 경우 한 사람의 1년 소득이 일정 기준에 도달하지 못하는 경우 세금을 면제받는다-옮긴이)."

현대의 세금 제도에서는 사회적 구성 요소가 점점 진보하고 있다. 수입이 많은 사람이 더 많은 세금을 낸다. 그리고 적게 버는 사람은 세금을 더 적게 낸다. 가장 중요한 것은 '과세 면제 금액'이다. 이는 세금을 전혀 낼 필요가 없는 최소한의 소득 액수를 말한다. 독일의 경우 이 금액은 2014 년을 기준으로 연간 8,354유로(약 1,000만 원), 즉 매달 700유로(약 90만 원)에 해당한다. 그러니까 매달 700유로 정도를 벌지 못하면 세금을 낼 필요가 없다. 이 금액보다 더 많이 버는 사람은 최저임금을 넘는 금액에 대해서만 소득세를 내면 된다.

그렇다면 소비세에 이르는 모든 세금을 없애고 소비를 하는 순간 비로소 한 번에 세금을 낸다면 어떨까? 부자는 가난한 사람보다 더 많은 세금을 내게 된다. 부자들이 당연히 더 많은 소비를 할 테니 말이다. 하지만 소득이 아주 미미한 경우는 어떻게 해야 할까? 이 사람들이 자신의 소득을 공동체에 빼앗기지 않고 생활을 영위하도록 려면 어떤 안전장치가 필요할까?

한순간 머릿속이 정리되는 기분이었다.

"그렇다면 그 최소한의 금액을 현금으로 지불하는 거예요!"

국민들이 보장받아야 할 최소한의 소비 욕구를 정의하고, 여기에서 세금이 차지하는 비중을 조사한 후, 그 금액을 현금으로 지불하는 것이다.

함께 토론하던 전문가들도 이 아이디어가 하나의 해결책이 될 수 있다는 듯이 고개를 끄덕였다. 학계에서는 이를 '부의 소득세(Negative Income Tax)'라 부른다. 이는 삶의 최저 기준을 충족할 수 있는 금액을 국가가 모든 국민에게 지급하는 모델을 말한다. 이러한 요구는 새로운 것이 아니며 이미 오래전부터 존재해왔다. 많은 사람들은 이것을 '기본소득'이라고도 부른다.

세금에서부터 시작된 나의 고민은 세금 제도를 개혁하는 것만으로는 충분하지 않다는 결론에 도달했다. 세금 제도를 우리 사회의 실제 맥락에 적용하려면 필요한 여건을 마련해야 한다. 사람들이 최소한의 품위를 유지하며 살아가고, 이를 위한 소비를 하려면 기본소득이 보장되어야만 한다. 그것이 확실한 장치가 되리라는 생각이 내 안에서 점점 분명해졌다.

긴 겨울밤을 ——— ⋯
즐겁게 만드는 방법

친구들과 긴 겨울밤을 함께할 계획이라면, 이런 대화를 한번 나눠보길 권한다. 일단은 그냥 이렇게 질문을 던져보라.

"모든 사람이 아무런 조건 없이 매달 1,000유로를 받게 된다면 어떨까? 너희들 생각은 어때?"

아마도 저녁 시간이 후끈 달아올라서 벽난로 따위는 필요하지도 않을 것이다. 조심해야 할 것은, 좋은 친구들이 깜짝 놀랄 만한 인간상을 가지고 있다는 걸 확인하게 될 수도 있다는 점이다.

실용주의 성향이 강한 친구는 이렇게 이의를 제기할 것이다.

"나라에서 그렇게 할 여력이 안 돼. 8,000만 독일 인구한테 1,000유로씩 준다고? 그렇게 많은 돈을 어떻게 국가가 매년 확보해?"

여기에 대해 한마디 하자면, 의지가 있는 사람은 방법을 찾고 의지가 없는 사람은 핑계를 찾는다는 것이다. 돈은 도구다. 사람은 돈만 가지고는 먹고 살 수 없다. 그렇기 때문에 우리가 충분한 돈을 가지고 있는지가 아니라 충분한 물건을 가지고 있는지를 물어야 한다. 그런데 물건은 어느 곳에나 있다. 데엠 매장만 해도 쌓아놓고 팔 정도로 물건이 많다. 사람들은 원할 때 아무 때나 들러서 필요한 것을 산다. 누군가가 선반에서 치약을 꺼내면 다음 날 그 자리에 치약이 또 하나 채워진다.

돈이라는 건 물건을 획득할 수 있는 자격에 지나지 않는다. 구동독 국민들은 이를 실제로 경험했다. 돈이 가득한 지갑을 가지고 있었지만, 상점 선반은 텅텅 비어 있었다. 그때 그들은 돈이 아무 가치가 없다는 것을 실감했다.

또 한 가지 이야기하고 싶은 점은 우리가 필요 이상으로 많은 돈을 가지고 있다는 것이다. 은행마다 돈이 넘치며, 지금 우리가 가진 돈만으로도 현재 생산되는 모든 물건을 충분히 구매할 수 있다. 그러므로 우리에게 의지만 있다면, 기본소득을 지급하는 것은 전혀 어려운 일이 아닐 것이다. 독일의 경우, 순전히 수학적으로 고찰했을 때 실제로 그렇게 하고 있다. 이미 세금 면제 제도를 통해서 모든 국민에게 약 700유로의 금액을 허용하고 있으니 말이다. 다만 이 돈을 국민에게 직접 지급하지 않고 세액 공제 등의 방식으로 대신할 뿐이다. 물론 기본소득은 다른 소득이 없는 사람에게만 지급해야 한다. 또한 기본소득의 정확한 금액을 산출하기 위해서는 전문가가 필요하며, 이는 사회 분배의 영역에 속한다.

기본소득이 제공된다면 ——— …
당신은 일터로 나갈 것인가?

이제 과열된 논쟁은 잠시 제쳐두고 본질적인 질문에 주의를 기울여보자. 여러분의 친구들에게 물어보라.

"조건 없는 기본소득을 국가에서 재정적으로 실현할 수 있다고 가정해보자. 어떨 것 같아?"

이제부터 인간상에 대한 논쟁이 본격적으로 펼쳐진다.

"그러면 아무도 일하러 가지 않을 거야."

이렇게 말하는 사람에게 "그럼 너는 어때. 조건 없이 기본소득을 받는다면 더 이상 일하지 않을 거야?"라고 반문하면 대부분은 부인할 것이다. "아니, 일은 당연히 해야지"라고 말이다. 그래서 이를 인간상에 대한 논쟁이라고 표현한 것이다.

이런 분열된 인간상은 기업 내에서도 흔히 나타난다. 이를테면 '나'는 성실하고 책임감도 있고 선하다고 생각하면서 '다른 모든 사람들'은 게으르고 책임감도 없고 악하다고 생각한다. 나는 유일하게 솔직한 바보인데 반해, 주변 사람들은 약삭빠른 거짓말쟁이에다 속임수도 개의치 않는 인간들이다. 세상 모든 이들은 교양 없는 관광객이고, 오로지 나만 수준 높은 여행객이다.

이쯤에서 다시 한 번 생각해보자. 인간은 정말 소득이 보장되면 일을 그만둘까? 내 인생 경험을 바탕으로 생각해보건대, 인간이 일을 하는 이유는 자신을 뛰어넘어 성장하기 위해서다. 이 세상에는 많은 일이 보수 없이 수행된다. 세상의 모든 부모는 아이들을 보살피며, 또 모든 아들과 딸들은 부모를 돌본다. 많은 실직자들도 일을 가지고 있다. 다만 직업으로 인정받지 못할 뿐이다.

인간은 기본적으로 현재에 만족할 줄을 모른다. 1,000유로를 가지면 2,000유로를 가지고 싶어 한다. 동물은 배불리 먹고 실컷 물을 마시면 그것으로 충분하지만 인간은 그렇지 않다. 사람들은 항상 이렇게 말한다.

"너는 더 잘할 수 있어!"

당신이 만약 기린으로 태어났다면 분명히 기린으로 죽을 것이다. 하지만 인간은 스스로를 변화시킬 수 있다. 발전할 기회를 얻지 못하는 인간은 무감각해지거나 병들게 된다. 사용하지 않는 톱이 녹스는 것과도 마찬가지 이치다. 에리히 프롬(Erich Fromm)이 말했듯이, 인간은 동물과 달라서 자기 삶의 조건을 있는 그대로 받아들이지 않는다. 자신의 주변 세계를 인식하고 자신의 생각에 따라 이를 변화시킬 수 있는 능력과 이성을 가지고 있다. 또한 인간은 자신을 둘러싸고 있는 만물의 표면을 넘어 더 깊이 도달할 수 있다. 물론 이를 위해 자유가 필요하다. 그리고 우리는 이러한 자유가 (기본법을 토대로 하여 이론적으로) 모든 인간에게 허용되기를 바란다.

사람들이 자신의 신념과 일치하는 일을 찾을 때까지 1,000유로로 검소하게 생활하는 것이 과연 나쁜 일인가? 전혀 그렇지 않다. 누구나 원치 않는 일을 꾸역꾸역 해야 하는 구속에서 벗어나, 다른 일을 시도할 기회를 충분히 탐색할 수 있어야 한다.

얼마나 많은 사람들이 원하지 않는 일에 매여 있는가? 자신과 어울리지 않는 일을 하면서 매일을, 평생을 보낸다면 얼마나 끔찍한 운명인가. 노예의 삶과도 다르지 않을 것이다. 기본소득은 이들에게 자유를 선사해 줄 수 있다.

청소부가 펀드 매니저보다 ———⋯ 더 많이 버는 세상?

기본소득에 대한 논쟁을 할 때 이 지점에 이르면 많은 사람들이 고개를 끄덕인다. 모두가 자신의 능력과 욕구에 따라 살 수 있다면, 아무도 어떤 일을 억지로 하지 않는다면 얼마나 좋을까? 그런데 이런 유토피아 생각에 흠뻑 빠져 있을 때면 꼭 누군가가 현실이라는 망치로 뒤통수를 내리친다. 그는 대뜸 청소부 이야기를 꺼낸다.

"그렇다면 누가 남이 싫어하는 궂은일을 할까요? 청소는 누가 하죠?"

그러면 나는 이렇게 되묻는다.

"글쎄요, 당신의 집에서는 어때요? 누가 쓰레기를 내다 버리나요?"

어떤 사람은 자신이 살고 있는 주거공동체(Wohngemeinschaft, 한 주택을 여러 명이 공유해서 주거하는 독일의 주거 공유 형태-옮긴이)의 예를 들어, 다 같이 청소 계획을 세워서 돌아가면서 한 번씩 청소를 한다고 이야기한다. 또 어떤 사람은 꽤 많은 돈을 주고 청소 인력을 고용했다고 말한다. 또 다른 사람은 자신의 배우자와 규칙을 정해서 한 사람은 빨래를, 다른 한 사람을 청소를 한다고 말한다. 모두가 어떻게든 청소를 하면서 산다.

이러한 청소부 논쟁은 또 다른 인간상의 논쟁이다. 다른 사람에게 제대로 대가를 지불하지도 않은 채 험한 일을 시켜도 된다고 생각한다면 그야말로 지독한 오만일 것이다. 아무런 선택권도 없이, 어떤 궂은일이든 감수해야 하는 압박에 처한 사람들이 있다. 이들에게 기본소득을 제공한다면 그런 압박은 사라질 수 있다. 물론 궂은일은 여전히 남아 있을 것이다. 이에 대해서는 몇 가지 해결책을 생각해볼 수 있다.

첫 번째 방법은 매력적인 일자리를 창출하는 것이다. 힘든 일이니만큼 그에 상응하는 소득과 매력적인 조건을 갖추어야 한다. 실제로 우리는 기본소득을 통해, 오늘날 우리가 전혀 알지 못하는 노동시장을 창출할 수 있을 것이다. 그렇게 되면 이른바 '피고용자'들도 자유롭게 협상할 수 있게 될 것이다. 협상 결과가 적절하지 않다고 생각하면 기본소득을 계속 받으면 되기 때문이다. 그렇게 되면 청소부가 펀드 매니저보다 더 많은 돈을 벌 수 있을지 누가 알겠는가?

두 번째 방법은 기계를 이용하는 것이다. 식기세척기처럼 말이다. 100년 전에는 기계가 유리잔을 반질반질하게 세척한다는 것을 상상도 하지 못했다. 이제는 사람 손을 거치지 않고 쓰레기통을 집어서 컨테이너 안에 비우는 자동 쓰레기수거 차량도 존재한다. 필요한 인력은 운전자뿐이다. 하지만 이 시스템 또한 언제까지 지속될지는 알 수 없다. 이후에는 또 얼마나 혁신적인 시스템이 등장하여 기존의 것을 대체할지 모르는 일이기 때문이다.

절반의 가능성을 담은 세 번째 대안은 바로 '직접 하라'는 것이다. 매력적인 일자리를 창출할 수도, 일하는 기계를 만들 수도 없지만 어떤 성과를 생산하기 원한다면 그 일을 직접 해야 한다. 물론 이 일에 만족을 느끼는 사람은 극소수이기 때문에 다른 누군가에게 압박을 가해서 그 일을 하도록 만드는 것이 더 편할 것이다. 실제로 많은 나라에서 위기 국가의 난민들에게 식당 창고 일을 시키거나, 공원에서 나뭇잎을 치우는 등의 '1유로짜리 일자리'를 강요한다. 그렇지 않으면 그들이 생계를 유지할 수 없다는 것이 이유다.

어떤 일이 다른 사람들로부터 존중받을 때 그 일은 비로소 의미를 얻는다. 그리고 그 일을 하려는 사람들이 생겨난다. 그 결과 일자리가 늘어나는 선순환이 일어난다.

우리는 일과 소득을 흔히 혼동하는 것처럼 수단과 목적, 인간과 돈을 때때로 혼동하기도 한다. 돈이 목적이 되면 인간은 어쩔 수 없이 수단이 된다. 거꾸로 돈이 수단이 되면 인간은 목적이 된다.

우리는 어떻게, 그리고 무엇을 위해 살기 원하는가?

이 질문을 언제나 잊지 말아야 할 것이다.

예측할 수 없는 삶,
어떻게 경영할 것인가?

나는 데엠의 지점장들 앞에서 가끔씩 이런 질문을 한다.

"여러분들 중에 데엠의 배움생 양성 과정을 마친 사람 있습니까?"

그러면 꽤 많은 사람들이 손을 들어 올린다. 나는 이렇게 말을 잇는다.

"여러분이 그 당시 어땠는지 기억나십니까? 이렇게 20~30명, 혹은 그 이상의 직원들이 소속된 매장을 자기 책임하에 운영하게 될 거라고는 아무도 상상하지 못했을 겁니다."

현재 데엠 경영진은 모두 아홉 명으로 구성되어 있다. 그중 네 명은 학생 때 데엠에서 이원화 교육과정(기업과 직업학교 두 곳에서 직업 교육을 받는 독일의 직업교육 제도-옮긴이)을 시작했다. 법학도였던 또 한 명은 대학을 중퇴하고 오스트리아에서부터 데엠을 찾아왔다. 현재 그는 나의 뒤를 이어 데엠의 차기 회장이 될 예정이다. 당시에 누가 이를 예상했겠는가?

나 역시 다르지 않다. 11년 동안 학교에서는 머릿수만 채우다가 졸업을 했다. 조정 선수가 되어 우승을 해보기도 했고, 드러그스토어를 운영하겠다며 열심히 배웠다가 아버지 가게에서 하루아침에 쫓겨나기도 했다. '현실을 모르는 몽상가'라는 소리를 들으며 얼떨결에 창업자가 되었고, 35년 후 그 회사는 3,500개 매장과 6만 명의 직원이 함께하는 기업이 되었다. 두 번의 결혼, 일곱 아이들의 아버지, 대학교수, 기본소득 사상의 선구자, 재단설립자, 책을 쓰는 저자.

예전에는 결코 상상도 할 수 없었던 모습이다.

아이는 단 하루 만에 걷는 법을 배우지 못한다. 하지만 어느 순간 아장아장 걷는 아이를 보며 모두가 놀란다.

"와, 언제부터 이렇게 걸었어요?"

사람들이 보기에는 그 아이가 오늘부터 걷는 것처럼 비칠지도 모른다. 혹시 아는가? 이 아이가 20년 후에 국가대표 선수가 되어 100미터 경주에서 금메달을 딸지.

성공에 이르는 길은 나중에서야 비로소 돌아보고 깨닫게 된다. 나는 과거를 돌이켜보며 운이 아주 좋았다는 생각을 하곤 한다. 나의 상사가 내 아이디어를 듣고 대번에 찬성했다면 아마도 모든 것이 달라졌을 것이다. 혹은 내가 똑같은 아이디어를 몇 년 뒤, 아니 몇 달만 뒤에 떠올렸다면 내 인생이 어디로 흘러갔을지 장담할 수 없는 일이다.

한 가지 확실한 점은 이제 나는 한 기업의 경영자라는 사실이다. 이 말에는 두 가지 의미가 있다. 세상 모든 사람은 기업가이기 때문이다. 다시 말해 모두는 자신의 삶을 경영하는 경영자다. 기업도, 삶도 예측할 수 없는 것이지만 둘 다 우리 손으로 만들어나갈 수 있다는 점에서는 마찬가지다. 중요한 것은 그 과정을 의식적으로 해내야 한다는 사실이다.

내 삶과 기업에 의식을 품는 순간 나는 그 누구와도 다른 삶, 다른 기업을 경영하게 된다. 세상을 바라보는 시각이 달라지며, 모든 일상과 모든 성과들을 이전과는 다르게 판단하게 된다.

경영자에게는 멀리 앞을 내다볼 수 있는 능력이 필요하다. 자신에게 중요한 것을 선취하거나 최소한 바라볼 수 있는 힘이 있어야만 자신의 삶을 스스로 넉넉히 움직이고 의미 있게 사용할 수 있다.

미래에는 현재와 살아가는 방식도, 소비하는 방식도 완전히 달라질 것이다. 점점 더 많은 사람들이 이 사실을 의식하고 있다. 오늘날 많은 이들이 이렇게 자문한다. 내가 구입하는 이 상품을 만드는 기업은 어떤 곳인가? 내가 이 제품을 삼으로써 누구를 후원하게 되는가?

20년 전에는 이런 질문을 하는 사람들이 거의 없었지만, 이제는 점점 더 많은 소비자들이 이 문제를 고민한다.

지속가능성을 표방하는 기업이라면, 고객들이 필요하지도 않은 상품을 구매하도록 유인하기 위해 수억 원짜리 광고를 만들 수 있을까? 다시 말해, '불필요한 소비'를 포기하지 않고도 지속가능성을 촉구할 수 있을까? 지금까지 대부분의 사람들은 거의 물질적인 것에만 중점을 두었다. 그리고 이는 막대한 풍요로움으로 이어졌다. 이제 우리는 물질적으로는 풍요롭지만 사회적인 영역에서, 인간과 인간 사이의 영역에서 극심한 결핍을 겪고 있다. 우리들 문제의 99퍼센트는 사회적 문제다. 그리고 사회적인 영역에서는 모두의 힘이 필요하다. 부모, 자녀, 배우자, 친구, 그 누가 되었든 주변 사람들의 요구를 인식하고 그들을 위해 주도적으로 행동해야만 한다.

결핍과 풍요가 공존하는 이 비정상적인 상황에서는 모두가 나서서 하루

속히 문제를 해결해야 한다. 사람들이 함께 모인 공간에서는 언제나 해야 할 일이 있다. 달리 표현하자면 이렇다. 누구나 치약을 팔 수 있다. 하지만 다른 사람들을 위해 치약을 준비해놓는 것은 또 다른 행위다. 이것은 사회적 예술이다.

우리 모두는 자기 삶의 경영자뿐 아니라, 뛰어난 사회적 예술가가 될 필요가 있다.

김현정

이화여자대학교 독어독문학과를 졸업하고 동대학원에서 석사학위를 받았으며, 독일 예나 대학에서 수학했다. 현재 번역에이전시 엔터스코리아에서 출판기획 및 전문번역가로 활동 중이다. 옮긴 책으로는 『발상』, 『복종에 반대한다』, 『어리석은 자에게 권력을 주지 마라』, 『두려움의 열 가지 얼굴』, 『혼자가 더 편한 사람들의 사랑법』, 『이케아 DIY』, 『거짓말하는 사회』, 『내 데이터를 가져다 뭐하게』 등 다수가 있다.

철학이 있는 기업

초판 1쇄 발행 2019년 2월 27일
초판 4쇄 발행 2021년 4월 23일

지은이 괴츠 W. 베르너
펴낸이 정덕식, 김재현
펴낸곳 (주)센시오

출판등록 2009년 10월 14일 제300-2009-126호
주소 서울특별시 마포구 성암로 189, 1711호
전화 02-734-0981
팩스 02-333-0081
메일 sensio0981@gmail.com

편집 임성은
웹홍보 김연진
경영지원 염진희
디자인 Design IF

ISBN 979-11-966219-0-2 03320

오씨이오(OCEO)는 (주)센시오의 경영서 브랜드입니다.

ㅅㅔㅅㅣㅇ